Karin Feuerstein-Praßer
Die Frauen der Dichter

W0057070

Zu diesem Buch

Alma Mahler, Helene Weigel, Veza Canetti, Christiane Vulpius – all diese Frauen erschufen künstlerische Werke von großer Schönheit oder waren stilprägende Figuren ihrer Zeit. Dennoch werden ihre Namen bis heute hauptsächlich in Zusammenhang mit dem Wirken ihrer berühmten Männer genannt. Unter welchen historischen und gesellschaftlichen Umständen diese Männer zum Lebensmittelpunkt dieser starken Frauen wurden, zeigt Karin Feuerstein-Praßer in zwölf fesselnden Porträts, die den Blick frei geben auf sehr besondere Leben in besonderen Zeiten.

*Karin Feuerstein-Praßer*, geboren 1956, lebt als freie Historikerin und Autorin in Köln und veröffentlichte zahlreiche Biografienbände. Im Piper Verlag erschien zuletzt »Friedrich der Große und seine Schwestern«.

Karin Feuerstein-Praßer

# Die Frauen der Dichter

Leben und Lieben an der Seite der Genies
12 Porträts

**PIPER**

*Mehr über unsere Autoren und Bücher:*
*www.piper.de*

Von Karin Feuerstein-Praßer liegen im Piper Verlag vor:
Die deutschen Kaiserinnen
Die preußischen Königinnen
Frauen, die aufs Ganze gingen
Augusta
Sophie Dorothea von Preußen
Friedrich der Große und seine Schwestern
Die Frauen der Dichter

Originalausgabe
ISBN 978-3-492-30561-7
1. Auflage Juli 2015
5. Auflage November 2017
Piper Verlag GmbH, München
© Piper Verlag GmbH, München/Berlin 2015
Umschlaggestaltung: semper smile, München
Umschlagabbildung: Ullstein Bild (Ehepaar Mann, Ehepaar Kafka),
Corbis/Bettman (Ehepaar Werfel)
Satz: Kösel Media GmbH, Krugzell
Gesetzt aus der New Caledonia
Druck und Bindung: CPI books GmbH, Leck
Printed in the EU

# Inhaltsverzeichnis

# Die Frauen der Dichter

Ihr Leben als Muse, Mutter, Managerin

Eine alte Binsenweisheit lautet: Hinter jedem erfolgreichen Mann steht eine starke Frau. Heute, im 21. Jahrhundert, in dem die meisten Frauen selbst »ihren Mann stehen«, mag ein solcher Spruch veraltet und ein wenig lächerlich erscheinen. Für die Protagonistinnen dieses Buches aber hatte er durchaus seine Berechtigung. Die meisten von ihnen fanden es ganz selbstverständlich, ihren schreibenden Ehemännern oder Geliebten den Rücken freizuhalten, sich um Haushalt und Kinder zu kümmern und die eigenen Interessen hintanzustellen, ganz gleich, welche Bildung, Talente und Interessen sie selbst mitbrachten.

Bekanntestes Beispiel ist wohl Katia Pringsheim, immerhin eine der ersten Abiturientinnen Münchens. 50 Jahre lang war sie mit Thomas Mann verheiratet, der zum Dreh- und Angelpunkt ihres Lebens wurde. Dass der Dichter überall – ob in München, Princeton, Los Angeles oder Küssnacht – das ideale Ambiente vorfand, ohne das er nicht hätte arbeiten können, war nur seiner Frau zu verdanken. Annemarie Böll wiederum arbeitete so lange als Lehrerin, bis ihr »Hein« endlich in der

Lage war, seine wachsende Familie als Schriftsteller zu ernähren. Dankbar gab er selbst zu: *»Ohne meine Frau wäre ich verloren.«*

Verloren wäre möglicherweise auch Bertolt Brecht gewesen, hätte er nicht Helene Weigel an seiner Seite gehabt. Sie war nicht nur das »Mädchen für alles«, das den gesamten Alltag managte, als Schauspielerin verkörperte sie später auch die Rollen, die Brecht ihr auf den Leib geschrieben hatte. Wie groß ihre Bedeutung für das Werk ihres Mannes tatsächlich war, erkannte auch Schauspielkollege Ernst Geschonnek: *»Ohne die Weigel hätte Brecht niemals die Kraft und den Ruf gehabt, das zu werden, was er dann geworden ist.«*

Meist waren die Frauen der Dichter auch die wichtigsten Mitarbeiterinnen ihrer schreibenden Ehemänner. Sie lasen Korrektur, spendeten Lob oder übten Kritik und gaben wichtige Anregungen. Einige von ihnen griffen auch selbst zur Feder. Bettine von Arnim wurde jedoch nur nach dem Tod ihres Mannes literarisch tätig, und dass Veza Canetti eine talentierte Schriftstellerin gewesen war, erfuhr die Öffentlichkeit erst, als die Frau des Nobelpreisträgers Elias Canetti schon längst gestorben war.

Natürlich ergänzten sich nicht alle Dichterpaare auf diese ideale Weise. Die Ehe von Rainer Maria Rilke und Clara Westhoff scheiterte schon nach wenigen Monaten, weil der sensible Dichter das Leben mit Frau und Kind nicht ertragen konnte und die Einsamkeit bevorzugte. Aus Franz Kafka und seiner langjährigen Brieffreundin Felice Bauer wurde erst gar kein Ehepaar, obwohl sie sich zweimal verlobt hatten. Doch Kafka hatte Angst, dass sich die traute Zweisamkeit negativ auf seine literarische Produktivität auswirken würde. Und Alma Mahler-Werfel, die sich gerne als kunstsinnige Muse stilisierte, hat gleich in drei Ehen bewiesen, dass es ihr immer nur um eines ging, nämlich um sich selbst. Trotzdem waren die Männer verrückt nach ihr, vielleicht auch, weil sie in ihr die »treibende Kraft« erkannten, die sie künstlerisch inspirierte. Franz Werfel wurde erst zum erfolgreichen Autor, nachdem ihn Alma davon überzeugen konnte, nicht nur expressionistische Gedichte zu schreiben – selbst wenn sie hauptsächlich finanzielle Motive hatte.

Leicht war das Leben an der Seite der Dichter in keinem Fall. Doch gerade das zeigt, dass es tatsächlich starke Frauen gewesen sein müssen, die hinter ihren erfolgreichen Männern standen. Sie gingen mit ihnen durch dick und dünn, ertrugen ihre Launen und Eigenarten, teilten ihre Geldsorgen, fanden sich mit ihren Affären ab und folgten jenen bereitwillig ins Exil, die die Nationalsozialisten als missliebige Autoren verfolgten und aus Deutschland und Österreich vertrieben.

Katia Mann hat als alte Dame einmal beklagt, sie habe in ihrem Leben nie das tun können, was sie eigentlich hätte tun wollen. Tatsächlich aber gab es bis weit ins 20. Jahrhundert hinein nur wenige Frauen, die wirklich ein selbstbestimmtes Leben führen konnten, auch wenn sie nicht mit einem berühmten Dichter verheiratet waren.

# »Meine kleine Hausfreundin«

Christiane Vulpius (1765–1816)
und Johann Wolfgang von Goethe

Es gehörte schon eine ordentliche Portion Mut dazu, den berühmten »Dichterfürsten« so einfach anzusprechen und mit einer Bitte zu behelligen. Doch für die couragierte Christiane Vulpius schien das die einzige Möglichkeit zu sein, ihrem Bruder endlich eine berufliche Perspektive zu verschaffen. Dabei hatte Christian August Vulpius (1762–1827) inzwischen mit seinem Jura-Studium aufgehört und durchaus die Möglichkeit, sich am Weimarer Hof um eine Anstellung zu bemühen. Aber der junge Mann verfolgte ganz andere Pläne. Er träumte von einer Karriere als Schriftsteller, hatte auch bereits mehrere Texte veröffentlicht, darunter den Roman »Die Abenteuer des Ritters Palmendos« sowie mehrere Gedichte, die auch Johann Wolfgang von Goethe bekannt gewesen sein dürften. Doch die mageren Einnahmen aus der schriftstellerischen Tätigkeit reichten weder zum Leben noch zum Sterben. Christiane Vulpius, trotz allem überzeugt vom Talent ihres Bruders, entschloss sich daher, bei Goethe vorzusprechen, der soeben von seinem knapp zweijährigen Italienaufenthalt nach Weimar zurückgekehrt war. Sie hoffte inständig, der berühmte Dichter würde seine guten Kontakte zu Verlegern und Zeitschriften spielen lassen, sodass der bislang erfolglose Christian August in absehbarer Zeit von seiner literarischen Arbeit leben konnte.

Die erste Begegnung von Christiane Vulpius und Johann Wolfgang von Goethe fand wahrscheinlich am 12. Juli 1788 statt. Der Ort des denkwürdigen Geschehens ist leider nicht bekannt. Lange Zeit hieß es, Christiane habe den Dichter im Gartenhaus in den Ilmwiesen aufgesucht und tatsächlich wäre diese idyllische Umgebung geradezu ideal für den Anfang einer jungen Liebe gewesen. Doch da Goethe erst seit Juni wieder in Weimar lebte, war das Gartenhaus zu diesem Zeitpunkt noch vermietet. Vermutlich wird Christiane Vulpius also am Frauenplan erschienen sein, um dort ihre Bitte vorzutragen. Johann Wolfgang von Goethe hörte sich geduldig an, was die junge Frau zu sagen hatte, und versprach anschließend, sein Bestes zu versuchen, um ihrem Bruder zu helfen.

Tatsächlich erwirkte er, dass Christian August Vulpius 1789 eine Anstellung als Sekretär bei dem Leipziger Buchhändler und Verleger Georg Joachim Göschen fand, sodass der noch unbekannte Dichter zumindest für seinen Lebensunterhalt sorgen konnte.[1] Zu diesem Zeitpunkt waren Christiane Vulpius und Johann Wolfgang von Goethe schon längst ein Liebespaar und ganz Weimar zerriss sich das Maul darüber, was der Herr Geheimrat wohl an dieser einfachen »Magd«, die sich nicht auf höfischem Parkett bewegte, finden mochte. Denn dass Christiane ausgesprochen tüchtig war und schon in jungen Jahren viel für ihre Familie getan hatte, interessierte in der feinen Gesellschaft schließlich niemanden.

---

[1]  Christian August Vulpius gelang 1798 mit seinem Roman über den Räuberhauptmann Rinaldo Rinaldini ein beachtlicher Publikumserfolg. Das Stück wurde nicht nur mehrmals auf der Bühne aufgeführt, sondern 1969 von der ARD als 13-teilige Serie verfilmt. Seit 1797 arbeitete Vulpius in der Weimarer Bibliothek, 1800 stieg er dort zum Bibliothekssekretär auf.

Dabei hatte der Adel eigentlich gar keinen Grund, so verächtlich auf Goethes »Magd« hinabzublicken, denn Christiane Vulpius kam keineswegs aus einfachen Verhältnissen, auch wenn ihre bürgerliche Familie mit finanziellen Problemen zu kämpfen hatte.

Weil das Geld schon damals knapp war, hatte Christianes Vater Johann Friedrich Vulpius (1725–1786) sein Jura-Studium vorzeitig beenden und sich eine Zeitlang mit Gelegenheitsarbeiten durchschlagen müssen. Er war schon 34 Jahre alt gewesen, als er 1759 endlich am Weimarer Fürstenhof unterkam, wo mehr als ein Viertel der rund 6000 Bewohner des Städtchens ihr Auskommen fanden. Zwar war das beschauliche Weimar an der Ilm Residenzstadt von Sachsen-Weimar-Eisenach, einem der ältesten und kleinsten Fürstentümer Thüringens, doch besonderer Wohlstand herrschte hier keineswegs. Die Gassen waren eng und winkelig, die meisten Häuser mit Stroh oder Holzschindeln gedeckt. Schmucke Bürgerhäuser suchte man damals noch vergebens.

1760 heiratete Johann Friedrich Vulpius die erst 18-jährige Christiane Margarethe Riehl (1742–1771), die allem Anschein nach eine größere Mitgift in die Ehe einbrachte. Hinzu kam eine monatliche Unterstützung durch die Riehls, sodass die junge Familie in den folgenden Jahren recht gut leben konnte. Man bezog eine Wohnung in der Jakobsgasse, nicht weit vom Weimarer Schloss entfernt. Nachdem 1762 das erste Kind zur Welt gekommen war, Sohn Christian August, dem ein weiterer, früh verstorbener Sohn folgte, wurde am 1. Juni 1765 Tochter Johanna Christiana Sophie, genannt Christiane, geboren und wenige Tage später in der Hofkirche – der heutigen Jakobskirche – evangelisch getauft.

Familie Vulpius wuchs weiter, doch auch der Tod schlug immer wieder zu. 1767 kam eine zweite Tochter zur Welt, die nach nur vier Monaten an den Pocken starb, 1769 wurde mit Johann Gottlieb Heinrich wieder ein Sohn geboren.

In diesem Jahr begann sich die finanzielle Situation der Familie dramatisch zu verschlechtern, denn mit dem Tod von Vater Riehl fiel die monatliche Unterstützung künftig weg und das schmale Einkommen, das Johann Friedrich Vulpius erhielt, reichte an allen Ecken und Enden nicht aus. Dann aber schlug das Schicksal erneut zu: Von der schweren Geburt ihres sechsten Kindes, das nur kurze Zeit später starb, erholte sich die junge Mutter nicht mehr und fand am 5. Mai 1771 im Alter von nur 29 Jahren selbst den Tod. Christiane, knapp sechs Jahre alt, und ihre beiden Brüder waren nun Halbwaisen. In dieser traurigen Situation konnte es wohl als Segen gelten, dass Juliana Augusta, die 37-jährige Schwester von Vater Vulpius, die schon vorher mit im Haushalt gelebt hatte, problemlos in ihre neue Rolle als Ersatzmutter hineinwuchs.

Über Christianes Kindheit ist kaum etwas bekannt, auch nicht, welche Schule sie besucht hat. Sie konnte zwar lesen und schreiben, verfügte aber offenbar über keine umfassende Bildung. Das freilich war für ein Mädchen damals keineswegs ungewöhnlich. Schon früh wird Christiane im Haushalt mit angepackt, Wasser vom Brunnen geholt und Tante Juliana Augusta bei der Gartenarbeit geholfen haben.

Nachdem Johann Friedrich Vulpius Weihnachten 1774 ein zweites Mal geheiratet hatte, die 1745 geborene Johanna Christiana Dorothea Weiland, kam nur zwei Monate später Christianes Halbschwester Ernestina Sophia Louisa (1775 – ?) zur Welt. Schon bald darauf musste die Familie wieder eines ihrer Kinder zu Grabe tragen: Christianes Bruder Johann Gottlieb Heinrich starb im Herbst 1776 im Alter von erst sieben Jahren. Man mag unwillkürlich an die alte Mahnung denken: *Mitten im Leben sind wir vom Tode umgeben.* Drei weitere Halbgeschwister, die im Laufe der nächsten Jahre zur Welt kamen, starben ebenfalls im Kindesalter.

Der ganze Stolz der Familie Vulpius war Sohn Christian August, der 1781 das Elternhaus verließ, um zum Jura-Studium nach Jena zu gehen. Finanziert wurde die Ausbildung durch ein herzogliches Stipendium, denn Vater Vulpius sah sich nicht in der Lage, den Sohn finanziell zu unterstützen. Im Gegenteil, bald war er selbst auf Hilfe angewiesen und die Familie musste von dem leben, was wir heute als Sozialhilfe bezeichnen. Wegen eines nicht näher bekannten Amtsvergehens verlor Johann Friedrich Vulpius 1782 seine Anstellung am Weimarer Hof, wurde zunächst suspendiert, schließlich sogar entlassen. Nur ein sogenanntes »Gnadengehalt« des Herzogs konnte die Familie jetzt noch vor dem Hungertod bewahren.

## Arbeit als Putzmacherin

Christiane Vulpius, damals 17 Jahre alt, wollte nicht tatenlos zusehen, wie es mit ihrer Familie immer weiter bergab ging, zumal die Stiefmutter in letzter Zeit häufiger kränkelte. Und so traf die junge Frau eine außergewöhnliche Entscheidung: Sie wollte Geld verdienen, und zwar auf eine ausgesprochen ehrbare Art und Weise.

Christiane war nämlich nicht die einzige Bürgerstochter in Weimar, die etwas zum Lebensunterhalt ihrer Familie beitragen wollte oder musste, selbst wenn in diesen Kreisen die Erwerbstätigkeit von Mädchen eigentlich ausgeschlossen war. Schließlich sollten sie die Familie nicht in Verruf bringen, indem sie zum Beispiel als Dienstmagd arbeiteten. Doch zum Glück hatten zwei Weimarer Schwestern für diese Notlage eine gute Lösung gefunden. Die Schwestern Caroline Bertuch und Auguste Slevoigt gründeten 1782 eine kleine Manufaktur, in der Dekorationsmaterial für Damenhüte hergestellt wurde. Bislang mussten die kunstvollen Stoffblumen, die die Kopfbedeckungen der modebewussten Damen zierten, für viel Geld aus Paris importiert werden. Nun erhielten handwerklich und künstlerisch talentierte Bürgermädchen vor Ort die Möglichkeit, sich zu Putzmacherinnen ausbilden zu lassen und die Stoffblumen in Weimar herzustellen. Im November 1783 waren in der Werkstatt, die von Auguste Slevoigt geleitet wurde, rund 20 junge Frauen beschäftigt, unter ihnen Christiane Vulpius. Zusammen saßen sie an langen Tischen und arbeiteten nach handgezeichneten Vorlagen von Knospen, Blüten und Blumenblättern. Der Umgang mit Seide, Plüsch, Samt und Taft, mit Draht, Schere und Nähnadel erforderte eine ganze Menge Geschick und große Professionalität. Schließlich ging es hier nicht um ein hübsches Hobby für gelangweilte Damen, im Gegenteil. Die Produkte, die in der Manufaktur hergestellt wurden, mussten höchsten Anforderungen entsprechen und mit den Pariser Stoffblumen in jeder Hinsicht konkurrieren können. Neben den künstlichen Blumen wurden noch andere Dinge angefertigt, zum Beispiel hübsch bestickte Beutel, Handarbeitskörbchen und Ähnliches mehr. Das Geschäft florierte und Christiane Vulpius fühlte sich in der freundlichen Atmosphäre des Hauses am Baumgarten ausgesprochen wohl. An sechs Tagen in der Woche arbeitete sie hier mehrere Jahre lang – bis sie im Juli 1788 Johann Wolfgang von Goethe begegnete.

Im Februar 1783 starb Christianes kranke Stiefmutter im Alter von 36 Jahren. Jetzt lebten im Haus nur noch der Vater und ihre achtjährige Halbschwester Ernestine sowie Tante Juliana Augusta, die den Haushalt versorgte. Mit dem Geld, das die Älteste verdiente, kam die Familie recht gut über die Runden.

Bei der Arbeit blühte Christiane regelrecht auf. Sie war nicht nur stolz auf ihre Kreativität und künstlerische Leistung, sie hatte auch viel Freude beim Zusammensein mit ihren Kolleginnen. Schließlich ist anzunehmen, dass sich die jungen Damen bei der Arbeit auch ausgiebig über den jüngsten Weimarer Klatsch und Tratsch unterhalten haben. Im April 1783 wird es hingegen ein ausgesprochen ernstes Thema gewesen sein, das die fleißigen Putzmacherinnen beschäftigte und über das in ganz Weimar gesprochen wurde: In ihrer Verzweiflung hatte Anna Catharina Höhn, eine ledige junge Frau, ihr neugeborenes Söhnchen getötet. Das Gericht verurteilte sie daraufhin zum Tode. Noch saß sie im Zuchthaus, bis das Urteil im November des Jahres vollstreckt wurde. Als Jurist war auch Johann Wolfgang von Goethe mit diesem Fall befasst. Er sprach sich ebenfalls für die Todesstrafe aus.[2]

## Dichter und Geheimrat – Goethe in Weimar

Drei Jahre nach dem Tod ihrer Stiefmutter starb Christianes Vater im März 1786 im Alter von 61 Jahren. Das »Gnadengehalt«, das er von Herzog Karl August bezogen hatte, wurde jetzt in eine Waisenpension für Christiane und ihre Halbschwester Ernestine umgewandelt, sodass es im Hause Vulpius zunächst nicht zu spürbaren finanziellen Einschränkungen kam. Als jedoch Christian August Vulpius im Mai 1788 nach beendetem (oder vielleicht auch abgebrochenem) Studium und ohne Geld in der Tasche nach Weimar zurückkehrte, war die Haushaltskasse wohl schon nach kurzer Zeit wieder leer.

---

[2] Mit der Thematik der Kindsmörderinnen hatte Goethe sich schon Anfang der 1770er-Jahre im Rahmen seines Studiums mehrfach beschäftigt. Sie bildete die Grundlage für die Gretchen-Figur, die er bereits 1772 in seinen *Urfaust* einbaute.

Daher fasste sich Christiane ein Herz und machte sich am 12. Juli 1788 auf den Weg zu Johann Wolfgang von Goethe, dem berühmten deutschen Dichter und »Star« des Weimarer Musenhofs.

Schließlich gab es in dessen Leben durchaus Parallelen zum Werdegang ihres Bruders, denn auch Goethe hatte seinerzeit Jura studiert, sich dann aber für die Dichtung entschieden.

Geboren wurde Goethe am 28. August 1749 in Frankfurt am Main als Sohn des kaiserlichen Rates Johann Caspar Goethe und seiner Frau Catharina Elisabeth. Vorgesehen war, dass er als Jurist eines Tages in die Fußstapfen seines Vaters treten sollte. Tatsächlich arbeitete er nach dem Studium eine Zeit lang als Anwalt, doch seine große Leidenschaft gehörte schon damals der Literatur. Immer wieder griff er zu Feder und Tinte und verfasste kleinere Stücke, bis ihm 1774 mit »Die Leiden des jungen Werther« der literarische Durchbruch gelang.

Mit Frauen hatte Goethe allerdings weniger Glück. Seine Verlobung mit der Frankfurter Kaufmannstochter Lili Schönemann hielt nur kurze Zeit und so stand er 1775 sowohl beruflich als auch privat an einem Scheideweg.

Nur wenig später aber sollte sich sein Leben grundlegend verändern. Noch im gleichen Jahr lernte Goethe den jungen Herzog Karl August von Sachsen-Weimar-Eisenach (1757–1828) kennen, der soeben erst die Regierungsgeschäfte übernommen hatte. Der 18-Jährige, unterwegs auf seiner »Kavalierstour« durch Deutschland, wollte aber nicht nur mit dem berühmten Autor des »Werther« zusammentreffen, er war auch auf der Suche nach klugen Ratgebern für seine neue Aufgabe. Und weil er einen staatspolitisch orientierten Juristen gut gebrauchen konnte, lud er Goethe kurzerhand ein, mit ihm nach Weimar zu kommen. Der zögerte nicht lange und machte sich noch im November 1775 auf den Weg nach Thüringen.

Der junge Herzog stellte ihm das heute berühmte Gartenhaus in den Ilmwiesen zur Verfügung, in dem Goethe in den nächsten sieben Jahren wohnte, bevor er in das repräsentative Haus am Frauenplan umzog. Im Juni 1776 wurde er zum Geheimen Legionsrat und damit zum Staatsbeamten ernannt. Die Zusammenarbeit mit Herzog Karl August funktionierte hervorragend, aber auch privat waren die beiden jungen Männer bald gute Freunde. Natürlich lag auch die Weimarer Damenwelt dem gut aussehenden Dichter zu Füßen, zumal es Goethe rasch gelernt hatte, den galanten Höfling zu geben. Er ging im Weimarer Schloss ein und aus und wurde schon bald zum Mittelpunkt des berühmten Musenhofes von Herzogin-Mutter Anna Amalia. Dabei handelte es sich um einen literarischen Salon, der in der Folgezeit etliche Dichter und Denker aus ganz Deutschland anzog, darunter auch Wieland, Herder und Schiller. Anna Amalia war damals die bedeutendste Förderin der deutschen Sprache und Literatur.

Doch die »Frau fürs Leben« fand Goethe auch hier nicht, wenngleich ihn eine ganz besondere Freundschaft mit der sieben Jahre älteren Charlotte von Stein verband, einer früheren Hofdame Anna Amalias. Von ihr schwärmte Goethe schon im Februar 1776: *Eine herrliche Seele ist die Frau von Stein, an die ich so was man sagen mögte, geheftet und genistelt bin.* Charlotte von Stein wurde zu Goethes Muse, seiner engsten Vertrauten und »Seelenfreundin«. Es ist nämlich kaum anzunehmen, dass diese Beziehung jemals die platonische Ebene verlassen hat. Schließlich war Charlotte von Stein verheiratet und Mutter von mehreren Kindern.

Nach gut zehn Jahren in Weimar verspürte Goethe wohl einen gewissen Überdruss am politischen Tagesgeschäft und dem immer gleich verlaufenden höfischen Leben. Er hatte eine unbändige Lust auf etwas Neues und machte sich deshalb auf den Weg nach Italien, wo er fast zwei Jahre lang blieb.

Allem Anschein nach hat der Dichter hier, unter der wärmenden südlichen Sonne, nicht nur neue Anregungen erhalten, sondern auch die Sexualität für sich entdeckt. In erotischer Hinsicht war der Dichter ein Spätzünder. Bislang hatte sich Goethe nämlich durch eine auffallende Bindungsscheu ausgezeichnet und meist verheiratete Frauen bevorzugt, die er aus der Ferne anhimmeln konnte. Er scheute aber auch Kontakte mit Prostituierten, denn wie viele junge Männer seiner Zeit hatte Goethe eine panische Angst vor den verheerenden Folgen der Syphilis. Diese Angst scheint er erst während seines Italien-Aufenthalts überwunden zu haben ...

## Skandal in Weimar

Soeben zurück aus Italien war Goethe im Juli 1788 noch voll frischer Erinnerungen an seine amourösen Abenteuer, als er die 23-jährige Christiane Vulpius kennenlernte. Mit den schönen Römerinnen konnte die junge Weimarerin vermutlich nicht mithalten, doch irgendetwas muss ihn angezogen haben, wobei er zunächst vielleicht nur ein kurzes Abenteuer im Sinn hatte. Christiane aber war so ganz anders als die Damen der höfischen Gesellschaft, mit denen Goethe bislang in Weimar zu tun gehabt hatte. Wirklich hübsch war sie nicht, hatte wohl eher etwas herbe Gesichtszüge. Doch sie wirkte sehr reif und verantwortungsbewusst für ihr Alter, war mutig, lebenserfahren und eigenständig, kurz: eine durchaus interessante Persönlichkeit.

Und so begann im Juli 1788 eine stürmische Liebesaffäre, von der man in Weimar freilich noch nichts ahnte. Es fiel nur auf, dass sich Goethe bei Hof ziemlich rar machte, aber das konnte schließlich alle möglichen Gründe haben. Doch nach einem Dreivierteljahr platzte die Bombe: Allem Anschein nach wollte der 16-jährige Fritz von Stein im Frühjahr 1789 seinem Freund Goethe einen Besuch abstatten. Stattdessen traf er im Gartenhaus an der Ilm, das dem Dichter jetzt wieder zur Verfügung stand, auf Christiane! Natürlich erzählte der junge Mann alles brühwarm seiner Mutter weiter, die, wie nicht anders zu erwarten, aus allen Wolken fiel. Goethe sei *sinnlich geworden,* meinte sie pikiert; entsetzt, dass sich ihr »Seelenverwandter« mit einem *liederlichen Frauenzimmer* eingelassen hatte. Dass sich Charlotte von Stein beleidigt zurückzog und künftig kein gutes Haar an der armen Christiane ließ, muss wohl nicht extra erwähnt werden. Über Jahre sollen Goethe und Frau von Stein kein Wort miteinander gewechselt haben.

Der Tratsch über die »unmögliche« Liebesaffäre des Dichters ließ sich nun nicht mehr aufhalten. Schon am 8. März 1789 schrieb Caroline Herder an ihren Mann nach Rom: *Ich habe nun das Geheimnis von der Stein selbst, warum sie mit Goethe nicht mehr recht gut sein will. Er hat die junge Vulpius zu seinem Clärchen u. läßt sie oft zu sich kommen.*

Noch ahnte Christiane nichts von dem gehässigen Klatsch, der sich in Windeseile hinter ihrem Rücken verbreitete. Sie war scheinbar wirklich glücklich und verliebt, stolz, dass sich ein bedeutender Mann wie Goethe für sie interessierte. Zumindest in sexueller Hinsicht schienen sie einander auf ideale Weise zu ergänzen. Davon zeugen noch vorhandene Rechnungen des örtlichen Schreinermeisters Spangenberg, der mehrfach Goethes Bett reparieren musste: *Bett beschlagen, sechs Paar zerbrochene Bänder dazu mit Nägeln ... ein neu gebrochenes Bett beschlagen zum Unterschieben.*

Doch gerade das hatte schwerwiegende Folgen, denn im April 1789 stellte Christiane fest, dass sie ein Kind erwartete. Was mag damals wohl in ihr vorgegangen sein? Freute sie sich darauf, Mutter zu werden? Glaubte sie, Goethe werde sie nun auch heiraten? Vermutlich. Immerhin stand eine ledige Schwangere mit einem Fuß im Gefängnis, denn offenkundig gewordene »Unzucht« stand damals noch unter Strafe. Dachte Christiane vielleicht auch an die unglückliche Anna Catharina Höhn, die ihr Kind aus lauter Verzweiflung getötet hatte? Auf jeden Fall muss es ein schlimmer Schock gewesen sein, als Christiane plötzlich bewusst wurde, dass Goethe nicht im Traum daran dachte, die Verbindung zu legitimieren. Er verteidigte die Weigerung mit seiner antikirchlichen Haltung: Ihm, dem Freigeist, sei es schließlich nicht zuzumuten, vor den Traualtar zu treten und vor einem Gott, an den er nicht glaubte, die Ehe zu schließen. Die Möglichkeit einer Ziviltrauung gab es damals noch nicht. Es wird Christiane wie Schuppen von den Augen gefallen sein, dass sie sich in einen hoffnungslosen Egozentriker verliebt hatte, der vielleicht wunderschöne Verse über die Liebe schreiben mochte, letzten Endes aber immer nur an sich selbst dachte und keine Verantwortung übernehmen wollte. Doch jetzt war es zu spät, es gab kein Zurück mehr. Von nun an war Christiane Vulpius auf Gedeih und Verderb auf Goethes Wohlwollen angewiesen, wollte sie als ledige Mutter nicht ganz am unteren Rand einer Gesellschaft landen, die für sie nur Verachtung übrig hatte. Wovon hätte sie sich und ihr Kind ernähren sollen?

## Leben im Schatten des »Dichterfürsten«

Dank Goethes guter Verbindungen blieb es Christiane zumindest erspart, wegen »Unzucht« strafrechtlich belangt zu werden. Doch auch Goethes Freundschaft mit Herzog Ernst August konnte das Paar nicht vor Sanktionen bewahren: Als Christianes Schwangerschaft nicht mehr zu übersehen war, mussten sie das komfortable Haus am Frauenplan – zumindest vorübergehend – verlassen und eine Wohnung vor den Toren der Stadt beziehen. Der an sich nicht sonderlich strenge Fürstenhof zeigte sich über die »wilde Ehe« des Poeten reichlich empört. Erst drei Jahre später durften Christiane und Goethe wieder in das alte Heim zurückkehren.

Nach dem unfreiwilligen Umzug verabschiedete sich Goethe zunächst einmal von der hochschwangeren Christiane und reiste im Spätherbst 1789 nach Jena, um sich mit den Angelegenheiten der Universität zu befassen, die er selbst mit aufgebaut hatte. Der Aufenthalt zog sich hin.

Christiane blieb in Weimar zurück und musste allein mit den verächtlichen Blicken und spöttischen Bemerkungen zurechtkommen, an denen die »braven Bürger« der Stadt keineswegs sparten. Und nicht nur das. Goethe war noch immer auf Reisen, als Christiane am 25. Dezember 1789 einen Sohn zur Welt brachte, der auf den Namen August getauft wurde. Obwohl ganz Weimar wusste, wer der Vater des Kindes von *Mademoiselle Vulpius* war, hielt es Goethe wohl nicht für erforderlich, sich offiziell zur Vaterschaft zu bekennen. Im Kirchenbuch ist sein Name zumindest nicht verzeichnet.

Als Goethe endlich nach Weimar zurückkehrte, freute er sich natürlich, dass die Geburt des Sohnes ohne größere Komplikationen verlaufen war. Doch lange hielt er es bei Frau und Kind nicht aus. Die Unruhe, die das Zusammenleben mit einem Säugling mit sich brachte, machte ihn nervös, vom Kindergeschrei ganz abgesehen. So schnell wie möglich kehrte er Weimar erneut den Rücken, reiste zunächst mit Herzogin-Mutter Anna Amalia nach Italien und unternahm anschließend in Begleitung seines Freundes Karl August eine längere Inspektionsreise durch Schlesien. Das schlechte Gewissen plagte ihn nicht, schließlich wusste er Christiane und den kleinen August in guten Händen. Mit im Haushalt lebten schließlich Christianes Tante Juliana Augusta und ihre Halbschwester

Ernestine, die sich beide um die junge Mutter und das Baby kümmern konnten. Weimarer Freunde glaubten indessen, er habe sich wohl für immer verabschiedet: *Man vermutet aber stark, dass er nicht mehr zurückkehren werde,* schrieb Friedrich von Schiller am 26. März 1790. Doch natürlich kam er wieder. Auf seine Art und Weise hat er Christiane wohl tatsächlich geliebt.

Anfang Januar 1791 war Christiane erneut schwanger. Doch am 14. Oktober kam der zweite Sohn tot zur Welt. Es sollte nicht die letzte Schwangerschaft sein, die auf solch tragische Weise zu Ende ging.

Christiane musste nicht nur mit dem Schmerz und der Trauer um ihr totes Kind fertigwerden, sie litt ganz erheblich darunter, dass sich Goethe nicht wirklich zu ihr bekannte. Seit mehr als drei Jahren waren sie nun ein Paar, inzwischen auch Eltern eines knapp zweijährigen Sohnes, doch von Hochzeit war noch immer keine Rede. Offiziell galt Christiane in Weimar als »Goethes Magd«. Selbst die Mutter des Dichters, die nach wie vor in Frankfurt lebte, hatte keine Ahnung von der Existenz ihrer »Schwiegertochter«, geschweige denn davon, dass sie einen kleinen Enkel hatte. Goethe schrieb ihr zwar regelmäßig und berichtete von seinem Leben und der Arbeit in Weimar, doch Christiane und August erwähnte er mit keinem Wort. Fünf Jahre lang…

Inzwischen war Goethe bei Hof wieder rehabilitiert und speiste fast jeden Mittag zusammen mit der herzoglichen Familie. Man plauderte über dies und das, nur ein Thema war tabu: Christiane Vulpius. Auch wenn die feinen Herrschaften alle Bescheid wussten, so taten sie nach außen hin so, als hätten sie noch nie von der Lebensgefährtin des »Dichterfürsten« und seinem Sohn gehört. Wie sich Christiane dabei gefühlt hat, vermag man kaum zu ermessen. Sie muss über eine enorme innere Stärke verfügt haben, sonst wäre sie vermutlich an der offensichtlichen Missachtung zerbrochen. So aber nahm sie ihr Schicksal an und tat auch künftig ihr Bestes, um ihrer kleinen Familie das Leben so angenehm wie möglich zu machen. Ihre Qualitäten als »brave Hausfrau« und *Küchenschatz* hat auch Goethe immer wieder lobend erwähnt. Als er Herzog Karl August im Herbst 1792 zum Feldzug nach Frankreich begleitete, schrieb er an Christiane: *Mach nur, dass unser Häuschen recht ordentlich wird … Es wird mir aber noch besser schmecken, wenn mein lieber Küchenschatz die Speisen vorbereiten wird.*

## Küchenschatz und Bettschatz

Neben ihrer Funktion als fleißiger *Küchenschatz* war Christiane auch weiterhin Goethes *Bettschatz.* So nämlich bezeichnete die Mutter des Dichters sie, nachdem Catharina Goethe endlich von Christianes Existenz erfahren hatte. Trotzdem blieb Sohn August das einzige Kind des Paares. Nach der Totgeburt im Oktober 1791 kamen zwar noch drei weitere Kinder zur Welt (1793, 1795, 1802), doch auch sie starben kurz nach der Geburt.

Das Kind, das am 30. Oktober 1795 geboren wurde, war ein *zarter Knabe,* wie Goethe Friedrich von Schiller mitteilte, *und so läge denn eine von meinen Sorgen in der Wiege.* Doch trotz aller Sorgen um das Neugeborene reiste er wenige Tage später erneut nach Jena, ließ sich von Christiane aber auf dem Laufenden halten. Sie konnte ihm leider nichts Gutes berichten und schrieb am 10. November: *Es tut mir leid, dass ich Dir nicht schreiben kann, dass wir beide wohl sind. Ich bin recht wohl, sodass ich außer Bette sein kann. Aber das Kleine ist seit zwei Tagen sehr matt und schläft den ganzen Tag. Und wenn es essen und trinken soll, so muss man es aufwecken. Und da ißt es*

*auch nichts. Der Doctor und die Liebern trösten zwar gut,*
*aber ich läugne es nicht, ich bin sehr ängstlich dabei. Ich wollte*
*Dir, mein Lieber, erst nichts schreiben, aber es ist doch besser,*
*Du weißt es, und deßhalb schicke ich Dir einen Boten, daß ich*
*auch gleich ein Wort von Dir höre und etwas getröstet werde.*
Goethe entschloss sich daraufhin, unverzüglich nach Weimar
zurückzukehren, doch dem Kind konnte niemand mehr helfen. Das Söhnchen starb am 16. November 1795. An Charlotte
von Schiller schrieb Goethe: *Der arme Kleine hat uns gestern*
*schon wieder verlassen, und wir müssen nun suchen durch*
*Leben und Bewegung, diese Lücke wieder auszufüllen.*

Die Ursache für den frühen Tod der Säuglinge ist nicht
bekannt, doch möglicherweise handelte es sich um eine
Unverträglichkeit der Blutgruppen, bedingt durch einen
unterschiedlichen Rhesus-Faktor, von dessen Existenz man
erst seit 1940 weiß.

Wie so viele andere Mütter, die ihre Kinder damals vorzeitig
zu Grabe tragen mussten, wird auch Christiane den Willen
Gottes darin gesehen haben, dem man sich zu unterwerfen
hatte. Vielleicht fand sie Trost in diesem Gedanken. Und Goethe? Für ihn ging das Leben weiter, wobei es ihm immer wieder wunderbar gelang, sich mit Arbeit von Kummer und Sorgen abzulenken.

Es hat nicht den Anschein, als habe Goethe jemals ernsthaft
nach Christianes Bedürfnissen gefragt. Ahnte er nicht, wie
sehr sie unter ihrem Schattendasein leiden musste? War er
nicht in der Lage, mit ihr »auf Augenhöhe« zu kommuni-
zieren? Abgesehen davon, dass er das Bett mit ihr teilte, behandelte er Christiane wie seine Dienstmagd. Auch Wieland
sprach nur von *Goethes Magd*, während man am Weimarer
Hof die Formulierung *die von Goethische Haushälterin* bevorzugte.

Im frisch renovierten Haus am Frauenplan versammelten

sich zahlreiche illustre Gäste des Dichters, darunter auch Heinrich von Kleist, Hölderlin und Jean Paul. Allem Anschein nach hat keiner der Herren Christiane jemals zu Gesicht bekommen. Sie blieb unsichtbar, während sie still und unauffällig das Essen kochte, den Tisch deckte, Getränke und Nachspeise bereitstellte. Goethe allein fungierte als Gastgeber. Die Situation gestaltete sich besonders schizophren, wenn Besucher aus Weimar am Frauenplan zu Gast waren, die schließlich alle von Christiane wussten, sie regelmäßig auf der Straße sahen oder beobachten konnten, wie sie mit ihrem Sohn in Goethes Haus ein- und ausging. Trotzdem hielt es der Dichter für angebracht, die scheinheilige Fassade zu wahren. Warum? Christiane mochte vielleicht nicht mitreden können, wenn es um Poesie ging, aber das hätte auch niemand von der Lebensgefährtin eines Dichters erwartet. Friedrich Schiller (1759–1805), der seit 1790 mit Charlotte von Lengefeld verheiratet war, hielt es für völlig selbstverständlich, dass seine Frau mit am Tisch saß, wenn er Gäste hatte, und dass sie neben ihm als Gastgeberin fungierte. Mit geistigen Höhenflügen ihrerseits rechnete niemand. Fürchtete Goethe vielleicht, Christiane könnte ihn blamieren? Erkannte er nicht, dass sie andere Qualitäten hatte, problemlos den großen Haushalt »managte«, gut mit Geld umgehen konnte und sogar Kaufverträge aushandelte, wenn es um den Erwerb eines Grundstücks ging? Passagen in ihren Briefen lassen zudem vermuten, dass sie nicht nur einen Sinn für Humor besaß, sondern sich auch in Goethes Werk recht gut auskannte und zumindest seine Gedichte gelesen hatte. So schrieb sie noch am 15. Mai 1816 recht launig in einem ihrer letzten Briefe: *Bei uns ist alles in Tumult, der Zauberlehrling ist in allen Zimmern eingekehrt; Deine Zimmer sind aber alle schon fertig …*

Es fällt auf, dass Goethe seine Christiane vor allem dann zu loben pflegte, wenn er gerade nicht in Weimar war. Davon zeugt die umfassende Korrespondenz des Paares, auch wenn darin sehr deutlich wird, dass der Dichter auf seine Gefährtin ein wenig gönnerhaft hinabblickte. Trotzdem spiegeln die Briefe einen vergleichsweise normalen Umgang des Paares wider: *Du bist ein recht liebes Kind, dass Du mir so viel schreibst,* heißt es in Goethes Brief vom 5. Juli 1793, *dagegen sollst Du auch wieder gleich einen Brief haben …* Oder am 3. März 1795 aus Jena: *Es geht mir, mein liebes Kind, hier recht gut, ich bin fleißig und mache meine Sachen weg. Bei schönem Wetter gehe ich spazieren, bei unfreundlichem bleibe ich zu Hause. Der Biskuit-Kuchen wird sonnabends anlangen, und ich wünsche, dass Du ihn vergnügt verzehren mögest. Ich habe Dich recht lieb und werde Dir etwas mitbringen. Grüße den Kleinen …* Bisweilen kann man sich allerdings des Eindrucks nicht erwehren, der Adressat der Briefe sei tatsächlich ein Kind und keine erwachsene Frau.

Christiane Vulpius hingegen berichtete ausführlich von tagtäglichen Erlebnissen und ihrer Arbeit im Haushalt, so auch am 27. Februar 1796: *Mit meiner Wäsche bin ich nunmehro in Ordnung, nun will ich künftige Woche scheuern und reine machen lassen, wenn es nicht so erbärmlich kalt ist. Es scheint, als wenn es noch wieder werden wollte, wir könnten beinahe hier auf dem Schlitten fahren … Heute will ich mit Bübchen in das »Käppchen« gehen. Es ist recht wohl und läßt sein liebes Väterchen schönstens grüßen …*

## »Im heiligen Stand der Ehe« – Christiane von Goethe

Sohn August wuchs heran und das Leben in Weimar nahm seinen gewohnten Lauf, bis die Bewohner des kleinen Residenzstädtchens im Herbst 1806 durch lauten Kanonendonner aufgeschreckt wurden. Napoleon Bonaparte schickte sich damals an, den ganzen Kontinent zu unterwerfen. Nachdem der Kaiser der Franzosen am 14. Oktober auch bei Jena und Auerstedt gesiegt hatte, drangen marodierende französische Soldaten am Folgetag bis nach Weimar vor, plünderten, brandschatzten und versetzten die Einwohner in Angst und Schrecken. Auch Goethe hatte eine unfreiwillige Begegnung mit den Soldaten jenes Mannes, den er im Grunde seines Herzens so sehr bewunderte. Noch in der gleichen Nacht notierte er in sein Tagebuch: *Abends um fünf Uhr flogen die Kanonenkugeln durch die Dächer. Um $^1/_2$ 6 Uhr Einzug der Chasseurs. 7 Uhr Brand, Plünderung, schreckliche Nacht. Erhaltung unseres Hauses durch Standhaftigkeit und Glück.* Das hieß freilich keineswegs, dass sich der Dichterfürst persönlich der räuberischen Rotte entgegengestellt hätte, auch wenn der Eintrag das vielleicht vermuten lässt. Nein, es war Christiane Vulpius, die den Soldaten mit Mut und Entschlossenheit klarmachte, dass es für sie im Haus am Frauenplan nichts zu holen gab. Tatsächlich zogen die französischen Soldaten unverrichteter Dinge ab und alle Bewohner kamen ungeschoren davon. Wie es heißt, soll Goethe seine »Langzeitbeziehung« wenige Tage später aus lauter Dankbarkeit geheiratet haben. Unter dem Datum des 16. Oktober steht zumindest in seinem Tagebuch: *Ich will meine kleine Freundin, die so viel an mir getan und auch diese Stunden der Prüfung mit mir durchlebte, völlig und bürgerlich anerkennen als die Meine.* Doch war das tatsächlich der wahre Grund – nach 18 Jahren »wilder Ehe« und der Geburt von fünf gemeinsamen Kindern? Inzwischen war Goethe 57 Jahre alt, Christiane 41. Fest steht, dass am 19. Oktober 1806 in der Sakristei der Weimarer Jakobskirche die Trauung des Dichters mit *Demoiselle Vulpius* vollzogen wurde. Vor den Altar wollte Goethe denn doch nicht treten. Am nächsten Tag schrieb er einem Vertrauten: *Um diese traurigen Tage durch eine Festlichkeit zu erheitern, haben ich und meine kleine Hausfreundin gestern* *den Entschluss gefasst, in den heiligen Stand der Ehe förmlich einzutreten.*

Dabei wird Christiane von Goethes plötzlichem Entschluss sicher nicht weniger überrascht gewesen sein als die Damen der Weimarer Gesellschaft: *Während der Plünderung hat er sich mit seiner Mätresse öffentlich in der Kirche trauen lassen,* notierte Frau von Stein, während Charlotte von Schiller vermutete, der Entscheidung müsse wohl ein *panischer Schrecken* zugrunde liegen. Hochzeit im Schockzustand, oder? Vermutlich wird es so gewesen sein, dass Goethe in besagter Schreckensnacht schlicht und einfach von dem hohen Ross stürzte, auf dem er jahrelang gesessen hatte. Er war der umschwärmte Dichterfürst, 1782 in den Adelsstand erhoben, ein enger Freund des Herzogs Karl August – doch das war nur die eine Seite seines privilegierten Daseins. Was würde geschehen, sollte der Herzog durch den Willen Napoleons seinen Thron verlieren? Dann müsste wohl auch Goethe das noble Haus am Frauenplan verlassen und stünde vor dem Scherbenhaufen seiner Existenz. Wahrscheinlich wird ihm am 14. Oktober 1806 schlichtweg bewusst geworden sein, wie fragil sein komfortables Leben in Wirklichkeit war. Angesichts der unübersichtlichen Lage wirkte die Hochzeit wie ein Versuch, zumindest eine stabile Komponente in sein Leben zu bringen: die Ehe mit Christiane Vulpius.

## »Leere und Totenstille« – Christianes früher Tod

Als Frau von Goethe hatte Christiane nun endlich den offiziellen Status einer Ehefrau. Geholfen hat es ihr kaum, im Gegenteil. Die Weimarer Gesellschaft bedauerte Goethe, weil er sich doch noch zur Hochzeit entschlossen hatte. Nur Frau von Stein meinte gehässig, damit habe wohl Goethes offensichtliche *Mägdenatur* endgültig gesiegt. Und Charlotte von Schiller bezeichnete Christiane auch weiter hochnäsig als ein *Nichts von Leerheit und Plattheit.*

Es gab aber auch Ausnahmen. Am Tag nach der Hochzeit durfte Christiane zum ersten Mal als Goethes offizielle Begleiterin in Erscheinung treten. Der Dichter nahm sie in den Salon der Johanna Schopenhauer mit, die erst unlängst nach Weimar gezogen war. Als Bürgerliche hatte die weltoffene Frau Schopenhauer offenbar weit weniger Berührungsängste als die aristokratische Gesellschaft. So schrieb sie am 20. Oktober 1806 an ihren Sohn, den späteren Philosophen Arthur Schopenhauer: *Ich empfing sie, als ob ich nicht wüsste, wer sie vorher gewesen wäre. Ich denke, wenn Goethe ihr seinen Namen gibt, können wir ihr wohl eine Tasse Tee geben. Ich sah deutlich, wie sehr mein Benehmen ihn freute … Goethe blieb fast zwei Stunden und war so gesprächig und freundlich, wie man ihn seit Jahren nicht gesehen hat. Er hat sie noch zu niemand als zu mir in Person geführt. Als Fremder und Großstädterin traut er mir zu, dass ich seine Frau so nehmen werde, als sie genommen werden muss. Sie war in der Tat sehr verlegen, aber ich half ihr bald durch. … Morgen will ich meine Gegenvisite machen.*

Doch allzu viel änderte sich durch die Hochzeit nicht. Die Weimarer Gesellschaft blieb Christiane gegenüber auch weiterhin reserviert und Goethe lebte so, wie er immer gelebt hatte. Er nahm sich alle Freiheiten, die er brauchte, war ständig auf Reisen und nur selten daheim in Weimar.

Es hat den Anschein, als habe sich Christiane mit ihrem Leben, der bescheidenen Rolle, die Goethe ihr zugedacht hatte, und seiner häufigen Abwesenheit recht gut arrangiert. Sie unternahm kleine Ausflüge mit ihrem Sohn, gab Teegesellschaften, machte Landpartien oder reiste in die damals gängigen Kurbäder. Trotzdem ist nicht auszuschließen, dass sie in den letzten Jahren Trost im Alkohol gesucht und das ein oder andere Glas Wein mehr getrunken hat, als ihr guttat. Zumindest Charlotte von Stein schrieb süffisant: *Seine Demoiselle, sagt man, betrinkt sich alle Tage, wird aber dick und fett. Der arme Goethe, der lauter edle Umgebungen haben wollte.* Vielleicht aber handelte es sich dabei tatsächlich nur um ein böses Gerücht, das die tratschenden Weimarer Damen in die Welt gesetzt haben.

Abgesehen von kleineren Unpässlichkeiten war Christiane zeit ihres Lebens von robuster Gesundheit gewesen und schaffte es problemlos, den großen Haushalt zu bewältigen. Doch ab 1814 häuften sich die ernsthaften Beschwerden. In diesem Jahr erlitt Christiane offenbar einen Schlaganfall, von dessen Folgen sie sich aber wieder erholte und den sie offenbar nicht als ernstes Warnzeichen deutete. Sie hätte sich wohl etwas schonen müssen. Auch die eher ungesunde Ernährung mit dem mächtigen und viel zu fetten Essen war ihrer Gesundheit eher abträglich, zumal sie vermutlich unter hohem Blutdruck und Nierenproblemen litt. Aber von Schonung konnte keine Rede sein: Sie kochte, wusch die Wäsche, bügelte, erntete im Garten Obst und Gemüse. Am 30. April 1816 heißt es in ihrem Kalender: *Im Garten den ersten Spargel gestochen.* Und am 14. Mai: *Das ganze Haus gereinigt und geputzt.* Vier Tage später allerdings notierte sie: *Wegen Unpässlichkeit zu Hause und allein.* Ihrem Mann, der wenige Tage zuvor aus Weimar aufgebrochen war, verschwieg sie allerdings, dass es ihr nicht gut ging. Ein Brief vom 18. Mai 1816 ist daher in recht munterem Ton gehalten: *Auch ich befinde mich leidlich; ich benutze jeden Sonnenblick, um in freie Luft zu kommen, die mir so wohl thut. Im Allgemeinen aber ist die gegenwärtige Witterung in unserm Thale nicht die angenehmste, es ist kühl, naß, windig, alles auf einmal. Dein Garten steht gegenwärtig in seiner größten Pracht … Die Äpfelbäume blühen in höchster*

Fülle, es steht Blüthe an Blüthe, die Rabatten vor Deinem Fenster schmücken die schönsten gefüllten Tulipanen, deren schöne Farben die stolzen Kaiserkronen verdunkeln, und trotz der geringen Wärme und den kühlen Nächten reift doch alles der Vollkommenheit entgegen. Möge Dich die schöne Blüthe in Jena für diese Entbehrung reichlichst entschädigen. Nichts schien darauf hinzudeuten, dass Christiane bereits todkrank war, auch wenn man die ausführliche Schilderung der Naturschönheit vielleicht als stilles Abschiednehmen deuten könnte. Kaum hatte sie diesen Brief abgeschickt, erlitt sie am folgenden Tag einen schweren Anfall: Um 8 Uhr plötzlich beym Ankleiden eine starke Ohnmacht, eine Art Blutschlag, der mich besinnungslos zu Boden warf. Ärztliche Hülfe…, Aderlaß, Spanische Fliege. Trotzdem blieb Christiane nur einen Tag lang im Bett, bevor sie den Haushalt wie gewohnt weiter versorgte.

Am 22. Mai 1816 setzte sie sich noch einmal an den Schreibtisch und verfasste einen letzten (erhaltenen) Brief an ihren Mann: Lieber Geheimrat! Ich habe Dich um Verzeihung zu bitten, dass ich Deinen gut gemeinten Rat wegen des Aderlasses nicht schleunig genug nachgekommen, wodurch höchst wahrscheinlich ich diesem Unfall entgangen wäre. Ich danke Gott, dass es so glücklich überstanden ist. Gegenwärtig befinde ich mich ziemlich wohl, der Kopf ist mir sehr leicht, alle Sinne sind frei und heiter, und nirgends ist mehr ein Druck oder betäubende Schwere zu bemerken. Nur die spanische Fliege incommodirt [stört] mich noch etwas. Leb nun wohl und gedenke mein.

Nur wenige Tage später verschlechterte sich Christianes Zustand auf dramatische Weise. Als Goethe umgehend aus Jena zurückkam, schien sich ihr Befinden vorübergehend zu bessern, doch schon bald war zu befürchten, dass es keine Hoffnung mehr gab: Meine Frau in äußerster Gefahr, lautet der Eintrag in Goethes Tagebuch am 5. Juni 1816, und nur einen Tag später, am 6. Juni, kurz vor ihrem 51. Geburtstag, starb Christiane von Goethe unter schrecklichen Schmerzen, die selbst durch Opium nicht gelindert werden konnten. Die genaue Todesursache ist unbekannt. *Nahes Ende meiner Frau,* notierte Goethe zunächst und dann: *Letzter fürchterlicher Kampf ihrer Natur. Sie verschied gegen Mittag. Leere und Totenstille in und außer mir.* Wer in ihrer letzten Stunde bei der Sterbenden war, ist nicht bekannt. Goethe jedenfalls nicht, er konnte das schreckliche Leiden seiner Frau ohnehin kaum ertragen und verharrte stumm in einem Nebenzimmer. Auch an der Beisetzung nahm er nicht teil, als Christiane am 8. Juni 1816 auf dem Weimarer Jakobsfriedhof zur letzten Ruhe gebettet wurde.

Der Witwer Johann Wolfgang von Goethe überlebte nicht nur seine Christiane um 16 Jahre, sondern auch August, den einzigen Sohn. Dieser heiratete ein Jahr nach dem Tod seiner Mutter Ottilie von Pogwisch, gründete mit ihr eine Familie und starb völlig überraschend im August 1830, als er sich gerade in Rom aufhielt. Mit dem Tod des ältesten Sohnes von August, des 1818 geborenen Walther Wolfgang, starb 1885 der letzte Nachfahre des deutschen Dichterfürsten und seiner Ehefrau Christiane.

# »Die ganze Richtung unsrer Kräfte treibt entgegengesetzt«

## Bettine Brentano (1785–1859)
## und Achim von Arnim

Es waren bewegte Zeiten. Im Nachbarland hatte die Französische Revolution der absolutistischen Monarchie ein Ende gesetzt und aus Untertanen mündige Bürger gemacht. »Freiheit, Gleichheit, Brüderlichkeit« lautete die Parole, doch an der Situation der Frauen hatte sich dadurch nur wenig geändert. Das Thema Gleichberechtigung stand schließlich nicht auf der Agenda der Herren Revolutionäre. Ganz wie es Jean Jacques Rousseau gefordert hatte, sollten sich die Frauen auch weiter auf ihre traditionellen Aufgaben beschränken, heiraten und Kinder zur Welt bringen – diesseits und jenseits des Rheins.

Vor allem wohlhabende Familien waren bestrebt, ihre Töchter möglichst vorteilhaft zu verheiraten, und wenn die Eltern bereits verstorben waren, dann mussten männliche Verwandte dafür sorgen, dass die Mädchen eine »gute Partie« machten. Und so engagierte sich auch der Frankfurter Kaufmannssohn Clemens Brentano für eine gesicherte Zukunft seiner »kleinen« Schwester Bettine, einer etwas flatterhaften und temperamentvollen jungen Dame, die in der Verwandtschaft gern mit einem Kobold verglichen wurde und als »Enfant terrible« der Familie galt. Auch der englische Reisende Henry Crabb Robinson, der Bettine 1801 kennengelernt hatte, äußerte sich wenig schmeichelhaft über die 16-Jährige: *Sie wurde stets als ein grillenhaftes unbehandelbares Geschöpf angesehen. Ich erinnere mich, dass sie auf Apfelbäumen herumkletterte und eine gewaltige Schwätzerin war.*

Ganz einfach würde die Suche nach einem passenden Bräutigam also nicht werden, das wusste Clemens ganz genau. Vielleicht aber war sein Freund, der 21-jährige Achim von Arnim, den er im Vorjahr an der Universität Göttingen kennengelernt hatte, genau der Richtige. Als vielversprechender junger Schriftsteller hatte Achim erst kürzlich seinen ersten Roman veröffentlicht, »Hollin's Liebeleben«, eine tragische Liebesgeschichte, die von Goethes »Werther« inspiriert worden war.

Ein erstes Treffen der beiden jungen Menschen, das im Sommer 1802 während einer romantischen Flussfahrt auf Main und Rhein stattfand, erwies sich jedoch als völliger Misserfolg: *Arnim so schlampig in seinem weiten Überrock, die Naht am Ärmel aufgetrennt, ... die Mütze mit halb abgerissenem Futter, das eben heraussah*, spottete Bettine wenig später in einem Brief an ihren Bruder. Großen Gefallen hatte sie an Achim von Arnim nicht gefunden. So schnell aber wollte Clemens nicht aufgeben und überredete seinen Freund zu einem weiteren Treffen mit Bettine, einem Spaziergang zur »Grünen Burg«, dem idyllischen Landgut am Frankfurter Stadtrand. Doch auch diesmal wollte der Funke nicht zünden, selbst wenn sich beide zeitweise näherkamen, als Achim während eines Regenschauers seinen Mantel über Bettine breitete. Doch das spöttische Wesen der jungen Dame mit den dunklen Augen und dem gelockten schwarzen Haar blieb Achim weiterhin fremd, wie er seinem Freund Clemens unmissverständlich klarmachte: *Die ganze Richtung unsrer Kräfte treibt ent-*

*gegengesetzt.* Unmittelbar nach dieser Begegnung begab er sich zusammen mit seinem älteren Bruder Carl Otto auf eine mehrjährige Bildungsreise durch Europa, während Bettine zu ihrer Großmutter Sophie von La Roche nach Offenbach zurückkehrte, wo sie seit dem Tod ihres Vaters 1797 gelebt hatte. Erst vier Jahre später sollte ein intensiver Briefwechsel die beiden jungen Leute langsam einander näherbringen…

## Die Großfamilie Brentano

Bettines Vater, der lombardische Großhandelskaufmann Peter Anton Brentano (1735–1797), war einst aus Italien nach Frankfurt am Main gekommen und hatte es hier zu solidem Wohlstand gebracht. Nach dem Tod seiner ersten Ehefrau 1770, die ihm sechs Kinder geboren hatte, heiratete er 1774 Maximiliane von La Roche (1756–1793) und wurde in den nächsten Jahren Vater von zwölf weiteren Töchtern und Söhnen, von denen acht das Erwachsenenalter erreichten. Elisabeth Catharina Ludovica Magdalena, die sich später selbst Bettine nannte, kam am 4. April 1785 als siebtes Kind des Ehepaars Brentano zur Welt. Sie war erst acht Jahre alt, als sie ihre Mutter Maximiliane verlor, die die Strapazen der Geburt ihres zwölften Kindes nicht überlebte. Auf Wunsch des Vaters wurde Bettine nun zusammen mit ihren Schwestern Gunda (Kunigunde, 1780–1863), Lulu (Maria Ludovica, 1787–1854) und Meline (Magdalena, 1788–1861) der Obhut der Ursulinen in Fritzlar übergeben, wo die Mädchen eine nicht allzu strenge katholische Erziehung erhielten. Bettine fühlte sich bei den Nonnen recht wohl, auch wenn sie in dieser Zeit keine »gute Katholikin« wurde: *O je, wie war mir leicht, wenn ich aus der Klosterkirche in den schönen Garten springen konnte, da war mir der geringste Sonnenstrahl eine bessre Erleuchtung als die ganze Kirchengeschichte*, erinnerte sie sich später. Für Bettine manifestierte sich Gott vor allem in der Schönheit der Natur, die zu lieben sie in Fritzlar gelernt hatte.

Nach dem Tod des Vaters, der am 9. März 1797 61-jährig starb, fanden Bettine und ihre Schwestern ein neues Zuhause in Offenbach, wo sich die – protestantische – Großmutter Sophie von La Roche (1730 – 1807) der Enkelinnen mit großer Liebe und Hingabe annahm. Hier fand Bettine auch Zugang zur Literatur, zumal die gebildete Sophie von La Roche selbst als Schriftstellerin bekannt war, nachdem sie ihren Briefroman »Die Geschichte des Fräuleins von Sternheim« herausgegeben hatte.

In dieser anregenden Umgebung wuchs Bettine zu einer jungen Dame heran, begann selbst kleine Geschichten zu schreiben und lernte 1799 schließlich die fünf Jahre ältere Karoline von Günderode (1780 – 1806) kennen, eine Dichterin, die 1804 den kleinen Lyrikband »Gedichte und Phantasien« unter dem Pseudonym »Tian« veröffentlichen sollte. Clemens Brentano (1778 – 1842) war voll des Lobes über den Inhalt des Büchleins, *denn dies [...] ist ein ganz vortreffliches Gedicht – kein Weib hat noch so geschrieben, noch so empfunden.* Karoline von Günderode, die in Frankfurt in einem Damenstift lebte, wurde damals zu Bettines engster Vertrauten. Wann immer sie Zeit hatte, besuchte sie die Dichterin, redete mit ihr über Gott und die Welt oder schrieb ihr seitenlange Briefe. Kunst, Literatur, Geschichte, über all diese Themen konnten sich die beiden austauschen, während sich andere junge Damen meist nur für Mode und gesellschaftlichen Klatsch interessierten. Hier schienen sich zwei verwandte Seelen gefunden zu haben – bis Unstimmigkeiten im Frühjahr 1806 die innige Freundschaft zerstörten. Es gab keine Möglichkeit mehr, sich zu versöhnen. Die ohnehin zur Schwermut neigende Karoline, verstrickt in die verhängnisvolle Leidenschaft zu einem verheirateten Mann, nahm sich am 26. Juli 1806 in den Fluten des Rhein das Leben. Trotz allem war Bettine fassungslos, denn *unser Zusammenleben war schön, es war die erste Epoche, in der ich mich gewahr ward…, bei ihr lernte ich die ersten Bücher mit Verstand lesen…Ich werde den Schmerz in meinem Leben mit mir führen.*

So entsetzt Bettine über den Freitod der Günderode auch sein mochte, sie hatte inzwischen eine andere Frau gefunden, die ihr Aufmerksamkeit und Zuneigung schenkte: *Ich habe mir statt Deiner die Rätin Goethe zur Freundin gewählt,* ließ sie Karoline noch im Juni 1806 wissen. Das kam so: Auf dem Dachboden im Haus ihrer Großeltern hatte Bettine zufällig alte Briefe entdeckt, die einst der junge Goethe (1749–1832) an ihre Großmutter Sophie von La Roche geschrieben hatte. Damit war Bettines Neugier geweckt, zumal Bruder Clemens ihr ohnehin Goethes Werke als Lektüre empfohlen hatte. Inzwischen war Bettine zur glühenden Verehrerin des Weimarer »Dichterfürsten« geworden – und sah in der Bekanntschaft mit dessen Mutter die wunderbare Gelegenheit, auch Goethe selbst auf diese Weise nahezukommen.

Selbstbewusst hatte sie sich auf den Weg zum Großen Hirschgraben gemacht, wo Catharina Elisabeth Goethe (1731–1808) nach wie vor zu Hause war. Bettine hatte Glück, denn die alte Dame schien sich ehrlich über den Besuch zu freuen. Sie bat die junge Frau in ihre gute Stube und erzählte bereitwillig Anekdoten aus der Frankfurter Jugendzeit ihres Sohnes, damals, als er offenbar ein Auge auf die hübsche Maximiliane von La Roche geworfen hatte …

Die Besuche im Haus am Großen Hirschgraben wiederholten sich und Bettine war regelrecht elektrisiert von der Vorstellung, den berühmten Johann Wolfgang von Goethe nunmehr auch persönlich kennenzulernen. Angeblich soll sie sogar mit dem Gedanken gespielt haben, als Junge verkleidet zu Fuß nach Weimar zu laufen.[3] Doch zunächst einmal begann sie mit dem Dichter zu korrespondieren und schrieb ihm zahllose Briefe, die sie später, literarisch bearbeitet, unter dem Titel »Goethes Briefwechsel mit einem Kinde« herausgeben sollte. Goethes Antworten waren allerdings eher knapp gehalten. Hauptsächlich ging es ihm um Informationen aus Bettines Gesprächen mit seiner Mutter, alte Erinnerungen also, die später in seinem Werk »Dichtung und Wahrheit« auftauchten.

## »Ich bedarf, dass ich meine Freiheit behalte!«

Auch wenn sich Clemens Brentano über die literarische Leidenschaft seiner Schwester freuen mochte, so sorgte er sich doch wegen ihres unsteten Wesens und der unkonventionellen Art und Weise, wie sie auf fremde Menschen zuging. Doch Bettine wollte sich nicht bevormunden lassen: *Über meine Neigungen kannst Du nicht disponieren*, schrieb sie verärgert. *Ich selber zu bleiben, das sei meines Lebens Gewinn und sonst gar nichts will ich von allen irdischen Glücksgütern.* Am allerwenigsten aber wollte Bettine einen Mann, wie Clemens zu seinem Leidwesen erfahren musste: *Ich weiß, was ich bedarf! – Ich bedarf, dass ich meine Freiheit behalte!*

Aber der »große« Bruder drängte, zumal sein Freund Achim von Arnim die »Kavalierstour« inzwischen beendet hatte und in seine Heimat zurückgekehrt war. Seither hatten Achim und Clemens in engem Kontakt gestanden, weil sie gemeinsam an der Herausgabe einer Volksliedersammlung gearbeitet hatten, »Des Knaben Wunderhorn«, deren erster Band 1805 erschienen war. Es folgten noch zwei weitere Bände, deren Veröffent-

---

3  Tatsächlich begleitete sie 1807 ihren Schwager, den Bankier Carl Jordis, Ehemann ihrer Schwester Lulu, nach Weimar, wo dieser beruflich zu tun hatte. Hier suchte sie Goethe auf.

lichung sich durch die Napoleonischen Kriege ab 1806 jedoch verzögerte.

Achim von Arnim, geboren am 26. Januar 1781 in Berlin, schien in jeder Hinsicht der passende Ehemann für Bettine zu sein. Er war der Sohn des königlich-preußischen Kammerherrn Joachim Erdmann von Arnim (1741–1804) und seiner Frau Amalie Caroline (1761–1781), geborene Labes, die kurz nach Achims Geburt verstorben war. Amalie Caroline Labes war Erbin des Familiengutes Zernikow[4] gewesen, das einst Preußenkönig Friedrich II. seinem treuen Kammerherrn Michael Gabriel Fredersdorf (1708–1758) zum Geschenk gemacht hatte. Fredersdorf heiratete 1753 Caroline Daum (1730–1810), doch die Ehe blieb kinderlos. Als ihr Mann nur fünf Jahre später starb, heiratete die Witwe den Freiherrn Johann von Labes (1731–1776). Beide wurden Eltern von Amalie Caroline, Achims Mutter.

Nach dem Tod der Mutter wuchs Achim zusammen mit seinem älteren Bruder Carl Otto bei der Großmutter Labes auf, lebte abwechselnd auf Zernikow und in Berlin und besuchte dort das Joachimsthalsche Gymnasium. Anschließend begann er ein Studium der Rechts- und Naturwissenschaften, zunächst in Halle, schließlich in Göttingen, wo er auch Clemens Brentano kennenlernte. 1808 ging Achim von Arnim für einige Zeit nach Heidelberg und machte sich hier sich einen Namen als bedeutender Vertreter der sogenannten Heidelberger Romantik.

1806 hatten Achim von Arnim und Bettine Brentano begonnen – nicht zuletzt auf Clemens' Betreiben – regelmäßig miteinander zu korrespondieren. Es waren jedoch keine Liebesbriefe gewesen, sondern freundschaftliche Mitteilungen,

---

[4]  Zernikow blieb in Besitz der von Arnims, bis die Familie durch die Bodenreform der DDR enteignet wurde. Heute dient das unter Denkmalschutz stehende Gebäude kulturellen und touristischen Zwecken.

durch die sie den jeweils anderen an Leben und Erfahrungen hatten teilhaben lassen.

Bettine machte in den nächsten Jahren eine unruhige Zeit durch. Sie verlor zwei Frauen, die in ihrem Leben wichtig gewesen waren. 1807 starb die Großmutter Sophie von La Roche und nur ein Jahr später ereilte der Tod auch Goethes Mutter. Schon längst hatte Bettine kein wirkliches Zuhause mehr. Sie lebte vorübergehend im Haushalt ihres Halbbruders Franz Brentano (1765–1844), wo sie in die Pflichten einer Hausfrau eingeführt werden sollte und zog später nach Marburg, zu ihrer Schwester Gunda, die den Rechtsgelehrten Friedrich Karl von Savigny (1779–1861) geheiratet hatte. Zeitweilig wohnte Bettine auch in Kassel bei Schwester Lulu, zog dann aber mit den Savignys zunächst nach Landshut, 1810 schließlich nach Berlin, das nun zu ihrer Heimat wurde. Über sich selbst sagte sie: *Ich bin wie die Billardkugel immer dahin gelaufen, wohin ich den Stoß erhielt.*

Gleichwohl waren diese »Wanderjahre« für Bettine eine wichtige Zeit, weil sie damals einige der bedeutendsten Persönlichkeiten dieser Epoche kennenlernte. So traf sie in Wien mit dem Komponisten Ludwig van Beethoven (1770–1827) zusammen, der Bettine, die selbst musizierte, zutiefst beeindruckt hat. Was er seinerseits über sie dachte, ist nicht weiter bekannt. Dass er ihr allerdings einen Heiratsantrag gemacht haben soll, wie sie später behauptete, entsprang höchstwahrscheinlich der blühenden Phantasie der jungen Dame. In München lernte Bettine den Schriftsteller Ludwig Tieck (1773–1853) kennen, einen Freund ihres Bruders Clemens Brentano. Eine Zeit lang besuchte sie ihn nahezu täglich, was dessen Neffe missbilligend kommentierte, weil *sie schon am frühen Morgen in wunderlichem Aufzug durch die Straßen und den Leuten ins Haus gelaufen und nicht wieder wegzubringen* war. Bettine selbst empfand das natürlich ganz anders. Für sie waren die Gespräche mit Ludwig Tieck eine enorme Bereicherung und sie bezeichnete ihn als einen der wenigen Menschen in ihrem Leben, die maßgeblichen Einfluss auf sie ausgeübt hätten. Nicht weniger bedeutend war Bettines Begegnung mit der hoch gebildeten Rachel Levin (1771–1833), die 1814 den Berliner Publizisten Karl August Varnhagen von Ense (1785–1858) heiratete. Mit der 14 Jahre Älteren hatte Bettine zumindest vorübergehend eine Gleichgesinnte gefunden, mit der sie ähnlich tiefgründige Gespräche führen konnte wie einst mit Karoline von Günderode.

Die ganze Familie fand jedoch, dass es allmählich Zeit wurde, Bettine »unter die Haube« zu bringen. In Berlin traf Bettine Achim von Arnim wieder, der seit 1809 ebenfalls in der Hauptstadt lebte, wo er sich vergeblich um eine Anstellung im preußischen Staatsdienst bemüht hatte.

Schon seit 1808 war den Briefen der beiden anzumerken, dass sich Bettine Brentano und Achim von Arnim allmählich nähergekommen waren. Sie waren inzwischen zum vertraulichen »Du« übergegangen, und Bettine hatte viel von ihrer früheren Kühle und Sprödigkeit verloren, die Achim zunächst so irritiert hatten. Sie öffnete sich: *Geh! Glaubs doch, daß ich Dich lieb habe, mehr als von einem menschlichen Herzen erwartet wird*, schrieb sie im Januar 1808. *Mach mir den Kummer nicht mehr, daran zu zweifeln, weil es doch wahr ist … Arnim, ich möchte viel geben, um dass Du ruhig schliefst und nicht mehr so schwer träumtest, überhaupt hab ich den unwillkürlichen Zweck, Dir in meinem Herzen eine sichre Wohnung zu erbauen, wenn ich nur recht reich wäre an allem, was Du bedarfst …* Und doch war es noch ein weiter Weg, gepflastert von gegenseitigen Vorwürfen und Missverständnissen, die dann wiederum überwunden werden mussten: *Gelt, Du hast jetzt meine Briefe und glaubst nicht mehr, dass ich Dich nur aus Bequemlichkeit und Eigensinn liebe?*, fragte Bettine Anfang Februar 1808. *Gelt, wir denken beide aneinander und haben uns fest lieb im Herzen, gar manches ist in dem meinigen schon erschienen und wieder verschwunden und wieder erschienen. Du darfst nicht entlaufen… Lieber Arnim, jetzt wo alles still ist – wärst Du hier – könnt ich Deine Hand küssen…* Auch Achim von Arnim begann allmählich, Vertrauen zu fassen, selbst wenn er mit seinen Gefühlsäußerungen eher sparsam umging: *Wenn Deine Briefe sich verzögern, so bin ich unruhig, ich meine, dass es mir an Zeit fehlen wird, Dir zu antworten, und ist er da, so möchte ich recht viel Zeit haben und meine Begriffe recht sammeln, um Dir gar nichts Flüchtiges… zu sagen.* Und nur wenige Tage später, am 24. Februar 1808, heißt es sogar: *Dein Brief, liebes Herz, kam zu mir wie ein Arzt, denn mir war unwohl (jetzt bin ich ganz wohl)…*

Die gegenseitige Zuneigung wuchs weiter: *Zu jeder Stunde wünsche ich Dich her, Arnim, und reut mich jeder Tag, der ohne Dich hier vorübergeht,* schrieb Bettine am 1. August 1808 von einem Kuraufenthalt in Schlangenbad im Taunus.

Preußen blickte unterdessen einer ungewissen Zukunft entgegen. Nach Napoleons Sieg bei Jena und Auerstedt am 14. Oktober 1806 war das preußische Königspaar aus der Hauptstadt geflohen und hatte sich in Königsberg in Sicherheit gebracht. Erst nachdem es dem russischen Zaren Alexander I. gelungen war, sich für Preußen einzusetzen, zogen im Dezember 1808 die französischen Besatzungstruppen aus Berlin ab und es gab wieder einen Silberstreif am Horizont. Doch auch wenn König Friedrich Wilhelm III. und seine Gemahlin Luise ein Jahr später ihr »Exil« verlassen und in die Hauptstadt zurückkehren konnten, so war noch immer kein dauerhafter Frieden in Sicht. Nach wie vor war Napoleon der Herr über weite Teile Europas.

Mochten die Briefe, die Bettine und Achim einander schrieben, auch voller Poesie gewesen sein – ganz so, wie es dem Zeitalter der Romantik entsprach –, dass die beiden schließlich vor den Traualtar traten, hatte rein prosaische Gründe. Nach dem Tod seiner Großmutter von Labes am 10. März 1810 erfuhr Achim von Arnim bei der Testamentseröffnung, dass er deren Landbesitz zwar bearbeiten und nutzen durfte, dass aber erst seine Kinder Eigentümer der Güter Zernikow und Wiepersdorf werden sollten. Letzteres hatte zuvor Achims 1804 verstorbenem Vater gehört. Und so sah sich der Dichter gezwungen, in absehbarer Zeit doch noch ans Heiraten zu denken. Dabei hatte er noch 1809 an seinen Freund Clemens Brentano geschrieben: *Gott macht die Liebe und der Teufel das Heiraten.* Jetzt also der Sinneswandel: *So war mein Entschluß nach der Eröffnung des Testaments bald gefasst, das Meinige zu tun, um rechtmäßige Kinder zu haben.* Eine Ehe mit Bettine Brentano, die Achim schon seit vielen Jahren kannte, schien natürlich naheliegend; nach einem klärenden Gespräch wurden sich die beiden offenbar rasch einig und verlobten sich im Dezember 1810. *Da braucht es nicht langer Zweifel, ich wußte niemand auf der Welt, von der ich so gern ein Ebenbild besessen hätte, da kein Maler mich Dir ordentlich dargestellt hatte und auch keine, mit der ich auch ohne diese Verdoppelung so gerne mich erfreut, gestritten, gewacht und geschlafen hätte, als Dich,* so lautete Achim von Arnims romantische Brautwerbung. Eine Liebesheirat war es trotzdem nicht, eher eine Verbindung, die auf gegenseitiger Achtung und Wertschätzung beruhte. Bettine heiratete den aufstrebenden Dichter, der erst unlängst seine Novellensammlung »Der Wintergarten« veröffentlicht hatte, und Achim nahm schlicht und einfach die Mutter seiner künftigen Kinder zur Frau. Für ihn war die literaturbegeisterte Bettine weder Muse noch potenzielle Schriftstellerin, die später einmal selbst Berühmtheit erlangen würde.

Die Hochzeit selbst aber verlief offenbar ganz nach dem Geschmack des »Kobolds« Bettine. Am 11. März 1811 heirateten sie heimlich in der Privatwohnung eines Berliner Pfarrers, den Achim schon als Kind gekannt hatte. Dessen Frau borgte Bettine ihren alten, aus Seide imitierten Myrtenkranz, sodass zumindest die Braut als solche erkennbar war. Die Hochzeitsnacht verbrachten Achim und Bettine ebenfalls heimlich in jenem mit Blumen geschmückten Zimmer, das Bettine bei den Savignys bewohnte. Die bekamen davon nichts mit. Erst fünf Tage später erfuhren Schwester und Schwager, dass Bettine und Achim verheiratet waren, was sie zunächst kaum glauben konnten. Sicherlich werden sie aufgeatmet haben, dass die 25-jährige Bettine endlich »unter der Haube« war.

Das frischgebackene Ehepaar bezog nun ein Gartenhäuschen hinter dem Vossischen Palais am Berliner Wilhelmsplatz und begann sich häuslich einzurichten. Natürlich schrieb Bettine auch an Goethe, dass sich in ihrem Leben Entscheidendes verändert hatte: *Es ist so billig, daß man die Menschen, die man liebt, in jeden Wechsel des Lebens mit einführt, und doch wars so natürlich, daß ich so lange schwieg, mein Glück ist, dass ich nicht glücklicher werden konnte als ich gebohren war. ... Ich wohne hier in einem Paradies! Die Nachtigallen schmettern in den Kastanienbäumen vor meinem Schlaffenster, und der Mond, der nimmer so hell geschienen, weckt mich mit seinen vollen Strahlen; da schau ich denn wie in einer Optik die vergangnen Tage, was mich Dein Geist so früh schon gelehrt, und alles reihet sich glücklich an einander.*

Bettine und Achim von Arnim erlebten einen höchst idyllischen Sommer, der von einer verspäteten Hochzeitsreise gekrönt wurde, die das junge Paar natürlich auch nach Weimar führte. Schon 1807 war Bettine bei Goethe zu Besuch am Frauenplan gewesen, jetzt konnte sie es kaum erwarten, den verehrten »Dichterfürsten« wiederzusehen. Doch bereits damals hatte sie es an nötigem Taktgefühl mangeln lassen, was der Gastgeber vielleicht aus Höflichkeit hingenommen hatte, zumal ihm die Verehrung der hübschen jungen Frau zweifellos schmeichelte. Dass Bettines Aufmerksamkeit aber ausschließlich seiner Person galt, während sie für seine Ehefrau Christiane offenbar kein freundliches Wort gehabt hatte, stieß ihm übel auf. Bettine war Christiane von Goethe, die ohnehin unter der Missachtung der Weimarer Gesellschaft zu leiden hatte, mit einer intellektuellen Überheblichkeit entgegengetreten, die nur schwer zu ertragen war. Auch diesmal kannte sie anscheinend keine Rücksichtnahme, stand Tag für Tag bei Goethes vor der Tür und schien nicht die leiseste Ahnung zu haben, dass ihre ständigen Besuche möglicherweise als aufdringlich empfunden werden könnten. So kam es, wie es vielleicht kommen musste: Im Sommer 1811 endete der Aufenthalt in Weimar mit einem Eklat. Während einer Gemäldeausstellung des Goethe-Freundes Johann Heinrich Meyer äußerte sich Bettine abfällig über dessen Werke, was wiederum Christiane so empörte, dass es offenbar zu Handgreiflichkeiten kam, bei denen Bettines Brille zu Boden fiel. Als sie Goethes Ehefrau daraufhin als *wahnsinnige Blutwurst* titulierte, war das Maß endgültig voll. Goethe brach den Kontakt unverzüglich ab und verbot Bettine und Achim von Arnim, sein Haus jemals wieder zu betreten. Als er beide ein Jahr später bei einem Besuch in Bad Teplitz zufällig wiedersah, nahm er keine Notiz von ihnen. So endete auch der »Briefwechsel mit dem Kinde«, denn auf ihre flehentlichen Schreiben nach Weimar erhielt Bettine keine Antwort mehr. Eine Versöhnung kam auch deshalb nicht zustande, weil Goethe im Grunde nie wirkliches Interesse an Bettine gehabt hatte, sie offenbar eher als das empfand, was wir heute als »Stalkerin« bezeichnen würden. Jedenfalls schrieb er 1826 an seinen Freund, den Großherzog Karl August von Sachsen-Weimar-Eisenach: *Diese leidige Bremse ist mir als Erbstück von meiner guten Mutter schon viele Jahre sehr unbequem. Sie wiederholt dasselbe Spiel, das sie in der Jugend allenfalls kleidete, wieder, spricht von Nachtigallen und zwitschert wie ein Zeisig.*

## Zwischen Berlin und Wiepersdorf

In den nächsten Jahren hatte Bettine ohnehin kaum Zeit zum Schreiben. In rascher Folge wurden die ersten drei Kinder geboren, die nach zeitgenössischer Manier die Namen altgermanischer Helden erhielten: Freimund (5. Mai 1812), Siegmund (2. Oktober 1813) und Friedmund (9. Februar 1815). Bettine war eine ausgesprochen fürsorgliche und verständnisvolle Mutter, die ihren Kindern großen Freiraum ließ: *Ich kann nicht zwingen, ich kann mit Gewalt keinen Gehorsam verlangen, ich kann den Kindern wohl vorstellen, was ich heilsam, großartig, richtig finde. Aber ich muß ihre Freiheit respektieren, folgen sie nicht, so werde ichs nicht müde werden, ihnen dasselbe vorzustellen,* heißt es in einem späteren Brief an Achim von Arnim, der mit den »antiautoritären« Erziehungsmethoden seiner Frau überhaupt nicht einverstanden war. Als »alter Preuße« bestand er auf Gehorsam, Disziplin, Zucht und Ordnung.

Bereits 1814 hatten die von Arnims Berlin verlassen und waren auf das Gut Wiepersdorf (Kreis Jüterbog) übergesiedelt, während Zernikow einem Pächter überlassen wurde. Achim, der weder im preußischen Militär Fuß fassen konnte, noch die ersehnte Anstellung im Staatsdienst erhalten hatte, war nun fest entschlossen, sein Glück als Gutsherr zu versuchen und künftig von der Landwirtschaft zu leben. Bettine, die viel lieber in Berlin geblieben wäre, folgte ihrem Mann eher widerwillig. Drei Jahre hielt sie es auf dem Lande aus, doch dann vermisste sie die gesellschaftlichen und kulturellen Annehmlichkeiten der Hauptstadt allzu sehr. Dass sie nur noch den Haushalt zu führen hatte, kochen, Kuchen backen und Gurken aus eigener Ernte einlegen musste, machte sie zunehmend unzufrieden. Und so beschloss das Ehepaar, um des Familienfriedens willen künftig überwiegend getrennt zu leben – Bettine mit den Kindern in Berlin, Achim auf Wiepersdorf. Nichtsdestotrotz wuchs die Familie weiter. Nach der Geburt des vierten Sohnes Kühnemund am 24. März 1817 erblickte am 23. Oktober 1818 endlich ein Mädchen das Licht der Welt, das nach Bettines verstorbener Mutter Maximiliane genannt wurde. Dann kamen noch zwei weitere Töchter, Armgard (4. März 1821) und schließlich Gisela, die am 30. August 1827 zur Welt kam, als Bettine bereits 42 Jahre alt war.

Doch ganz gleich, ob in Berlin oder auf Gut Wiepersdorf – in erster Linie widmete sich Bettine aufopferungsvoll ihren Kindern. Sie spielte mit ihnen, schlichtete Streit, tröstete und beruhigte, und wenn sie krank waren, saß sie nächtelang an ihren Bettchen. Manchmal ging das über ihre Kräfte. 1817 schrieb sie an Achim nach Wiepersdorf, *daß Kinder und Mutter gesund sind, letztere aber sehr gequält ist; in diesem Moment stehen sie alle um mich her und schreien, daß mir Hören und Sehen vergeht ... Heute ist die Reihe an Siegmund, der schreit, als ob er am Spieß stäke; ich gestehe, daß es eine große Schwäche von mir ist, aber wenn ich manchmal so 24 Stunden habe Geduld haben müssen, wenn das Kleine denn noch an der Brust liegt, wenn das Essen noch verbrennt oder verdorben ist, wo ich dann keine Milch für das Kind hab, dann denk ich an die Zeit, wo man schläft und nicht wieder aufwacht.*

Zur chronischen Erschöpfung der jungen Mutter und den permanenten Geldsorgen gesellte sich aber auch zunehmender Ärger über Ehemann Achim von Arnim. Bettine hatte damals einen Dichter geheiratet, und vielleicht war das tatsächlich der einzige Grund gewesen, in diese Ehe einzuwilligen. Doch jetzt, so musste sie es sehen, war aus dem Poeten ein Bauer geworden, selbst wenn 1817 noch ein Roman von ihm erschienen war, »Die Kronenwächter«. Aus ihrem Ärger über die vermeintliche »Verbauerung« ihres Mannes machte Bettine keinen Hehl, warf Achim vor, *daß Du aus einem freien, mutigen Staats- und Freudenpferd einen schlechten Ackergaul aus Dir machst ... Wie glücklich würde ich sein, wenn ich mir sagen könnte, daß die Welt, die Freuden und Bereicherungen, die mir verschlossen sind, von Dir genossen würden ... Wenn ich nur einmal Dein Gewissen erwecken könnte und Dir fühlbar machen, was Du Dir schuldig bist, was Du an Dir selbst versäumst, bloß weil Du ängstlich bist und nicht anderen Geschäfte überläßt, an denen doch Deine Zeit Verschwendung ist. Du willst sparsam sein und verschwendest dabei Dein Bestes.* Dass ihr Mann das anders empfand, konnte und wollte Bettine nicht begreifen: *Ich fühlte in Berlin physisch und geistig meinen Untergang,* versuchte er zu erklären, *ich bedarf körperlicher Tätigkeit, um mich auch geistig tätig zu erhalten.* Bettine und Achim von Arnim wurden sich zunehmend fremd. Verbittert schrieb Bettine 1823 an ihren Schwager Savigny: *Ich habe die zwölf Jahre meines Ehestandes leiblich und geistigerweise auf der Marterbank zugebracht.* Und 1827 heißt es in einem Brief an Achim nach Wiepersdorf: *Ich mache keine Ansprüche an Deine Zärtlichkeit, denn ich war nicht das Ideal, dem Du Dich aus Leidenschaft ergeben hast.*

## »Plötzlich und schmerzlos« – der Tod
## Achim von Arnims

Doch Ende der 1820er-Jahre scheint es zumindest zeitweilig eine Annäherung des Paares gegeben zu haben, auch wenn Streitereien nicht ganz ausblieben. Der Ton des Briefwechsels aber wurde freundlicher und weniger aggressiv, regelmäßig berichteten Bettine und Achim von ihrem Alltag und tauschten sich über die Kinder aus. Dass das Geld nach wie vor knapp war, geht aus einem Schreiben hervor, das Achim von Arnim Anfang 1831 an Bettine nach Berlin schickte: *Die Anforderungen der Kinder sind nach Siegmunds Schreiben in Bezug auf Weihnachtsgeschenke zu groß. Sie werden sich mäßigen müssen.* Doch ernsthafte Spannungen gab es deswegen keine. Auch gesundheitlich ging es Bettine wieder wesentlich besser, nun, da die Kinder älter waren und sie wieder mehr Zeit für sich selbst hatte. Sie war wesentlich ausgeglichener und nahm sogar ein altes Hobby wieder auf – die Ölmalerei, was auch Achim von Arnim erfreut zur Kenntnis nahm: *Du scheinst inzwischen bei großen Kunstversuchen sehr vergnügt, was auch mir wohltut. Es ist Dein vierter Ansatz zum Ölmalen, vielleicht findest Du jetzt weniger Schwierigkeit als früher, weil Du der Umrisse sicherer geworden bist. Ich wünsche guten Fortgang, küsse Dich und die Kinder,* schrieb er am 16. Januar 1831. In ihrem Antwortschreiben zwei Tage später ließ Bettine sogar vorsichtig durchblicken, dass sie Sehnsucht nach ihrem Ehemann hatte: *Ich wollte doch nur, daß Du erst hier wärst, so wollte ich Dich nicht so bald fortlassen.* Sie sorgte sich um seine Gesundheit, nachdem er in den letzten Briefen über Rheumaschmerzen im Fuß geklagt hatte: *Wenn ich nun nicht die Überzeugung habe, daß Du ganz auf der Besserung bist, so muß ich Dich besuchen.* Doch Achim und Bettine von Arnim sahen sich nie wieder. Am 21. Januar 1831, fünf Tage vor seinem 50. Geburtstag, erlag der Dichter *plötzlich und schmerzlos* einem Gehirnschlag.

Natürlich erschütterte Bettine die Nachricht vom völlig unerwarteten Tod ihres Mannes, doch sie warf sie nicht aus der Bahn. Schon nach wenigen Tagen hatte sie sich wieder so weit gefasst, dass sie gelassen in die Zukunft sehen konnte. In den Berliner Jahren hatte Bettine zahlreiche interessante Menschen kennengelernt, die ihr Leben bereicherten. Zu ihnen zählte auch der Theologe und Philosoph Friedrich Schleiermacher (1768–1834), Pfarrer an der Berliner Dreifaltigkeitskirche. Als im Frühjahr 1831 eine schreckliche Cholera-Epidemie über die Stadt hereinbrach, die fast 1500 Todesopfer forderte, organisierte Schleiermacher die notwendigen Hilfsmaßnahmen, tatkräftig unterstützt von Bettine, die damit eine gänzlich neue Erfahrung machte. Sie selbst war in privilegierten Verhältnissen aufgewachsen, durch ihre Hochzeit mit Achim von Arnim sogar in den Adelsstand aufgestiegen. Auch wenn Geldsorgen ihr keineswegs fremd waren, so sah sie nun mit eigenen Augen, was Armut tatsächlich bedeutete. Während die wohlhabenden Bürger Berlin verließen, blieb den Armen nichts weiter, als in der Stadt, in der die Seuche wütete, auszuharren. Ihr karitativer Einsatz, das Verteilen von Decken, Kleidung und Arzneien, führte Bettine in Gegenden, die sie zuvor noch nie betreten hatte, wie zum Beispiel das »Voigtland« – das Armenviertel jenseits des Hamburger Tores von Berlin –, dessen Name damals zum Synonym für das soziale Elend wurde, das als Folge der zunehmenden Industrialisierung immer größere Ausmaße annahm.

Nachdem ihr der tatkräftige Einsatz während der Cholera-Epidemie die Augen für die erbärmliche Lage weiter Teile der Bevölkerung geöffnet hatte, beschloss Bettine, sich auch künftig für diese Menschen zu engagieren.

## Die spät berufene Schriftstellerin

Es scheint, als seien durch den Tod Achim von Arnims jene Kräfte freigesetzt worden, die lange in Bettine geschlummert hatten. Das galt nicht nur für ihr neu erwachtes Interesse an den politischen und sozialen Zuständen, die im Lande herrschten. Mit fast 50 Jahren begann Bettine von Arnim eine neue Laufbahn – als Schriftstellerin. Den Anstoß dazu hatte offenbar Hermann Pückler-Muskau (1785 – 1871) gegeben, den sie im Berliner Salon Karl August Varnhagens kennengelernt hatte, wo zahlreiche Intellektuelle wie Alexander von Humboldt, Dorothea Schlegel oder die Brüder Grimm verkehrten. Fürst Pückler, der selbst als Schriftsteller berühmt war, brachte sie auf die Idee, ihren Briefwechsel mit dem 1832 verstorbenen Goethe zu veröffentlichen. Das ließ sich Bettine nicht zweimal sagen. Ihr erstes großes Werk erschien 1835 unter dem Titel »Goethes Briefwechsel mit einem Kinde«. Es stieß auf enormes Interesse und wurde innerhalb eines Jahres rund 5000 Mal verkauft. Das Ganze ist eine Mischung aus Wahrheit und Fiktion, Phantasie und Erinnerungen, die der Leser nicht unbedingt für bare Münze nehmen darf.

An Fürst Pückler schrieb Bettine: *Ach, es ist so zierlich, so unschuldig, so feurig, so bescheiden, so kühn, so naiv, so inspiriert, wie sollte das nicht erfreuen!* Doch nicht bei allen stieß Bettines Werk auf Zustimmung, erst recht nicht in ihrer Familie. Nicht nur Bettines Söhne waren empört, auch Bruder Clemens Brentano tadelte: *Wird dem Ganzen dadurch irgendein Nutzen gebracht, daß alle Menschen in Europa wissen, daß Du nicht wohl erzogen auf dem Sofa sitzen kannst und Dich übel erzogen auf eines Mannes Schoß setzest?* Dieser Mann war natürlich kein anderer als Goethe. Bettine antwortete unbeirrt: *Daß ich zwar auf Deine gute Meinung alle Rücksicht*

*nehme, nicht aber auf Deine Ansichten Rücksicht nehmen
kann, das wirst Du einsehen ... Dass dieses Buch etwas Außerordentliches ist, was in diesem Jahrhundert und auch in den
vergangenen kein gleiches finden wird, ist meine wahre Meinung – und da irre ich nicht.*

Verdunkelt wurde das Jahr 1835 jedoch durch einen furcht-
baren Schicksalsschlag: Am 24. Juni starb Bettines vierter Sohn
Kühnemund an den Folgen eines Badeunfalls, nachdem er
beim Sprung ins Wasser mit dem Kopf auf einen Felsen
geprallt war: *Gegen Abend brachten sie uns den Bruder ins
Haus*, erinnerte sich Tochter Maximiliane (1818–1894): *In
der Nacht noch einmal zu klarem Bewusstsein erwacht, hat er
die Mutter getröstet und ihr Mut zugesprochen, dann ist er am
frühen Morgen in ihren Armen verschieden.* Bettine selbst hat
sich zu ihrer Trauer um den jüngsten Sohn zumindest nicht
schriftlich geäußert. Doch Menschen, die ihr damals nahestan-
den, haben bezeugt, dass sie noch Jahre unter dem Verlust
gelitten hat. Kühnemund war das Einzige ihrer Kinder, das
eines frühzeitigen Todes starb.

Auch die folgenden Jahre verbrachte Bettine von Arnim
überwiegend am Schreibtisch. Sie kümmerte sich um den literarischen Nachlass ihres Mannes, den sie 1839 herausbrachte,
und veröffentlichte ein Jahr später den Briefwechsel mit ihrer
alten Freundin aus der Frankfurter Zeit unter dem Titel »Die
Günderode«. Nachdem der Tod ihres Bruders Clemens 1842
Bettine tief erschüttert hatte, zumal er viele Jahre lang ihr
engster Vertrauter und kluger Ratgeber gewesen war, entschloss sie sich, den Briefwechsel mit ihm zu veröffentlichen.
Das Werk erschien 1844 unter dem Titel »Clemens Brentanos
Frühlingskranz: Aus Jugendbriefen ihm geflochten«.

Auch hinsichtlich der preußischen Politik hielt sie die Augen
weiter offen, trat engagiert für die Verfolgten, Armen und Not-
leidenden ein und liebäugelte sogar mit den frühsozialisti-

schen Ideen. 1842 traf sie daher in Bad Kreuznach mit dem jungen Karl Marx (1818–1883) zusammen, damals Redakteur der in Köln erscheinenden »Rheinischen Zeitung«, die ein Jahr später der Zensur zum Opfer fiel. Im Gespräch mit ihm entstand ganz offensichtlich die Idee, die Kritik an den sozialen Zuständen im Lande niederzuschreiben – und das Pamphlet direkt an den Preußenkönig Friedrich Wilhelm IV. zu richten.

1843 erschien »Dies Buch gehört dem König«, das sie – mit dessen vorheriger Genehmigung – Friedrich Wilhelm IV. widmete, der drei Jahre zuvor den Thron bestiegen hatte. Damals ruhten noch alle Hoffnungen auf dem gebildeten, freiheitlich und fortschrittlich denkenden Monarchen, die sich zunächst auch zu erfüllen schienen. Er beendete die »Demagogenverfolgung« politisch missliebiger Persönlichkeiten wie die der »Göttinger Sieben«, die seinerzeit die Lehrbefugnis an der Universität verloren hatten. Bettine hatte sich, mit tatkräftiger Unterstützung ihres Schwagers Savigny, persönlich dafür eingesetzt, dass Jacob und Wilhelm Grimm, einst gute Freunde ihres Mannes, rehabilitiert wurden und 1840 dem Ruf an die Universität Berlin folgen konnten. Doch die drückenden sozialen Probleme seiner Untertanen nahm Friedrich Wilhelm IV. nicht in Angriff. Preußen war damals im Begriff, sich vom Agrarland in einen Industriestaat zu verwandeln, mit allen negativen Folgen. Die Maschinen drückten die Preise, die soziale Not weiter Schichten wurde immer größer, während gleichzeitig der Ruf nach einer Verfassung lauter wurde, die das Land in eine moderne konstitutionelle Monarchie verwandeln sollte. Doch der König starrte auf das Problem wie das sprichwörtliche Kaninchen auf die Schlange, unfähig, irgendetwas zu unternehmen. Insofern war es gar nicht nötig, Friedrich Wilhelm IV. die Augen zu öffnen, was Bettine mit ihrem Buch beabsichtigte. Er kannte die sozialen Missstände in seinem Land nur allzu gut. Doch Bettine wollte ihm trotzdem noch einmal drastisch die Wahrheit aufzeigen und ihn so zum sofortigen Handeln bewegen. Als »Sprachrohr« diente ihr dabei Goethes Mutter, der in dem Buch die Aufgabe zukam, dem König gründlich die Meinung zu sagen.

Bekanntlich blieb Bettines ehrgeiziges Werk ohne Folgen, obwohl sich die Situation in Preußen immer mehr zuspitzte. In den Jahren 1846 und 1847 führten Missernten zu einer unglaublichen Teuerung, im April 1847 brach in Berlin eine »Hungerrevolte« aus, bei der die Bewohner der Stadt Bäcker- und Metzgerläden plünderten. Nur ein Jahr später entlud sich die Wut der Bevölkerung in der Revolution von 1848, die Bettine auch selbst miterlebte. Doch die Hoffnungen der Revolutionäre zerplatzten bald wie Seifenblasen. Enttäuschung und Resignation legten sich über das Land, denn das alte System, das man hatte umgestalten wollen, präsentierte sich schon nach kurzer Zeit gefestigter denn je.

Doch Bettine ließ sich nicht so leicht entmutigen und schrieb weiter beherzt gegen die Reaktion an. Mit ihrem »Armenbuch« sorgte sie für solches Aufsehen, dass es von den preußischen Zensurbehörden verboten wurde. 1848 erschien ihr Werk »An die aufgelöste Preußische Nationalversammlung« und vier Jahre später der zweite Band ihres »Königsbuchs« unter dem Titel »Gespräche mit Dämonen«.

Doch dann begann auch Bettine zu resignieren, zumal sie inzwischen mit gesundheitlichen Problemen zu kämpfen hatte. Ende Oktober 1854 erlitt sie einen schweren Schlaganfall, von dem sie sich nie mehr richtig erholte. Sie fühlte sich müde und erschöpft, das Gehen fiel ihr schwer und es wurde immer stiller um sie. Am 30. Januar 1859 starb die spät berufene Schriftstellerin Bettine von Arnim im Alter von 73 Jahren. Glaubt man ihrer Tochter Maximiliane, dann galt der letzte Blick der Sterbenden einer Goethebüste, die die Kinder im

Zimmer der Mutter aufgestellt hatten. Ganz gleich ob Dichtung oder Wahrheit – dem Genius blieb Bettine von Arnim bis zum letzten Atemzug verbunden. Wenige Tage später wurde sie auf dem Familienfriedhof von Gut Wiepersdorf zur letzten Ruhe gebettet.

Das ausgehende 19. Jahrhundert, das die Frauen ohnehin auf die drei großen »Ks« beschränken wollte – Küche, Kirche, Kinder –, brachte Bettine von Arnim und ihrem Kampf für eine bessere Zukunft nur wenig Verständnis entgegen. *Sie tadeln meine politische Richtung!*, hatte Bettine schon 1849 einer Freundin geschrieben. *Ich habe nie etwas unternommen, was nicht ein Muss in mir gewesen wäre.* Doch eine Frau, die freisinnige Ideen vertrat und den Herrschenden mutig die Meinung sagte, erschien damals den meisten Menschen suspekt. Wirklich ernst genommen hat man sie trotzdem nicht. Erst über hundert Jahre nach Bettines Tod wurde ihr couragiertes politisches Engagement im Zuge der 68er-Bewegung neu bewertet – und seit 1992 zierte ihr Porträt sogar den 5-DM-Schein, der bis zur Einführung des Euro in Umlauf war.

# »Mit Liebe und Treu' ergeben«

**Augustine Crescence Mirat alias »Mathilde« (1815–1883) und Heinrich Heine**

Paris im Jahr 1834. Knapp eine Million Einwohner lebten damals in der Seine-Metropole, die zumindest im Zentrum noch weitgehend von mittelalterlichen Bauten geprägt war. Erst rund zwanzig Jahre später begann der Präfekt und Stadtplaner Baron Haussmann mit seinen gewaltigen Umbauarbeiten, die das Stadtbild völlig verändern und Paris zu einer modernen Metropole machen sollten, zur »Hauptstadt des 19. Jahrhunderts« (Walter Benjamin).

In einem kleinen Schuhgeschäft in der Nähe des Justizpalastes arbeitete seit einiger Zeit ein auffallend hübsches Mädchen als Verkäuferin. Sie hieß Augustine Crescence Mirat, war 18 Jahre alt und zählte zur Gruppe jener jungen Damen, die man aufgrund ihrer praktischen grauen Berufsbekleidung gemeinhin als »Grisetten« bezeichnete. Der Name stand damals für unverheiratete junge Frauen, die sich ihren Lebensunterhalt selbst verdienten – als Näherin, Floristin, Putzmacherin oder eben auch als Verkäuferin. Es wurde gemunkelt, der Lebenswandel der »Grisetten« sei nicht wirklich ehrbar, aber trotzdem wäre niemand auf die Idee gekommen, sie mit

Prostituierten zu vergleichen. Und dass sich die jungen Damen ihrem Alter entsprechend amüsierten, gerne flirteten oder Tanzvorstellungen besuchten, konnte ihnen schließlich niemand verübeln.

Was damals in dem besagten Geschäft geschah, können wir uns vielleicht so vorstellen: Eines Tages kam ein etwa 35-jähriger Kunde in den Laden, um sich ein Paar neue Schuhe zu kaufen. Mademoiselle Mirat, die den fremden Herrn freundlich bediente, merkte gleich an seinem etwas harten Akzent, dass er kein gebürtiger Franzose war. Doch er schien recht charmant zu sein, machte ihr ein paar nette Komplimente und schlug vor, sich nach Arbeitsschluss in einem kleinen Café in der Nähe zu verabreden. Was Augustine Crescence Mirat zu diesem Zeitpunkt wohl noch nicht ahnte: Sie hatte einen berühmten Mann bedient, den deutschen Dichter Heinrich Heine (1797–1856), der seit zwei Jahren in Paris lebte und hier so etwas wie ein »politisches Asyl« gefunden hatte. Es war wohl eher Neugier, die Mademoiselle Mirat dazu bewog, sich mit Heine zu verabreden. Der Dichter hingegen hatte sich gleich Hals über Kopf in die mollige Schönheit mit dem dunkelbraunen Haar und den großen dunklen Augen verliebt. Nur ihr Vorname gefiel ihm nicht so recht. Deshalb verkündete Heine, er wolle sie künftig lieber »Mathilde« nennen.

## Gegensätze ziehen sich an

Mathilde – oder besser gesagt: Augustine Crescence Mirat – hatte noch nie etwas von Heinrich Heine gehört, geschweige denn gelesen. Sie stammte aus einfachen bäuerlichen Verhältnissen und war am 15. März 1815 in dem kleinen Örtchen Le Vinot de la Trétoire in der Nähe von Meaux zur Welt gekommen, rund 50 Kilometer nordöstlich von Paris. Ihre Mutter, die früh verwitwete Crescence Brigitte Mirat (1788–?), bewirtschaftete hier einen kleinen Bauernhof. Der Vater des Kindes ist hingegen unbekannt, er machte sich noch vor der Geburt des Babys aus dem Staub und ließ sich nie wieder blicken. An eine vernünftige Ausbildung des Mädchens war unter diesen Umständen überhaupt nicht zu denken. Augustine musste schon früh auf dem Hof mit anpacken und kleinere Arbeiten übernehmen. Trotzdem wollte Madame Mirat wohl unbedingt, dass es ihre Tochter später einmal besser haben sollte als sie selbst. Darum schickte sie die etwa 15-jährige Augustine zu einer Tante nach Paris, wo sie in deren Schuhgeschäft als Verkäuferin arbeiten sollte. Hier hat die junge Frau Heinrich Heine wohl kennengelernt, wurde zunächst seine Geliebte, später dann die Ehefrau des Dichters.

Beim ersten Rendezvous wird Heine Mademoiselle Mirat vermutlich allerlei aus seinem Leben erzählt haben. Ja, er war Deutscher, 1797 in Düsseldorf zur Welt gekommen, einer Stadt, in der er sich eigentlich recht wohl gefühlt hatte, weil er die rheinische Mentalität liebte mit all ihrer *Lebensfreude, Anmut, Freiheitsliebe, Beweglichkeit und unbewussten Tiefe.* Sein richtiger Name war Harry, Heinrich nannte sich der gebürtige Jude erst nach seiner Konversion zum Protestantismus 1825, für ihn das »Entréebillet« in die Gesellschaft. Eigentlich war Heines Lebensweg vorgezeichnet gewesen. Wäre es nach dem Willen des Vaters Samson Heine gegangen, dann wäre der Sohn in dessen Fußstapfen getreten und hätte den Beruf des Kaufmanns erlernt. Tatsächlich begann er nach dem Besuch von Lyzeum und Handelsschule 1815 eine Ausbildung – zuerst in einem Bankhaus in Frankfurt, später in einem Hamburger Bankhaus, an dem auch sein Onkel Salomon Heinrich beteiligt war. Vielleicht hat Heinrich Heine seiner Mathilde sogar gestanden, dass ihm erst die großzügige finanzielle Unterstützung des wohlhabenden Onkels das Leben ermöglicht hat, das er viele Jahre lang führen konnte: ein Jurastudium, das er freilich eher lustlos betrieb, Promotion, literarische Tätigkeit und ausgedehnte Reisen.

Doch der Vormärz war eine schwierige Zeit für einen deutschen Schriftsteller, zumal wenn er bisweilen so bissig schrieb wie Heinrich Heine. Gesetzliche Bestimmungen verhinderten nämlich, dass alles gedruckt werden konnte, und die Zensur war unerbittlich, wenn es um Kirche und Obrigkeit ging. 1827 nahm Heine eine Redakteursstelle in München an, fühlte sich aber in dem Posten nicht so richtig wohl und kehrte 1829 schließlich frustriert nach Hamburg zurück. Onkel Salomon unterstützte den Neffen auch weiterhin, allerdings eher zähneknirschend. Der Banker wünschte unbedingt, dass der inzwischen 32-jährige Heinrich eine ordentliche Stellung annahm, denn Schriftstellerei hielt er für brotlose Kunst. Auch der Dichter selbst träumte eigentlich von einer bürgerlichen Karriere, aber es gelang ihm nicht, beruflich Fuß zu fassen. Also ging er wieder auf Reisen. Seine ab 1826 verfassten »Reisebilder«, eine Mischung aus Landeskunde und persönlichen Eindrücken, kamen beim Publikum gut an. Bei der Justiz allerdings weniger. In einigen Passagen über die italienische Stadt Lucca wetterte Heine nämlich gegen die unheilvolle Allianz von Kirche und Thron, schrieb von der *Schlangenlist unserer Pfäffelein*, von *Adelsgeziefer* und *Fürstenlaster*. Dem Zensor muss es kalt den Rücken heruntergelaufen sein, denn was zu viel war, war zu viel: 1831 wurde Heines Schrift wegen Verunglimpfung von Staatsinstitutionen verboten. Damit war sein berufliches Schicksal besiegelt, zumindest als Jurist. In Deutschland konnte Heinrich Heine nicht mehr arbeiten. Da er aber schon seit längerer Zeit mit Paris geliebäugelt hatte, dem El Dorado aller »Freisinnigen«, wie sich Heine selbst bezeichnete, siedelte er noch im gleichen Jahr in die französische Hauptstadt über. Und doch hing er weiter an seiner deutschen Heimat. Alexandre Dumas meinte einmal: *Wenn Deutschland Heine nicht liebt, nehmen wir ihn gerne auf, aber leider liebt Heine Deutschland über Gebühr.*

Gleichwohl fühlte sich der deutsche Dichter an der Seine ausgesprochen wohl, zumal er hier sein Geld als Journalist verdienen konnte: Man hatte ihm angeboten, als Korrespondent für die Augsburger »Allgemeine Zeitung« zu schreiben.

## »Er liebte sie zärtlich« – ein ungleiches Paar

*Und wie steht's mit den Frauen?*, wird Mathilde beim ersten Rendezvous sicherlich gefragt haben. Das war wahrhaftig ein heikles Kapitel in Heinrichs Leben. Als junger Mann hatte er sich heftig in seine Cousine Amalie verliebt – eine Tochter von Onkel Salomon – und für Molly, wie das Mädchen in der Familie genannt wurde, sogar herzzerreißende Gedichte verfasst. Doch die erste große Liebe blieb unerwidert, denn Molly konnte mit ihrem schwärmerischen Vetter leider nichts anfangen. Die Ablehnung traf Heine bis ins Mark und seitdem hatte es offenbar keine Frau mehr in seinem Leben gegeben, die er wirklich lieben konnte. Nachdem er 1821 wegen eines »Sittlichkeitsverschisses« von der Uni Göttingen geflogen war – man hatte den Studenten bei einem Bordellbesuch erwischt –, fühlte er sich immer wieder zu Prostituierten hingezogen, die eine seltsame Faszination auf ihn ausübten. Das freilich wird er Mathilde wohl eher verschwiegen haben.

Warum eigentlich der Name Mathilde? Über die Gründe ist viel spekuliert worden, ohne dass es zu einer eindeutigen Antwort gekommen wäre. Vermutlich wollte Heine damit einfach nur ein Zeichen für einen wichtigen Neuanfang setzen, und der Name Mathilde, den er schon in seinen »Reisebildern« einer schönen englischen Lady gegeben hatte, wird ihm schlicht und einfach gut gefallen haben. Vielleicht entsprach die mollige Augustine Mirat aber auch rein äußerlich jenem Bild, das sich Heine von »Mathilde« gemacht hatte.

Dem ersten Rendezvous folgten viele weitere Treffen, bis Mathilde und Heinrich Heine im Oktober 1834 schließlich eine feste Liebesbeziehung eingingen, vorerst noch in »wilder Ehe«. Die bildhübsche, ungemein vitale und temperamentvolle Französin zog den Dichter völlig in ihren Bann. Wenig später schrieb Heine an den deutschen Publizisten August Lewald (1792–1871): *Wie soll ich mein Stillschweigen gegen Sie entschuldigen? … Seit October hat für mich nichts die geringste Wichtigkeit, was nicht hierauf unmittelbar Beziehung hatte … Und das ist Alles, was ich Ihnen heute sagen kann, denn die rosigen Wogen umbrausen mich noch immer so gewaltig, mein Hirn ist noch immer so sehr von wüthendem Blütenduft betäubt, daß ich nicht im Stande bin, mich vernünftig mit Ihnen zu unterhalten. Haben Sie das Hohe Lied des König Salomo gelesen? Nun, so lesen Sie es nochmals und Sie finden darin Alles, was ich Ihnen heute sagen könnte.* Auch in einem Schreiben an seinen deutschen Verleger Julius Campe (1792–1867) heißt es ähnlich: *Ich Thor glaubte, die Zeit der Leidenschaft sey für mich vorüber, ich könnte niemals wieder in den Strudel rasender Menschlichkeit hineingerissen werden …* Von Mathilde liegen uns leider keine schriftlichen Zeugnisse vor, denn ihre Briefe an Heine sind leider ebenso wenig erhalten wie ihre weitere Korrespondenz. Allzu oft wird die frühere Schuhverkäuferin ohnehin nicht zu Tinte und Feder gegriffen haben. Aber genau das war es wohl, was Heine so sehr an ihr liebte. Mathilde war eben Mathilde, eine offene und unkomplizierte junge Frau, die keinen Drang nach Höherem verspürte, anders als die sich intellektuell und geistreich gebenden Damen in den Pariser Salons, mit denen Heine einfach nichts anfangen konnte. Er hasste gelehrte Frauen vom Typ »Blaustrumpf«, denen Emotionalität und Sinnlichkeit scheinbar fremd waren. Was ihnen fehlte, besaß Mathilde im Übermaß.

Trotzdem lag es Heine am Herzen, Mathildes »Bildungsniveau« ein wenig zu heben, auch sie selbst hatte nichts dagegen einzuwenden. Ab Februar 1839 besuchte Mademoiselle Mirat eine Art »Bräuteschule«, ein Mädchenpensionat in Chaillot am rechten Seineufer, damals noch außerhalb von Paris. Zwei Jahre lang machte sich Mathilde an sechs Tagen in der Woche auf den Weg in die Schule, um ihren Horizont zu erweitern. Sie erhielt Unterricht in Deutsch und Französisch, Geografie und Geschichte, lernte gute Manieren, wurde aber auch gründlich mit den vielfältigen Anforderungen vertraut gemacht, die eine ordentliche Hausfrau zu bewältigen hatte. Schon bald konnte Heine die ersten Fortschritte feststellen: *Sie wird richtig charmant. Zu ihrer Naivität, zu ihrer kindlichen Einfachheit gesellt sich nunmehr das distinguierte Aussehen und die graziöseste Haltung einer großen Dame, sodass ich überall, wo ich mich mit ihr sehen lasse, beneidet werde.*

Auf allzu fruchtbaren Boden fielen Mathildes Bildungsbemühungen freilich nicht. Deutsch hat sie jedenfalls kaum gelernt und allzu ernst hat sie den Unterricht wohl auch nicht genommen. Doch Heine war mit den Fortschritten seiner Geliebten durchaus zufrieden, wie sein Freund, der Dramatiker Heinrich Laube (1806–1884), später notierte: *Jede Stufe der fortschreitenden Schulbildung, besonders in Geographie und Geschichte, gab ihm Stoff zu lustigen Betrachtungen. Daß sie die Reihe der egyptischen Könige jetzt besser auswendig wusste, als er selbst, und daß sie ihn belehrt habe über den wunderlichen Vorfall mit der wollspinnenden Lucretia[5], fand er reizend über alle Maßen.*

---

[5]  Die Römerin Lucretia erweckte der Sage nach das Begehren eines Mannes, nur weil sie sittsam inmitten ihrer Mägde saß und Wolle spann.

Aber es scheint gerade Mathildes naive Seite gewesen zu sein, die Heine so anziehend fand. Nach einem Besuch in Paris im Winter 1839/40 schrieb der deutsche Maler Friedrich Pecht (1814–1903): *In dieser Zeit war es auch, wo mir Laube die lang ersehnte Bekanntschaft mit Heinrich Heine vermittelte.* Man traf sich in größerer Gesellschaft, den Ehepaaren Laube und Wagner, in einem Restaurant, und auch Mathilde war mit von der Partie. *Die bildschöne Französin trug nun zunächst einen glänzenden Sieg über die beiden deutschen Frauen davon. Toll, naiv-anmutig und unwissend wie ein Kind, verdunkelte sie sowohl die unendlich geistvolle, aber ziemlich verblühte Frau Laube als die seelengute, aber auch etwas hausbackene Frau Wagner. Allerdings blieb sie mit ihrer üppigen Figur und dem wundervoll matten, samtartigen Teint ein bloßes Schaugericht, aber ein entzückendes, obwohl sie schwerlich in ihrem Leben über das gefährliche Kind hinausgekommen ist, dessen bloßes Lachen einen aber schon froh machen konnte. Heine, von dem sie nur ungefähr wusste, dass er ein deutscher Dichter sein, behandelte sie denn auch kaum anders als einen Kanarienvogel, liebte sie trotzdem aber offenbar zärtlich.*

Nein, eine Intellektuelle ist Mathilde natürlich nicht geworden, denn wie es aussieht, blieben ihre Interessen auch weiterhin auf die Annehmlichkeiten des Lebens beschränkt: gutes Essen, Restaurantbesuche, Tanzcafés, aber auch ausgedehnte Einkaufsbummel auf den Pariser Boulevards und den Kauf modischer Kleidungsstücke – nicht zuletzt auch Heine zuliebe. Das fiel auch dem Schriftsteller Alfred Meißner (1822–1885) auf, der Heine einmal in Paris besucht hatte: *Sie war seine Puppe, die er zierlich anzukleiden liebte, in Seide und Spitzen hüllte, die er gerne mit dem Schönsten geschmückt hätte, was in Paris zu finden war.* Vermutlich wollte Heine mit seiner hübschen und elegant gekleideten Lebensgefährtin auch der Umgebung demonstrieren, dass er längst kein »armer

Poet« mehr war, sondern in finanzieller Sicherheit lebte. So war es tatsächlich. Er bekam nicht nur ein ordentliches Honorar für seine Artikel, sein Verleger Julius Campe zahlte ihm später auch beachtliche 20000 Francs, um Heines Gesamtwerk veröffentlichen zu können. Zudem besaß er mehrere wohlhabende Mäzene, die den auch in Frankreich populären Dichter großzügig unterstützten, darunter Bankier Rothschild. Und selbst der Hamburger Onkel Salomon erwies sich bis zu seinem Tod 1844 als äußerst spendabel.

Was auch immer Mathilde für Heinrich Heine empfunden haben mag, auf jeden Fall scheinen sich beide ganz wunderbar ergänzt zu haben und gaben einander, was sie jeweils brauchten – viel mehr als nur die körperliche Liebe. Dass deutsche Besucher oftmals abfällig von Mathilde sprachen, hat Heinrich Heine zutiefst gekränkt. So schrieb die Schriftstellerin Fanny Lewald (1811–1889) rückblickend: *Ich will gern glauben, daß Frau Heine gethan hat, was sie konnte und ihren Mann geliebt hat, so gut sie es konnte; aber in ihr irgend etwas mehr zu sehen als die allerleerste Äußerlichkeit, dazu habe ich es bei gutem Willen niemals bringen können; und ich habe Mädchen aus dem Pariser Volk gekannt, die ihr an Herzensbildung, an Feinheit des Empfindens, an guten Manieren unverhältnismäßig überlegen gewesen sind. Es war ein guter, edler Zug in Heine, daß er seine Frau in den Augen der Anderen zu heben suchte, denn er muss sehr viel entbehrt haben neben ihr…* Heinrich Heine selbst hat das offenbar völlig anders empfunden.

## Hochzeit in St. Sulpice – aus Mathilde wird Frau Heine

Auch wenn in Paris damals niemand Anstoß an einer »wilden Ehe« nahm, so war es doch Mathildes sehnlichster Wunsch, mit Heinrich Heine vor den Traualtar zu treten und offiziell seine Frau zu werden. Als gläubige Katholikin nahm sie das heilige Sakrament der Ehe ausgesprochen ernst, wobei sie natürlich wusste, dass Heine vom *Pfaffensegen* keine allzu hohe Meinung hatte. Dass beide 1841 schließlich doch noch den berühmten Bund fürs Leben schlossen, hatte andere Gründe: Für den Fall seines Todes wollte Heine Mathilde finanziell abgesichert wissen. Das lag zum einen daran, dass er schon seit längerer Zeit gesundheitliche Probleme hatte, die, wie er glaubte, mit einer Syphiliserkrankung zusammenhingen. Zum anderen aber gab es einen ganz konkreten Anlass: Nach einer Beleidigung hatte Heine den Frankfurter Kaufmann Salomon Strauß zu einem Pistolenduell aufgefordert, das durchaus tödlich enden konnte (dann aber letztlich für beide Kontrahenten glimpflich ausging). Deshalb beschloss der Dichter, zuvor seine Verhältnisse zu ordnen, und machte ein Testament, in dem er Mathilde als Alleinerbin einsetzte. Er fand wohl auch, dass es endlich an der Zeit wäre, sich voll und ganz zu seiner Lebensgefährtin zu bekennen: Am 31. August 1841 heirateten Mathilde Mirat und Heinrich Heine nach katholischem Ritus in der Pariser Kirche St. Sulpice. In Heines »Geständnissen« heißt es: *Ich habe mich einem religiösen Akt unterzogen. Aber dieser Akt war keine gehässige Abjuration[6], sondern eine sehr unschuldige Konjugation. Ich ließ nämlich*

---

[6]  Lat. »Abschwörung«. In römisch-katholischer Tradition die rituelle Aufnahme in die Kirche

*dort meine Ehe mit meiner Gattin, nach der Ziviltrauung, auch kirchlich einsegnen, weil meine Gattin, von erzkatholischer Familie, ohne solche Zeremonie sich nicht gottgefällig genug verheiratet geglaubt hätte. Und ich wollte um keinen Preis bei diesem teuren Wesen in den Anschauungen der angebornen Religion eine Beunruhigung oder Störnis verursachen.* Konnte es einen größeren Liebesbeweis geben? Davon zeugt auch Heines Schreiben an Julius Campe vom September 1841: *Heute melde ich Ihnen ein Begebnis, welches ich Ihnen mehre Tage vorenthielt – nämlich meine Vermählung mit dem schönen und reinen Wesen, das bereits seit Jahren unter dem Namen Mathilde Heine an meiner Seite weilte, immer als meine Gattin geehrt und betrachtet ward, und nur von einigen klatschsüchtigen Deutschen aus der Frankfurter Klicke mit schnöden Epitheten [Attributen] eklaboussiert [in den Schmutz gezogen] wird. Diese Ehrenrettung durch kirchliche und gesetzliche Autorität betrieb ich gleichzeitig mit der Angelegenheit meiner eignen Ehre ...* Schließlich informierte Heine noch seine Familie in Deutschland. Seiner Schwester schreibt er: *Erst heute bin ich imstande, Dir offiziell meine Vermählung anzuzeigen. Den 31. August heiratete ich Mathilde Crescentia Mirat, mit der ich mich schon länger als sechs Jahre täglich zanke. Sie ist jedoch von edelstem und reinstem Herzen, gut wie ein Engel und ihre Aufführung war während der vielen Jahre unseres Zusammenlebens so untadelhaft, dass sie von allen Freunden und Bekannten als Muster der Sittsamkeit gerühmt wurde ... Dass ich einige Tage vor dem Duell, um Mathildens Position in der Welt zu sichern, in die Nothwendigkeit versetzt war, meine wilde Ehe in eine zahme zu verwandeln, werden Sie ersehen haben ... Dieses eheliche Duell, welches nicht aufhören wird, bis einer von uns beiden getödtet, ist gewiss gefährlicher als der kurze Holmgang mit Salomon Strauß.*

Vom Alltag des Ehepaars Heine ist kaum etwas bekannt. Fest steht, dass sie des Öfteren die Wohnung wechselten, was allerdings nicht an Mathildes möglicherweise zu hohen Ansprüchen lag. Es war Heine selbst, der es nirgendwo länger als vier Jahre aushielt, wahrscheinlich weil es ihm schlicht und einfach zu laut wurde. Der lärmempfindliche Dichter ertrug es nicht, wenn auf der Straße oder in der Nachbarschaft Krach gemacht wurde, erst recht nicht, wenn in der Nähe längere Bauarbeiten durchgeführt wurden. In solchen Fällen zogen die Heines zum wiederholten Male um, wobei sich Mathilde über dieses rast- und ruhelose Leben offenbar niemals beschwert hat. Die möblierten Drei- bis Vierzimmerwohnungen, in denen sie in diesen Jahren lebten, waren allesamt recht komfortabel eingerichtet und befanden sich in den besseren Gegenden von Paris wie dem Rive Gauche und später auch in der Nähe der Champs Elysées. Den Sommer verbrachte das Paar am liebsten am Meer, vorzugsweise in mondänen Urlaubsorten wie dem Seebad Granville in der Normandie. Davon profitierten sie beide: Mathilde konnte auf der Strandpromenade ihre schicke Garderobe ausführen, während die frische Seeluft Heinrich Heines angeschlagener Gesundheit ausgesprochen gut tat.

Daheim in Paris erfüllte Mathilde dann wieder ihre Hausfrauenpflichten, freilich mit Unterstützung einer Dienstmagd und einer Köchin. Seit 1843 lebte auch Mathildes Freundin Pauline Rouge als »Gesellschafterin« mit dem Ehepaar Heine unter einem Dach, eine treue Stütze in guten und schlechten Zeiten. Zufrieden schrieb Heine damals an August Lewald: *Mathilde ist eine gute Hausfrau geworden, trotz ihrer tollen Launen, und unser Ehestand ist ebenso moralisch wie der beste in Krähwinkel.*

Was Mathildes *tolle Launen* betrifft, so haben tatsächlich mehrere Besucher über ihre heftigen Temperamentsausbrüche berichtet: *Von der Leidenschaft ihres Wesens kann man sich kaum einen Begriff machen,* verriet auch Heines Freund Robert Prölß (1821–1906). *Sie warf sich dann wild auf die Erde, weinte und schrie. Heine, der diese Szenen bald ausstudiert hatte, pflegte sie dann meist mit lachender Ironie zu behandeln. Sobald sie nämlich die Erfolglosigkeit ihrer Bemühung bemerkte, sprang sie mit einem tollen Gelächter empor, und der Friede war unter Scherzen und Liebkosungen schnell wieder hergestellt.* Und Heine tat sein Bestes, das Leben für Mathilde so angenehm wie möglich zu gestalten: *Trotz seiner Eifersucht ließ er sie mit Freuden in Zirkus und Theater gehen, er ging mit ihr in Konzerte, die er nicht liebte, auf Bälle, obwohl er nicht tanzte. War Feind des Luxus, hatte aber nichts dagegen, wenn sie sich schmückte.* Ganz offensichtlich eheliche Harmonie, die nur gelegentlich von Mathildes berühmten Wutanfällen unterbrochen wurde.

## Verpatzter Besuch in Hamburg

Drei Jahre waren sie bereits verheiratet, als Heine beschloss, Mathilde endlich auch seiner Familie in Hamburg vorzustellen. So ganz wohl wird ihr angesichts der Reisepläne vermutlich nicht gewesen sein. Schließlich sprach Mathilde kaum Deutsch und sah sich nicht in der Lage, mit den Verwandten eine vernünftige Unterhaltung zu führen. Aber in das Unbehagen dürfte sich auch eine gute Portion Neugier gemischt haben. Und so reisten Mathilde und Heinrich Heine im Sommer 1844 zusammen nach Hamburg, wo die Familie schon gespannt auf die junge Französin wartete. Heines Neffe Carl Heine erinnerte sich später: *Wir harrten schon alle auf der Schiffsbrücke in Erwartung voller Aufregung, Heines Frau Mathilde persönlich kennen zu lernen. Endlich näherte sich*

*das Schiff, und mein Onkel stieg, eine stattliche Dame im ein-*
*fachen grauen Reisekostüm am Arm, ans Ufer. Mathilde war*
*wirklich eine sehr schöne Frau. Von hoher Statur, etwas üppi-*
*gen Formen, liebliches Gesicht umrahmt von kastanienbrau-*
*nem Haar, volle rote Lippen, schöne weiße Zähne zeigend und*
*große ausdrucksvolle Augen, welche in der Erregung feurig*
*blitzten …* Mathilde, die von Heines Familie freundlich aufgenommen wurde, fühlte sich in Hamburg trotz aller Sprachpro-
bleme schon bald recht heimisch, denn die gebildeten Verwandten ihres Mannes sprachen alle Französisch mit ihr. Doch
dann muss irgendetwas vorgefallen sein, was Mathilde zur vor-
zeitigen Abreise veranlasste. Gab es Streit? Fühlte sich Frau
Heine von irgendjemandem gekränkt? Jedenfalls machte sie
klar, dass sie nie wieder diese *langweilige steife Gesellschaft*
besuchen wolle. Wurde sie sich im intellektuellen Hamburger
Kreis ihrer mangelhaften Bildung bewusst? Spürte sie vielleicht, dass sie trotz aller Freundlichkeit von Heines Verwandtschaft nicht ernst genommen, womöglich sogar abgelehnt
wurde? Für Heines literarische Arbeit hat sie sich nie wirklich
interessiert und ob sie jemals einen seiner Texte gelesen hat, ist
zumindest fraglich. Auch wenn Heinrich Heine gerade Mathildes naive Art so schätzte, so wird auch ihm im Hamburger
Familienkreis deutlich vor Augen geführt worden sein, wie
oberflächlich die Interessen seiner Frau doch waren. Als sie
wieder nach Paris abgereist war, schrieb er ihr im September
1844: *Ich habe die Hoffnung nicht aufgegeben, Dich so weit zu*
*bringen, dass Du eines Tages meine Begeisterung für die schö-*
*nen Künste teilen wirst, wo Dein Herz doch dafür geschaffen*
*ist, das Schöne zu lieben. Wenn wir dann in Italien sein wer-*
*den, wirst Du die Malerei lieben, wie Du jetzt schon die Musik*
*liebst. Ja, mein Engel, ich träume die ganze Zeit von Italien,*
*und in Gedanken weile ich mit Dir bald in Neapel, bald in Rom,*
*wo ich Dich von einem begabten Künstler malen lassen will,*

*damit dieses schöne Lächeln, dieser graziöse Schimmer Deiner Seele, der zuweilen über Deine Lippen leuchtet, nicht vom bösen Zahn der Zeit verzehrt werde.* Doch schon bald standen Heine und seine Frau vor ganz anderen Problemen als der schwindenden Schönheit Mathildes. Sie hatte mit den Jahren enorm an Gewicht zugelegt und brachte inzwischen rund 180 Pfund auf die Waage.

## Leidenszeit

Trotz aller Gegensätze und Turbulenzen war die Ehe allem Anschein nach noch immer sehr glücklich. Jedenfalls bekannte Heinrich Heine 1846: *Ich habe eine seltene Frau, die ich unaussprechlich geliebt, dreizehn Jahre hindurch mein eigen genannt, ohne einen Moment des Wenigerliebens, in unwandelbarem Verständnis und vollster Freiheit. Kein Versprechen, kein Zwang äußerer Verhältnisse band uns an einander ... Ich erschrecke jetzt noch oft in meinen schlaflosen Nächten vor der Seligkeit meines Lebens, ich schauere entzückt zusammen vor dieser Glückesfülle. Ich habe oft über solche Dinge gescherzt und gewitzelt und noch viel öfter ernsthaft darüber nachgedacht: Die Liebe befestigt kein Miethscontract, sie bedarf der Freiheit, um zu bestehen und zu gedeihen.*

Und Heine ließ Mathilde nicht nur die Freiheit, zusammen mit ihrer Freundin Pauline Theater- und Tanzveranstaltungen zu besuchen, er erwies sich auch in finanzieller Hinsicht überaus großzügig. Seiner Mutter berichtete er: *Meine Frau befindet sich wohl und ist in diesem Moment sehr glücklich, dass ich für die Haushaltung für eine bedeutende Summe Leinenzeug gekauft habe. Leinenzeug macht ihr noch mehr Vergnügen als schöne Kleider, und das ist löblich. Wir leben sehr einig, das heißt, ich gebe in allen Dingen nach.*

Tatsächlich aber war Mathildes unbeschwerter Umgang mit Geld auch ein Anlass zu häufigen Streitereien. Heine, der selbst in jungen Jahren sehr nachlässig in finanziellen Angelegenheiten gewesen war, entwickelte sich im reiferen Alter zum haushälterischen Bürger, der auch *die süßeste Verbringerin, die je auf der Welt ihren Mann gequält und beglückt hat,* zur Sparsamkeit anhalten wollte.

Das freilich hatte einen überaus ernsten Hintergrund, denn ab Mai 1846 verschlechterte sich Heines Gesundheitszustand auf dramatische Weise. Allein deshalb unternahm er alle Anstrengungen, die Absicherung seiner Frau über seinen Tod hinaus zu garantieren. Noch konnte er arbeiten, aber wie lange noch? An welcher Krankheit Heinrich Heine litt, ist nicht wirklich geklärt. Er selbst sprach von der *Krankheit der glücklichen Männer,* also der Syphilis, mit der er sich wohl als Student in Göttingen angesteckt hatte. Möglicherweise handelte es sich um eine Form des Leidens, die Rückenmark, Augen und Kopfnerven befiel, die Hirntätigkeit jedoch nicht beeinträchtigte. Ab Mai 1848 war Heine nahezu vollständig gelähmt und führte von da an ein armseliges Leben in der *Matratzengruft,* einem kleinen, abgedunkelten und nur spärlich möblierten Raum der Wohnung im fünften Stock der Rue d'Amsterdam. Er litt unter starken Schmerzen, die er nur noch mit Morphium betäuben konnte. Zwei Krankenschwestern kümmerten sich rund um die Uhr um den Patienten.

Es ist nicht bekannt, wie viel Zeit Mathilde mit ihrem kranken Mann verbracht hat und inwieweit sie auch an dessen Pflege beteiligt war. Natürlich konnte sie nicht ständig um ihn sein, sie ging auch weiterhin regelmäßig aus und unternahm kleine Ausflüge mit Pauline. Nur so war es schließlich möglich, die Kraft zu schöpfen, die sie über viele Jahre benötigen sollte. War Mathilde aber daheim, dann setzte sie sich oft an Heines Bett, las ihm etwas vor und erzählte, was sie gesehen und gehört hatte. Wie dankbar der Dichter damals war, Mathilde an seiner Seite zu haben, geht aus einem Brief hervor, den er an Ferdinand Lassalle (1825–1864) schrieb: *Meine Mathilde, die an meinem Krankenbett einen harten Stand hat, mir mehr als je mit Liebe und Treu ergeben ist und vielleicht auch die einzige Ursache, warum ich dieses hundsföttische Leben mit Geduld ertrage ...*

Zehn Jahre lang stand Mathilde ihrem schwerkranken Mann zur Seite und sorgte mit ihrer gleichbleibend heiteren und unbekümmerten Art dafür, dass die Atmosphäre im Hause Heine nicht noch drückender wurde, als sie ohnehin schon war. Mehr hätte sie für ihn nicht tun können. Als er in einer Nacht unter fürchterlichen Krämpfen zu sterben drohte, weinte sie bitterlich und bat: *Nein, Henri, Du wirst mir das nicht antun, Du wirst nicht sterben! Du wirst Mitleid mit mir haben. Diesen Morgen habe ich schon einen Papagei verloren; wenn Du auch stürbest, ich wäre zu unglücklich.* Das war nicht weniger als eine Liebeserklärung, auch wenn der Hinweis auf das tote Haustier vielleicht etwas irritierend erscheinen mag.

Heinrich Heine starb am 27. Februar 1856. Er wurde, wie er es selbst testamentarisch bestimmt hatte, ohne religiöses Zeremoniell auf dem römisch-katholischen Teil des Pariser Friedhofs Montmartre beigesetzt. Schließlich sollte seine geliebte Mathilde eines noch fernen Tages neben ihm ihre letzte Ruhe finden.

## Witwenjahre

Mathilde Heine überlebte ihren Mann um 27 Jahre. Geheiratet hat sie nicht mehr, nachdem sie mit nur 41 Jahren Witwe geworden war. Ob und wie sie um Heinrich Heine getrauert hat, ist nicht bekannt. Sie hatte lang genug Zeit gehabt, sich mit dem Gedanken an seinen Tod vertraut zu machen und wird am Ende vielleicht einfach nur erleichtert gewesen sein, dass Heine von seinem schweren Leiden erlöst wurde. Das Leben musste weitergehen – und es ging weiter. Auch wenn Mathilde dem Dichter in intellektueller Hinsicht keine gleichwertige Partnerin gewesen war, so besaß sie durchaus die Fähigkeit, das Leben auch allein zu bewältigen. Das hatte sie schließlich von Kindesbeinen an gelernt, lernen müssen.

Dank der finanziellen Vorsorge, die Heine betrieben hatte, bezog Mathilde eine lebenslängliche Rente, mit der sie ihren gewohnten Lebensstandard beibehalten konnte. Sie lebte auch künftig mit ihrer Freundin Pauline zusammen, die ihr die Einsamkeit vertrieb. Daneben kümmerte sie sich – wie sie es schon immer getan hatte – um ihr liebstes Hobby, die vielen Haustiere. Schon seit Jahren besaß Mathilde einen Papagei namens Cocotte, den sie so liebevoll umsorgte, dass Heine auf den Vogel schon fast eifersüchtig gewesen war. Daneben hielt sie eine riesige Voliere, in der rund 60 Kanarienvögel hin- und herflatterten. Drei weiße Bologneserhündchen vervollständigten Mathildes Menagerie.

So gingen die Jahre dahin, in denen sich auch Paris grundlegend veränderte. Zwischen 1853 und 1870 ließ Baron Haussmann 20 000 alte Häuser abreißen, 40 000 neue erbauen, 165 Kilometer Straßen befestigen, Kopfbahnhöfe errichten und die prächtigen Boulevards anlegen. Die Pariser erkannten ihre Stadt kaum noch wieder: *Während man noch redet, verändert sich Paris*, befand auch der Dichter Prosper Mérimée. Was Mathilde von all den dramatischen Veränderungen gehalten hat, ist leider nicht bekannt, auch nicht, wie sie den Deutsch-Französischen Krieg 1870/71, die Belagerung von Paris und das Ende des Kaiserreiches erlebt hat. Vermutlich versuchte sie einfach nur, ihr Leben wie gewohnt weiterzuführen.

Kurz vor ihrem 68. Geburtstag starb Mathilde Heine am

17. Februar 1883 an den Folgen eines Schlaganfalls und wurde neben Heinrich Heine auf dem Friedhof Montmartre beigesetzt. Auf dem Grabstein erinnert nur die knappe Inschrift »Frau Heine« an die französische Ehefrau des deutschen Dichters. Die Nachwelt hat »Mathilde« bald vergessen.

# »Es war ein seltsam ungleiches Paar«

Clara Westhoff (1878 – 1954)
und Rainer Maria Rilke

Am 10. September 1900 lautete der Tagebucheintrag von Rainer Maria Rilke: *Ich gebe wieder eine Gesellschaft. Einen schönen Augenblick gab es ... ganz in Weiß kamen die Mädchen vom Berg aus der Heide. Die blonde Malerin zuerst, unter einem großen Florentiner Hut lächelnd. Als wir eben in der dunklen Diele standen und uns aneinander gewöhnten, kam Clara Westhoff. Sie trug ein Kleid aus weißem Batist ohne Mieder im Empirestil. Mit kurzer, leicht unterbundener Brust und lange Falten. Um das schöne dunkle Gesicht wehten die schwarzen, leichten hängenden Locken, die sie, im Sinne ihres Kostüms, lose lässt zu beiden Wangen. – Das ganze Haus schmeichelte ihr, alles wurde stilvoller, schien sich ihr anzupassen, und als sie oben bei der Musik in meinem riesigen Lehnstuhl lehnte, war sie Herrin unter uns. Ich sah sie an diesem Abend wiederholt schön. Im Lauschen, wenn die manchmal zu laute Charakteristik ihres Gesichts gebunden ist an Unbekanntes. Dann prägt sich der Rhythmus des unterdrückten horchenden Lebens ihrer Gestalt, leise, wie unter Falten, aus. Sie wartet, ganz hingegeben auf das, was sie nun erleben soll ...*

Schauplatz dieser folgenreichen Zusammenkunft war der »Barkenhoff« des Worpsweder Malers Heinrich Vogeler, bei dem Rilke mehrere Wochen lang zu Gast war. Hier, in der norddeutschen Künstlerkolonie nahe Bremen, hatte sich Ende des 19. Jahrhunderts ein buntes Völkchen aus Malern und Bildhauern zusammengefunden, um sich von der kargen Landschaft des Teufelsmoors und den dort lebenden Menschen inspirieren zu lassen. Außer Vogeler wirkten hier noch Fritz Mackensen, Hans am Ende, Otto Modersohn sowie die jungen Künstlerinnen Clara Westhoff und Paula Becker. Man empfand sich als damals noch als verschworene Gemeinschaft, tauschte sich nicht nur über die Arbeit aus und lernte voneinander, sondern feierte auch fröhliche Feste, so wie am 10. September 1900. Rilke hat seiner späteren Frau an diesem Sommerabend offenbar viel Aufmerksamkeit gewidmet, obwohl es zunächst den Anschein hatte, als interessiere er sich eher für die »blonde Malerin« Paula Becker, die Freundin von Clara Westhoff. Clara selbst, eine eher schweigsame und introvertierte Persönlichkeit, hat sich leider nie zu besagtem Abend geäußert, aber dass ihr dieser seltsame Dichter namens Rainer Maria Rilke seitdem nicht mehr aus dem Kopf ging, steht ganz außer Frage. Wahrscheinlich war sie zum ersten Mal in ihrem Leben richtig verliebt, nachdem sie bislang nur eine einzige große Leidenschaft gehabt hatte: die bildende Kunst, Malerei und Bildhauerei.

## »Oh München! Diese göttliche Freiheit!«

Vielleicht hatten Claras Eltern Johanna (1856–1941), geb. Hartung, und der Bremer Kaufmann Friedrich Westhoff (1840–1905) nur deshalb so viel Verständnis für die künstlerische Leidenschaft ihrer Tochter, weil sich der Vater in seiner

Freizeit selbst gern ins Atelier zurückzog, um Aquarelle zu malen. Clara, geboren am 21. November 1878 in Bremen, genoss ohnehin recht viele Freiheiten, vor allem dann, wenn die Familie in den Sommermonaten der Enge der Altstadt entfloh und mehrere Wochen im ländlichen Oberneuland verbrachte, das heute den östlichen Stadtrand von Bremen bildet. Hier konnte Clara unbeschwert die Gegend erkunden oder, was ihr noch lieber war, im Schatten eines Baumes sitzen und ihren eigenen Gedanken nachhängen. Die junge Clara war ein stilles und in sich gekehrtes Mädchen, das gleichwohl fest in sich zu ruhen und mit beiden Beinen im Leben zu stehen schien. Dem entsprach auch ihre spätere Statur, die, groß und kräftig, durchaus innere Stärke vermuten ließ.

Das mag vielleicht der Grund gewesen sein, warum die Eltern ihrer erst knapp 17-jährigen Tochter erlaubten, in die Ferne zu ziehen, um sich in München zur Malerin ausbilden zu lassen. Die bayerische Metropole an der Isar war damals Treffpunkt einer kosmopolitischen Künstlerszene, deren Avantgarde die Sezession bildete, ein Zusammenschluss progressiver Münchner Maler, die sich gegen den veralteten Stil wandten, der noch immer an den Akademien gelehrt wurde. Im Oktober 1895 mietete sich Clara Westhoff ein kleines möbliertes Zimmer in München und begann eine Ausbildung an der privaten Malschule Fehr/Schmidt-Reutte in der Theresienstraße, denn zu den Akademien waren Frauen damals noch nicht zugelassen. Zusammen mit anderen jungen Damen erhielt Clara Unterricht im Kopf- und Aktzeichnen sowie in Landschaftsmalerei. In ihrer Freizeit besuchte sie die Münchner Museen, vorzugsweise die Alte Pinakothek, wo sie vor allem die Werke von Hans Holbein bewunderte. Clara Westhoff zweifelte keinen Moment daran, dass es die richtige Entscheidung gewesen war, ein »Malweib« zu werden, wie die künstlerisch tätigen Frauen damals noch despektierlich bezeichnet wurden. Jetzt schien alles möglich: *Oh München! Diese göttliche Freiheit!*, schwärmte sie in einem Brief an ihre Mutter. Es ist nicht auszuschließen, dass sie hier an der Isar, ohne es zu ahnen, bereits ihrem späteren Ehemann über den Weg gelaufen ist. Der in Prag geborene und aufgewachsene Dichter Rainer Maria Rilke war nämlich 1896 nach München gezogen, um hier nach neuen künstlerischen Impulsen zu suchen.

Als eifrige Schülerin besuchte Clara Ende 1897 auch den Worpsweder Maler Heinrich Vogeler (1872–1942), der sich vorübergehend in München aufhielt, um hier einen künstlerischen Auftrag zu erledigen. Vogeler gehörte seit 1894 zur Künstlervereinigung Worpswede, für die sich auch Clara brennend interessierte, nachdem sie 1895 die Ausstellung im Münchner Glaspalast gesehen hatte, mit der die Worpsweder Maler schlagartig berühmt geworden waren. In Vogelers Atelier und im intensiven Gespräch mit dem Maler erwachte in Clara wohl der Wunsch, ebenfalls nach Worpswede zu gehen, dort zu leben und ihre künstlerische Ausbildung im Teufelsmoor fortzusetzen.

## Von Worpswede nach Paris und wieder zurück – Clara als Bildhauerin

An Ostern 1898 verließ die 19-jährige Clara Westhoff das quirlige München und zog ins beschauliche Worpswede, um hier Unterricht bei dem Maler und Bildhauer Fritz Mackensen (1866–1953) zu nehmen. Die Eltern Westhoff hatten offenbar nichts dagegen einzuwenden, zumal Clara jetzt wieder ganz in ihrer Nähe lebte. Sie unterstützten die Pläne ihrer Tochter auch weiterhin, vor allem durch finanzielle Zuwendung.

Es war Fritz Mackensen, der als einfühlsamer Lehrer Claras Talent für die Bildhauerei erkannte und ihr riet, diese Begabung unbedingt weiterzuentwickeln. Auch die junge Künstlerin war sich ihrer Sache schon bald sicher: *Ich bin nämlich jetzt ganz mit mir ins Klare gekommen, dass ich Bildhauer werden will*, schrieb sie am 21. November 1898 an ihren Vater. *Ich bin darüber sehr glücklich.*

Clara Westhoff erwies sich auch auf dem Gebiet der Bildhauerei als engagierte und begabte Schülerin. Von ihrer ersten plastischen Arbeit, einer Frauenbüste, war nicht nur Fritz Mackensen überaus angetan. Auch dessen Schülerin, die Malerin Paula Becker (1876–1907), fand lobende Worte für Claras Werk: *Da ging mir heute ein Licht auf bei Fräulein Westhoff*, vertraute sie ihrem Tagebuch an. *Die hat jetzt eine alte Frau modelliert, innig, intim. Ich bewundere das Mädel, wie sie neben ihrer Büste stand und sie antönte. Die möchte ich zur Freundin haben. Groß und prachtvoll anzusehen ist sie als Mensch und so ist sie auch als Künstler.* Tatsächlich entwickelte sich zwischen den beiden jungen Frauen eine enge Freundschaft, die bis zu Paulas frühem Tod anhielt, wenngleich gewisse Spannungen und eine vorübergehende Entfremdung nicht ausblieben. Doch vorerst genossen Clara Westhoff und Paula Becker in Worpswede eine unbeschwerte Zeit. Tagsüber wurde hart gearbeitet, abends aber häufig mit den anderen Künstlern ausgelassen gefeiert: *Worpswede bedeutete für uns ein schönes köstliches Geschenk*, schrieb Clara später im »Buch der Freundschaft«. *Das Ankommen dort, das Dortbleiben und Dortarbeiten dürfen war wie der Anbruch eines unaufhörlichen Sonntags.*

Eifrig und dankbar nahm Clara alles in sich auf, was sie von Fritz Mackensen lernte. Die Beziehung zwischen dem Künstler und seiner Schülerin war daher völlig unkompliziert und Mackensen ermutigte sie sogar mehr, als sie erhofft hatte. Im Sommer 1899 heißt es in einem Brief an den Vater: *Jedenfalls bin ich ihm ganz ungeheuer dankbar und kann das gar nicht genug betonen. Denn es ist allein Mackensens Verdienst, wenn ich es binnen einem Jahr dazu gebracht habe, dass ich vollstän-dig weiß, was ich brauche und muss und will.*

Um Clara Westhoff weiter zu fördern, vermittelte Macken-sen den Kontakt zu dem Leipziger Bildhauer Max Klinger (1857–1920), bei dem sie ihre Studien fortsetzen sollte. Von August bis September 1899 durfte Clara in dessen Atelier arbeiten. Klinger, der seiner neuen Schülerin erst skeptisch gegenübergestanden hatte, wie allen weiblichen Künstlern, war bald ehrlich von ihrem Talent überzeugt und voll des Lobes: *Die greift den Marmor an wie ein Mann.* Er riet Clara, die nach ihrem Aufenthalt in Leipzig ursprünglich wieder nach Worpswede zurückkehren wollte, lieber nach Paris zu gehen: *Worpswede halte ich augenblicklich doch nicht für so ange-bracht – Die Herren haben doch andere Interessen und Sie müssen was sehen, Kollegen haben und sich aussprechen kön-nen.* Begeistert nahm Clara Klingers Vorschlag an. Zuvor jedoch beteiligte sie sich im Dezember 1899 mit einigen ihrer Werke an der Deutschen Kunstausstellung in der Bremer Kunsthalle: mit der Büste ihrer ersten plastischen Arbeit, der *Alten*; dem Relief eines Knaben, das sie in Leipzig angefertigt hatte, und einer Büste ihrer Freundin Paula Becker. Der Kunstkritiker Arthur Fitger, der Paulas Werke gnadenlos nie-dergemacht hatte, urteilte über Clara Westhoff wesentlich mil-der: *Die Künstlerin ist, wie wir hören, noch eine sehr junge Dame, dafür scheint uns ihre Kunst schon ein bisschen dreist.* Trotz aller Vorurteile gegenüber Frauen – das beachtliche Talent konnte er Clara nicht absprechen.

Ende Dezember 1899 bestieg Clara Westhoff den Nacht-zug, der sie von Bremen nach Paris brachte. Hier wohnte sie in einem kleinen Hotel am Boulevard Raspail und besuchte an den Werktagen die Académie Julian, an der zahlreiche Kunst-studentinnen unterrichtet wurden. Ausgestattet mit einem

Empfehlungsschreiben ihres Lehrers Max Klinger, suchte Clara eines Tages sogar den berühmten Bildhauer Auguste Rodin (1840–1917) in dessen Atelier auf, doch der erste Besuch verlief wenig erfolgreich. Angeblich fehlte dem Künstler die Zeit, die junge Deutsche zu unterrichten. Schließlich erlaubte er Clara aber doch noch die Arbeit im »Institut Rodin« unter Aufsicht seiner Mitarbeiter.

Ein halbes Jahr lebte und arbeitete Clara Westhoff in Paris und genoss hier eine erfüllte Zeit, vor allem, nachdem Paula Becker im Januar 1900 der Freundin an die Seine gefolgt war. Gemeinsam besuchten sie Vorträge zur Anatomie, gingen in ihrer Freizeit in den Louvre, flanierten durch die Stadt oder machten kleine Ausflüge in die nähere Umgebung. Als beide im Juni 1900 nach Deutschland zurückkehrten, hatten sie eine Menge dazugelernt. Clara fühlte sich jetzt soweit, dass sie im Dorf Westerwede, etwas südlich von Worpswede, endlich ihr eigenes Atelier eröffnen konnte.

Zunächst fielen die beiden Freundinnen den Worpswedern allerdings etwas unangenehm auf. Clara Westhoff hatte nämlich den Auftrag erhalten, Engelsköpfe für die Galerie der kleinen Kirche in Worpswede zu modellieren. Clara und Paula verabredeten sich daher zu einem »Ortstermin«, fanden das Gotteshaus jedoch verschlossen vor. Lediglich die Tür zum Kirchturm ließ sich öffnen. Was also lag näher, als hinaufzusteigen und den Panoramablick von oben zu genießen, die Aussicht auf die Umgebung, von der Rilke später schrieb: *Es ist ein seltsames Land. Wenn man auf dem kleinen Sandberg von Worpswede steht, kann man es ringsum ausgebreitet sehen, ähnlich jenen Bauerntüchern, die auf dunklem Grund Ecken tief leuchtender Blumen zeigen.* Doch viel mehr als dieses *seltsame Land* mit seinen langen Birkenchausseen interessierten sich die Freundinnen offenbar für die zwei Kirchenglocken, die hoch über ihren Köpfen hingen. Da packte sie der Übermut, sie griffen sich die Seile und fingen an, die Glocken zu läuten, sodass der Klang über die ganze Gegend erschallte. Doch der Spaß fand ein jähes Ende, als plötzlich der Küster vor ihnen stand und sie aufforderte, unverzüglich vom Turm hinabzusteigen. Unten angekommen, erwartete Clara und Paula eine aufgebrachte Menschenmenge, denn die Worpsweder hatten fälschlicherweise geglaubt, der Feueralarm sei ausgelöst worden. Dieser Unfug sollte Folgen haben, denn der Kirchenvorstand verlangte von den Übeltäterinnen ein Bußgeld von je 100 Mark. Doch weil in den Geldbörsen der jungen Damen chronische Ebbe herrschte, einigte man sich schließlich auf einen Kompromiss: Clara sollte auf das Honorar für die acht Engelsköpfe verzichten, während Paula die Galerie mit Girlanden und Sonnenblumen bemalen sollte. Das schöne Ergebnis dieser Bußaktion können Besucher noch heute in der Worpsweder Kirche bewundern.

## »Keine darf sich je dem Dichter schenken.« – Rainer Maria Rilke in Worpswede

Bei den Worpsweder Künstlerkollegen stieß der dumme Streich zwar auf wenig Verständnis, konnte aber das gute Einvernehmen nicht dauerhaft beeinträchtigen. Selbstverständlich wurden Clara und Paula auch weiter zu den sommerlichen Künstlerfesten eingeladen, die in der Regel auf Vogelers idyllisch gelegenem »Barkenhoff« stattfanden. Im August 1900 kamen zwei neue Gäste hinzu: Der eine war der Schriftsteller Carl Hauptmann (1858–1921), ein Freund von Otto Modersohn und Bruder des berühmten Gerhart Hauptmann, einem der führenden Begründer des Naturalismus. Der zweite Besucher hieß Rainer Maria Rilke (1875–1926), ein damals noch weitgehend unbekannter junger Dichter, der nach etwas Ablenkung suchte und seinem bisherigen Leben eine neue Wendung geben wollte. Er hatte sich gerade von der deutsch-russischen Schriftstellerin Lou Andreas-Salomé getrennt (1861–1937), die er 1897 in München kennengelernt hatte. Gemeinsam mit ihr (und ihrem Ehemann) war er eine Zeit lang durch Russland gereist, war in Moskau und St. Petersburg gewesen, und seitdem völlig fasziniert von dem riesigen Land und seinen Bewohnern, die durch den orthodoxen Glauben eng miteinander verbunden waren. Nach der Rückkehr aus Russland Anfang August 1900 hatte sich das innige Verhältnis zu Lou Andreas-Salomé jedoch spürbar abgekühlt. Rilke, an einem Wendepunkt angekommen, zögerte daher nicht lange, als ihn der befreundete Maler Heinrich Vogeler einlud, den Rest des Sommers in Worpswede zu verbringen. Die beiden hatten sich im Frühjahr 1898 in Florenz kennengelernt und später hatte Vogeler Rilkes Gedichtband »Mir zur Feier« illustriert. Rilke fühlte sich im anregenden Worpsweder Kreis schon bald recht heimisch, während die Maler von diesem seltsamen Dichter, der immer nur in russischer Kleidung auftrat, doch etwas irritiert waren. Das verwirrte auch Vogelers Haushälterin, wie er später in seinen Erinnerungen schrieb: *Sie hatte ein sonderbares Entsetzen vor dem eigentümlichen Gast, vor allem, wenn er in der umgürteten grünen Rubaschka und mit den bunt applizierten roten Tatarenstiefeln an den Füßen durch den Garten ging …*

Keine Frage, Rilke galt in der eher bürgerlich geprägten Künstlerkolonie Worpswede als exotische Erscheinung, die alle Blicke auf sich zog, auch die der 21-jährigen Clara Westhoff. Er hat diese exponierte Stellung sichtlich genossen und wohl nur bedauert, dass er in diesem Sommer nicht der einzige »Star« auf dem »Barkenhoff« war, sondern mit Carl Hauptmann einen – wenn auch weniger auffallenden – Konkurrenten hatte.

Von Clara Westhoff und ihrer Freundin Paula Becker fühlte sich Rilke zunächst gleichermaßen angezogen, schwärmte von ihren *lachheißen Wangen* und genoss die Augenblicke, wenn beide zu Besuch auf dem »Barkenhoff« waren und andächtig seinen Gedichten lauschten. Ergriffen von der Anmut der jungen Frauen, die man *schauen muss wie wachsende Blumen,* wollte er deren »Geheimnis« aber bewahren und nicht durch eine erotische Komponente zerstören:

*Keine darf sich je dem Dichter schenken / wenn sein Auge auch um Frauen bat / denn er kann euch nur als Mädchen denken / das Gefühl in euren Handgelenken / würde brechen von Brokat / Lasst ihn einsam sein in seinem Garten / wo er euch wie Ewige empfing / auf den Wegen, die er täglich ging / bei den Bänken, welche schattig warten / und im Zimmer, wo die Laute hing ...*

Rilke sah Clara und Paula zunächst als Einheit, *nicht allein für sich, neben anderen und immer eingefügt in das Land und in große himmlische Zusammenhänge.* Doch noch mehr als von der stillen und zurückhaltenden Clara scheint er von Paula Becker fasziniert gewesen zu sein. Mit ihr konnte er sich viel besser über die Fragen austauschen, die ihm unter den Nägeln brannten: Ist ein Künstler überhaupt für ein bürgerliches Leben geschaffen? Und wird er durch die Liebe und menschliche Bindungen nicht zwangsläufig an seiner künstlerischen Arbeit gehindert? Für sich selbst hat Rilke diese Frage eindeutig bejaht: *Denn irgendwo ist eine alte Feindschaft zwischen dem Leben und der großen Arbeit,* schrieb er nach dem Tod von Paula Modersohn-Becker in seinem »Requiem für eine Freundin« (1908). Wahre Liebe, das hieß für Rilke nicht Ehe und Zusammenleben, sondern seiner Ansicht nach äußerte sie sich darin, *dass einer den anderen zwingt, etwas zu werden, unendlich viel zu werden, das Äußerste zu werden, wozu seine Kräfte reichen ...*

Für die eher stille Clara war es unter diesen Umständen nicht einfach, Rilkes Aufmerksamkeit auf sich zu ziehen. Eine erste gute Gelegenheit ergab sich nach einer Abendgesellschaft bei Fritz Overbeck im September 1900. Anstatt auf schnellstem Wege nach Hause zu fahren, beschloss Clara, ihr Fahrrad zu schieben und Rilke noch ein Stück zu begleiten. Der gemeinsame Weg schien beiden gefallen zu haben, denn der Dichter kehrte nicht gleich zum »Barkenhoff« zurück, sondern brachte Clara noch bis nach Hause. Wir wissen leider nicht, worüber sich die beiden unterhalten haben, aber sie müssen sich an diesem Abend wohl nähergekommen sein. Wenige Tage später reisten sie zusammen mit den Worpsweder Freunden nach Hamburg, um der Aufführung von Carl Hauptmanns Schauspiel »Ephraims Breite« beizuwohnen. Als Clara und Rilke am nächsten Abend an der Alster spazieren gingen, soll sich folgende Begebenheit zugetragen haben: Plötzlich tauchte aus der Dunkelheit ein prachtvoller Schwan auf, kam ganz nah, hob den Kopf und schaute das Paar an. Clara flüsterte: *Es ist so, als ob er uns etwas sagen will*, worauf Rilke erwiderte: *Ja, es bedeutet etwas. Wir dürfen es nicht vergessen. Es ist ein Rätsel wie im Märchen. Eines Tages werden wir die Auflösung kennen.*

War es vielleicht des Rätsels Lösung, dass sich beide ineinander verliebt hatten? Am 27. September 1900 schrieb Rilke jedenfalls in sein Tagebuch: *Da entschloss ich mich, in Worpswede zu bleiben.* Tatsächlich hatte er bereits ein Haus gemietet, in dem er wohnen wollte. Doch Rilke blieb nicht. Nur eine Woche später, am 5. Oktober, packte er heimlich seine Sachen und reiste, ohne sich zu verabschieden, im Morgengrauen ab. Warum? In einem kurzen Brief entschuldigte er sich eher vage mit einer geplanten Russlandreise. Er habe früh in Berlin sein müssen und daher keine Zeit gefunden, sich vorher zu verabschieden. Besonders glaubwürdig klingt das nicht, zumal diese

Reise niemals stattfand. An Clara schrieb er am 18. Oktober, er habe nach der Hamburg-Reise erkannt, dass er für das Leben in Worpswede noch nicht reif sei, obwohl all seine Sehnsucht dorthin weise. Erst müsse er seine Arbeit tun. Gewiss konnte sich Clara auf diese rätselhafte Erklärung keinen Reim machen. Hatte der Dichter plötzlich Angst vor der eigenen Courage bekommen? Was wollte Rilke wirklich? Paula vielleicht? Doch die, das hatte sie Clara erst kürzlich gestanden, war seit geraumer Zeit in den verwitweten Maler Otto Modersohn verliebt.

## Völlig überraschende Hochzeit

Trotz allem riss der Kontakt zwischen den Künstlern nicht ab. Im Januar 1901 besuchten Clara und Paula den Dichter in Berlin. Die Abende verbrachten die beiden Frauen meist zusammen mit Rilke in seiner kleinen Wilmersdorfer Wohnung, in der er seit 1897 lebte. Tagsüber nahmen sie jedoch das vielfältige kulturelle Angebot der Großstadt wahr, gingen in Museen, Konzerte, Theateraufführungen. Es hat aber den Anschein, als hätten die wenigen gemeinsamen Stunden ausgereicht, um die Vertrautheit zwischen Clara und Rainer Maria Rilke nicht nur neu zu beleben, sondern auch emotional zu vertiefen. Einzelheiten sind darüber nicht bekannt, aber am 15. Februar 1901 verkündeten beide der völlig verblüfften Paula Becker, sie hätten sich verlobt. Paula fiel aus allen Wolken. Warum hatte die Freundin sie nicht ins Vertrauen gezogen und von ihren Gefühlen gesprochen, so wie sie ihr selbst ihre Liebe zu Otto Modersohn anvertraut hatte? Aber auch Rilke hatte kein Wort gesagt, obwohl beide doch so vertraut miteinander schienen. In einem Brief an den Dichter drückte Paula Becker aus, wie verletzt sie war: *Als ich gestern bei Ihnen beiden im Zimmer stand, war ich weit, weit ferne von Ihnen Beiden. Und es überfiel mich eine große Traurigkeit, die auch heute über mir lag und mein Lebensmütlein dämpfte. Heute im Schlaf aber ist sie von mir gewichen. Nun freue ich mich … über Sie und reiche Ihnen die Hand.*

In einem Gespräch mit der Freundin meinte Clara nur lakonisch, sie wisse selbst nicht, wie es dazu gekommen sei. Zwei Wochen vorher hätte sie noch geschworen, es sei lediglich Freundschaft gewesen.

Auch die Worpsweder Freunde reagierten verblüfft, zumal Clara Westhoff und Rainer Maria Rilke schon rein äußerlich im krassen Gegensatz standen: *Es war ein seltsam ungleiches Paar,* erinnerte sich Claras Freund, der Schriftsteller Rudolf Alexander Schröder (1878–1962). *Die junge Frau ein stolzes hochgewachsenes Menschenkind … anzuschauen wie ein übervoller Kirschbaum, der Mann in allem das Gegenteil, in allem Äußeren völlig unscheinbar. Neben der Frau erschien er klein.*

Mit der Hochzeit konnte das Paar trotzdem nicht lange warten, denn schon nach kurzer Zeit merkte Clara, dass sie schwanger war. Sie heirateten also am 28. April 1901 in ihrem Bremer Elternhaus im engsten Familienkreis. Was die Westhoffs von ihrem Schwiegersohn hielten, ist leider nicht überliefert.

Weil Rilke nach einer erst gerade überstandenen Scharlacherkrankung noch nicht wieder ganz auf den Beinen war, spendierte Claras Großmutter dem frischgebackenen Ehepaar einen Flitterwochen-Aufenthalt an einem etwas kuriosen Ort: dem bekannten Psychiatrischen Sanatorium »Weißer Hirsch« von Dr. Heinrich Lahmann, wo sich vor dem Ersten Weltkrieg zahlreiche Prominente zum erholsamen Kuraufenthalt einfanden.

Ende Mai 1901 begann dann der Ehealltag mit dem Einzug in ein idyllisches altes Häuschen in Westerwede, strohgedeckt und mit Efeu bewachsen. Clara Rilke-Westhoff richtete sich hier ihr Atelier ein, ihr Mann bekam ein ruhiges Arbeitszimmer zum Schreiben. Beide stürzten sich in die Arbeit, wohl wissend, dass es mit der Ruhe vorbei sein würde, wenn erst das Baby auf der Welt war. Inzwischen waren auch Paula Becker und Otto Modersohn vor den Traualtar getreten, doch der Kontakt zwischen den Künstlerpaaren war längst nicht mehr so eng wie zuvor.

## »Ein Vogel, dem man die Flügel geschnitten« – Clara als Ehefrau

Schon mit der Geburt von Tochter Ruth, die am 12. Dezember 1901 das Licht der Welt erblickte, begann es in der Ehe zu kriseln. Rilke war für das bürgerliche Leben einfach nicht geschaffen und wollte es auch gar nicht sein. Hinzu kam, dass ihn massive existenzielle Ängste plagten, nun, da er für seine kleine Familie sorgen musste. Der 26-Jährige war kaum in der Lage, die 250 Mark pro Monat aufzubringen, die der bescheidene Lebensunterhalt kostete. Ohne die finanzielle Unterstützung von Claras Eltern hätte es sicherlich bitter ausgesehen. Eher widerwillig bemühte sich Rilke um eine »Brotarbeit«, verfasste verschiedene Rezensionen für das »Bremer Tageblatt« und begann gleichzeitig mit einer Monografie über Worpswede, einer Auftragsarbeit, die sich mit den Werken der dort lebenden Künstler befassen sollte, sich aber nur auf die fünf männlichen Maler beschränkte.

Doch Geldsorgen waren nicht das einzige Problem, mit dem die Rilkes zu kämpfen hatten. Es kam zu ernsthaften Spannungen zwischen den beiden sensiblen Künstlernaturen und nach nur einem Jahr war die Ehe praktisch am Ende. Rilke fühlte sich von allem erdrückt und war davon überzeugt, dass er für seine künstlerische Weiterentwicklung unbedingt die Einsamkeit benötigte oder anders ausgedrückt: seine Unabhängigkeit. Das aber war mit Claras Ansprüchen und den Bedürfnissen der kleinen Ruth kaum in Einklang zu bringen. Familienleben und Kindergeschrei gingen ihm schlicht und einfach auf die Nerven.

Clara tat das, was sie in Krisensituationen stets zu tun pflegte: Sie zog sich in sich selbst zurück. Freundin Paula sah sie nur noch selten, denn worüber hätte sie mit ihr reden sollen? Ihren Kummer hat Clara Rilke-Westhoff stets mit sich selbst ausgemacht. Wie unglücklich sie in Wirklichkeit war, konnte auch Otto Modersohn bei einem Besuch Anfang 1902 feststellen: *Wie hat sie ihre ganze Individualität eingebüßt. Wo sie vor einem Jahr tobte, in ihrem einfachen bäuerlichen Kram saß, zwanglos und ungeschlacht – da sitzt sie nun, ein Vogel, dem man die Flügel geschnitten, still in ihrem Sessel, in einem kühl, äußerst pedantisch, übermäßig ordentlichen Zimmer …* Äußere Ordnung als Waffe gegen das innere Chaos?

Für Rilke gab es jedenfalls nur einen Ausweg: Er musste der klaustrophobischen Enge von Worpswede unbedingt entfliehen. Da überraschte ihn im Mai 1902 das Angebot, eine Biografie über den französischen Bildhauer Auguste Rodin zu schreiben und deshalb für längere Zeit nach Paris zu gehen. Damit bot sich aber auch für Clara die unerwartete Möglichkeit, ihre Studien bei Rodin fortzusetzen. Doch vorher hatte sie eine andere, ausgesprochen undankbare Aufgabe zu erledigen: Sie musste den Haushalt in Westerwede auflösen, Möbel, Bilder und Bücher, von denen sie sich nicht trennen wollte, im Ferienhaus ihrer Eltern in Oberneuland bzw. auf Vogelers geräumigem »Barkenhoff« deponieren. Rilke erwies sich dabei als wenig hilfreich: Schon am 30. Mai 1902 reiste er aus Westerwede ab und folgte der Einladung des Prinzen und der Prinzessin Schönaich-Carolath, die Sommermonate auf Schloss

Haseldorf bei Itzehoe (Schleswig-Holstein) zu verbringen. Da sich Prinz Ernst, der Hausherr, selbst als Lyriker und Erzähler betätigte, war sein Schloss inzwischen zu einem beliebten literarischen Treffpunkt avanciert.

Derweil musste sich Clara nach nur einem Jahr von ihrem lieb gewonnenen Heim wieder verabschieden. Es muss ihr ungemein schwer gefallen sein, zumal sie einer völlig ungewissen Zukunft entgegenblickte. Ihre größte Sorge war: Würden sie in Paris überhaupt als Familie leben können, wenn sie bei Rodin arbeitete? Was sollte aus der kleinen Ruth werden?[7] Diese Frage beschäftigte auch Rainer Maria Rilke und er wandte sich mit seinem Problem sogar an die ihm bekannte schwedische Frauenrechtlerin Ellen Key, die das viel beachtete Buch »Das Jahrhundert des Kindes« veröffentlicht hatte. Rilke schilderte die schwierige Situation, in der sich Clara befand: *Sie muss nach Paris, wo sie das Glück haben wird, unter Rodins Rat zu arbeiten. Natürlich wollte sie unsere liebe Ruth mitnehmen; ein Gedanke an Trennung von ihrem Kinde kam ihr nie. Aber allmählich, bei ruhiger Überlegung, stand eine Unmöglichkeit nach der anderen auf. Wir hatten ohnehin viele kleine Sorgen und Bangnisse, nun kam noch diese große Sorge hinzu. Meine Frau wird in Paris mit sehr wenig Geld leben müssen und wird sich selbst manche Entbehrung auferlegen, um die Modelle bezahlen zu können. Ich kann ihr nicht helfen; meine Bücher und Dramen tragen nichts. Sie wird nur ein kleines Atelier mieten können, und wie soll es da mit dem Kinde sein?* Typisch Rilke: Er fragte an, ob Elly Key vielleicht jemanden wisse, der auf eigene Kosten nach Paris käme, um Ruth zu betreuen. Die Antwort war erwartungsgemäß abschlägig.

---

[7]  Leider gibt es darüber keine schriftlichen Zeugnisse von Clara Rilke-Westhoff. Sie hat verfügt, dass ihre Briefe an Rainer Maria Rilke der Öffentlichkeit nicht zur Verfügung gestellt werden dürfen.

Schweren Herzens entschloss sich Clara, die kleine Tochter während der Pariser Zeit bei ihren Eltern in Oberneuland zu lassen, wo sie sich selbst als Kind so wohl gefühlt hatte. Vielleicht würde Ruth ihre Mutter und ihren Vater ja gar nicht vermissen …

Otto Modersohn, der Clara zufällig begegnete, schrieb am 15. September 1902 in sein Tagebuch: *Heute Morgen traf ich Frau Rilke. Wie düster, wie ein schlimmes Buch wirkt deren Erzählung auf mich und Paula. Er in Paris bei Rodin – sie geht in vierzehn Tagen, wenn sie Geld hat. Kind zu den Eltern in Oberneuland, Zukunft ganz ungewiss … Wie schrecklich, erst zu heiraten, Kind zu haben und dann an den brotbringenden Beruf zu denken. Immer in Not zu sitzen!*

Während Rilke schon Ende August 1902 in Paris eintraf, folgte ihm Clara erst Anfang Oktober, nachdem sie die Auflösung des Haushalts abgeschlossen und Töchterchen Ruth schweren Herzens in die Obhut der Großeltern gegeben hatte. Doch die Ehe war auch ohne Kindergeschrei nicht mehr zu kitten und selbst die künstlerische Arbeit konnte die beiden einander nicht mehr näherbringen. Auch wenn es nie zur Scheidung kam, so gingen Clara und Rainer Maria Rilke von nun an getrennte Wege, die sich zwar immer wieder kreuzten, doch nie mehr wirklich zusammenfanden.

## Die herumirrende Künstlerin

In Paris stürzten sich Clara und ihr Mann in die Arbeit, wohl nicht nur, weil der 62-jährige Rodin auf Rilkes Frage, wie man denn als Künstler leben solle, geantwortet hatte: *Man muss arbeiten, nichts als arbeiten und Geduld haben.* Selbst als Paula Modersohn-Becker im Februar 1903 nach Paris kam, um ihre alte Gefährtin zu besuchen und die Freundschaft wieder neu zu beleben, verkroch sich Clara geradezu in ihrem Atelier und fand nur selten Zeit für gemeinsame Unternehmungen. Etwas spöttisch schrieb Paula an Otto Modersohn: *Da Rodin zu Rilkes gesagt hat: »travailler, toujours travailler« nehmen sie das wörtlich, wollen sonntags nicht mehr aufs Land gehen, sich scheinbar nicht mehr ihres Lebens überhaupt freuen.* Tatsächlich aber war Claras Flucht in die Arbeit die einzige Möglichkeit, ihre erdrückende Traurigkeit zu verdrängen. Sie vermisste die kleine Ruth ganz entsetzlich und wenn sie durch die Pariser Straßen ging, wurde sie durch jedes gleichaltrige Mädchen an ihre eigene Tochter erinnert. Trotzdem sollte es noch Jahre dauern, bis Clara und Ruth dauerhaft zusammenleben konnten.

Erst im Sommer 1903, bei einem Besuch der Eltern in Oberneuland, den sie gemeinsam mit Rilke unternahm, sah Clara ihre Tochter nach monatelanger Trennung wieder und musste erschrocken feststellen, dass das Mädchen seine Eltern gar nicht mehr erkannte. Während des Aufenthalts in Deutschland kamen sich Mutter und Kind zwar näher, der Vater aber blieb weiterhin seltsam fremd. Das lag nicht zuletzt an Rilke selbst, der zu Ruth nie den rechten Zugang fand. Nach einem Weihnachtsbesuch schrieb er 1904 an seine alte Freundin Lou Andreas-Salomé: *... schwer, das Neue aufzufassen, das Ruth ist. Schwer, ihrem lieben und prüfenden Entgegenkommen greifbar da zu sein; allzu schwer zu lieben, all jene Aufmerksamkeit, Kraft, Güte und Hingabe zu haben, aus der Liebe besteht ... Zerstreut war ich, wenn die kleine Stimme zu mir sprach, nicht bereit dafür und nicht sicher genug ...*

So wie es bei Rilke der Fall war, den es nie lange an einem Ort hielt, glich auch Claras Leben in den nächsten Jahren einer rastlosen Odyssee: Nachdem sie sich in Oberneuland von Ruth und ihren Eltern wieder verabschiedet hatte, ging sie, auf ständiger Suche nach künstlerischer Perfektion, zusammen mit

Rilke nach Rom, wo sie aber in zwei getrennten Wohnungen lebten. Claras Stimmung blieb jedoch gedrückt, sie brachte kaum eine Arbeit zu Ende, sehnte sich zurück nach Deutschland und ihrer kleinen Tochter, der sie das unstete Wanderleben einfach nicht zumuten wollte. Ruth, das wusste sie, war bei den Großeltern in Oberneuland bestens aufgehoben. Aber auch Claras Rückkehr nach Worpswede im Juni 1904, wo ihr Heinrich Vogeler ein Atelier zur Verfügung stellte, war nur vorübergehend. Finanziell gestaltete sich die Situation auch weiter aussichtslos, vor allem, nachdem Claras Vater am 13. August 1905 überraschend gestorben war und die monatliche Unterstützung künftig ausblieb.

Als Rilke im September 1905 das Angebot erhielt, für Rodin als Privatsekretär zu arbeiten und dafür 200 Francs pro Monat erhalten sollte, folgte ihm Clara erneut an die Seine: *Sie hat ihm (Rodin) ein paar ihrer neuen Arbeiten hergeschickt,* schrieb Rilke an Ellen Key. *Er hat sie ernst und aufmerksam betrachtet und von der einen, besten, schließlich gesagt: Es gibt nicht viele Bildhauer, die das können.* Sie solle zu ihm nach Paris kommen. Hier fühlte sich Clara zum ersten Mal wieder richtig wohl und schrieb begeistert an Paula Modersohn-Becker nach Worpswede: *Paris im Herbst! Es ist etwas, das Sie noch erleben müssen… Mir scheint alles wie ein großer Tanz von Schönheit, so wie nie.* Die Freundschaft der beiden Frauen, die sich seit Claras Hochzeit mit Rilke stark entfremdet hatten, lebte tatsächlich wieder auf, vor allem, nachdem Clara im März 1906 wieder nach Worpswede zurückgekehrt war – wenn auch nur für eine begrenzte Zeit. Schon Ende des Jahres unternahm sie einen erfolglosen Versuch, sich in Berlin niederzulassen, folgte Anfang 1907 der Einladung eines befreundeten Ehepaares nach Ägypten, reiste mit Rilke nach Capri, kehrte kurz nach Oberneuland zurück, um die kleine Ruth wiederzusehen, und ging anschließend erneut auf Reisen, zu denen sie von wohlhabenden Mäzenen eingeladen wurde. Mit Paula blieb sie weiterhin verbunden. Sie freute sich mit der Freundin, als sie erfuhr, dass Paula Modersohn-Becker ihr erstes Kind erwartete, Tochter Mathilde, die am 2. November 1907 zur Welt kam. Doch dann musste Clara das Entsetzliche erfahren: Als Paula nach der Geburt des Kindes zum ersten Mal das Bett verlassen hatte, war sie zusammengebrochen und an den Folgen einer Lungenembolie gestorben. Sie war nur 31 Jahre alt geworden. Clara hatte ihre einzige Freundin für immer verloren. Trauer und Schmerz hat sie – wie es ihrer stillen Art entsprach – ganz für sich allein verarbeitet.

Die heiteren Jahre von Worpswede waren ohnehin vorbei, die ehemals harmonische Künstlerkolonie begann sich aufzulösen. Der Witwer Otto Modersohn ließ sich nur ein Jahr später in Fischerhude nieder, wo er schließlich eine neue Familie gründete. Fritz Overbeck war schon 1905 nach Bremen gezogen und starb 1909 in Vegesack. Fritz Mackensen ging 1910 als Leiter der Kunstschule nach Weimar. Heinrich Vogeler blieb zwar bis zu seiner Übersiedlung in die Sowjetunion Anfang der zwanziger Jahre auf dem »Barkenhoff«, aber seine Ehe mit Martha hatte genauso wenig Bestand wie die der Rilkes.

## Vorerst angekommen

Nach Paulas Tod setzte Clara ihr rastloses Wanderleben noch eine Zeit lang fort, bis sie 1911 endlich die Möglichkeit fand, für sich und die inzwischen zehnjährige Ruth ein gemeinsames »kleines Nest« in München zu schaffen, dort, wo sie als junges Mädchen ihre »Lehrzeit« verbracht hatte. Das Berliner Verlegerehepaar Samuel und Hedwig Fischer hatte ihr hier einige lukrative Aufträge vermittelt, sodass Clara erstmals in der Lage war, ihren Lebensunterhalt weitgehend allein zu bestreiten. Aber inzwischen konnte auch Rilke seinen finanziellen Verpflichtungen als Ehemann und Vater nachkommen. In den Jahren vor dem Ersten Weltkrieg erhielt er nicht nur regelmäßige Honorarzahlungen, sondern auch erhebliche Zuwendungen von seinen diversen Gönnern. So konnte Clara endlich für die Zukunft planen.

Im Frühjahr 1912 war alles so weit vorbereitet, dass Ruth zu ihrer Mutter an die Isar ziehen konnte. Glücklich, aber auch etwas selbstkritisch, schrieb Clara an eine Freundin: *Wir haben eine kleine Wohnung, die wir sehr lieben. Wir haben sogar ein gemietetes Klavier und ein Telefon und finden es nun ganz natürlich, dass wir ein eigenes Heim haben, wo wir zuhause sind. Das habe ich nun so viele Jahre nicht gehabt und bin immer so unstet und ruhelos herumgezogen. Früher in Paris war das ja schön und hatte einen Sinn – aber den hatte es nun schon lange nicht mehr.* An ein Zusammenleben als Familie mit Rilke war freilich nicht zu denken. Der Dichter, der sich über das Scheitern seiner Ehe viele Gedanken gemacht hatte, glaubte den Grund zu kennen. Clara habe sich erst zu sehr an ihn angepasst, dann wieder zu sehr distanziert. 1912 schrieb er an Lou Andreas-Salomé: ... *weil sie entweder Ich war mit allen Kräften und dann zuviel für mich, oder mein Contre-Ich, und dann natürlich ein Advocatus diaboli, ein blasser Umkehrer und Opponent ohne Ende, ohne persönlichen Hintergrund. Was sie dabei mag gelitten haben, ist kaum auszumachen, jedenfalls war's für uns beide umsonst und aussichtslos. Die schönen Briefe, die sie mir zuzeiten schrieb, waren mein, Briefe in meinem Ton, oder sie schrieb überhaupt nicht.* Genau das war auch Paula Modersohn-Becker gleich nach Claras Hochzeit aufgefallen: *Aus ihren Worten spricht Rilke zu stark und flammend. Fordert denn das die Liebe, dass man werde wie der andere?* Aber es war der schweigsamen Clara eben nicht gegeben, ihren innersten Empfindungen mit eigenen Worten Ausdruck zu verleihen. Ihre Sprache fand sie nur in der Bildhauerei.

Als Clara Rilke-Westhoff nach den rastlosen Jahren endlich in München zur Ruhe kam, wurde ihr plötzlich bewusst, dass sie stets zu viel mit sich selbst ausgemacht und nie wirklich verarbeitet hatte. Auf Anraten von Lou Andreas-Salomé, die für Rilkes Ehefrau stets große Sympathien gehegt hatte, entschloss sich Clara zu einer psychoanalytischen Behandlung bei dem in Künstlerkreisen bekannten und beliebten Viktor Emil von Gebsattel (1883–1976), der sich seit geraumer Zeit mit der Methode Sigmund Freuds beschäftigte. Die Therapie tat Clara gut, sie scheint sich über vieles im Klaren geworden zu sein, erlangte neue Energie und Selbstsicherheit. Erfreut über diesen sichtbaren Erfolg notierte Lou Andreas-Salomé in ihr Tagebuch: *Eine der strahlendsten Münchner Erinnerungen bleibt für mich Clara als das, was sie aus sich gemacht hat.*

Auch die entbehrungsreichen Jahre des Ersten Weltkriegs verbrachten Clara und Ruth überwiegend in München. Rilke, der nach einem Kurzbesuch bei Frau und Kind eigentlich zurück nach Paris wollte, dann aber vom Kriegsausbruch überrascht wurde und nicht mehr nach Frankreich zurückkonnte, blieb ebenfalls da. Man sah sich hin und wieder am Wochenende, ansonsten aber lebte jeder sein eigenes Leben.

## In Fischerhude

Obwohl es Clara und ihrer Tochter in München gut ging, sehnte sich die Künstlerin doch nach ihrer norddeutschen Heimat und dem Rest der Familie. Mutter Johanna Westhoff und Claras jüngerer Bruder Helmuth (1891–1977) lebten inzwischen im beschaulichen Fischerhude bei Bremen. Hier, in der kleinen Künstlerkolonie an der Wümme, wo auch Otto Modersohn mit seiner Familie wohnte, wollte die inzwischen 40-jährige Clara endgültig Wurzeln schlagen. Und so entschloss sie sich, in Fischerhude-Bredenau den Bau eines eigenen kleinen Häuschens in Auftrag zu geben, das 1919 bezugsfertig wurde. Die ersten Jahre der Nachkriegszeit waren trotzdem nicht einfach. Clara musste recht sparsam wirtschaften, denn größere Aufträge waren die Ausnahme. Aber sie fühlte sich wohl in der heimatlichen Umgebung und mit den Menschen, die dort lebten. Nur ihre Tochter musste sie 1921 wieder ziehen lassen. Ruth heiratete nämlich in diesem Jahr Dr. Carl Sieber (1897–1945), zog mit ihrem Ehemann nach Thüringen und machte Clara zwei Jahre später mit der Geburt ihrer Tochter Christine zur stolzen Großmutter.

Großvater Rilke, den Clara schriftlich über das freudige Ereignis informierte, hatte sich nach einer Vortragsreise im Sommer 1919 spontan entschlossen, in der Schweiz sesshaft zu werden. Im Frühjahr 1921 hatte er eine dauerhafte Bleibe im Rhône-Tal gefunden, einen mittelalterlichen Turm aus dem 18. Jahrhundert, der vor dem Einzug noch gründlich renoviert worden war. Hier schien der ruhelose Dichter endlich seinen Frieden gefunden zu haben und vermutlich genoss er auch das stille Glück, durch seine Enkelin irgendwie weiterzuleben. Zumindest seine Besucher hatten den Eindruck, Rilke sei ausgeglichener als je zuvor gewesen. Doch schon bald stellten sich gesundheitliche Probleme ein. Als Clara zusammen mit ihrem Bruder Helmuth 1924 dem Ehemann einen letzten Besuch abstattete, fand sie ihn matt und kraftlos vor, verschiedene Kuraufenthalte brachten keine Besserung. Erst eine gründliche Untersuchung im Oktober 1925 ergab die Ursache des Leidens – und war zugleich sein Todesurteil. Rilke litt an einer seltenen Form der Leukämie, die nach dem damaligen Stand der Medizin zwangsläufig zum Tode führte. Er starb in den frühen Morgenstunden des 29. Dezember 1926 und wurde wenige Tage später auf dem Bergfriedhof von Raron im Kanton Wallis beigesetzt. Ruth Sieber-Rilke machte es sich nach dem Tod ihres Vaters zur Aufgabe, dessen literarischen Nachlass zu bewahren. Gemeinsam mit ihrem Ehemann baute sie das Rilke-Archiv in Weimar auf.

Im ländlichen Fischerhude führte Clara Rilke-Westhoff ein zurückgezogenes Leben, dessen Gleichförmigkeit nur noch von wenigen Reisen unterbrochen wurde. In den zwanziger Jahren wendete sich Clara wieder verstärkt der Malerei zu, vielleicht weil ihr Bruder Helmuth Westhoff, ein ehemaliger Schüler Otto Modersohns, diese künstlerische Laufbahn für sich gewählt hatte. *Was ist das Malen für eine schöne Sache,* erkannte sie wieder. In dieser Zeit entstanden zahllose Landschaftsbilder, die den Blick durch ihr Atelierfenster bei wechselnden Jahreszeiten zeigten, aber auch Porträts, Stillleben und Blumenbilder. Die Malerei war für Clara eine Art meditative Tätigkeit, die ihr zu Ruhe und Ausgeglichenheit verhalf. Ohnehin neigte die Künstlerin in der Mitte ihres Lebens zum Metaphysisch-Esoterischen. Die Protestantin begann sich mit dem Buddhismus zu beschäftigen, las aber auch regelmäßig in der Bibel, schöpfte offenbar Mut und Kraft aus der Religion und schloss sich später sogar der »Christian Science« an, einer aus Amerika stammenden religiösen Gemeinschaft. Deren Mitglieder sahen alles Materielle als Illusion an, betrachteten das Geistige als die eigentliche Wirklichkeit und waren überzeugt, dass der Glaube an Gott die einzige Quelle der Heilung körperlicher und seelischer Leiden war. Auf ihr künstlerisches Werk hatte Claras Hinwendung zu »Christian Science« jedoch keinerlei Einfluss.

Über die nächsten Jahre in Fischerhude ist kaum etwas bekannt, auch keine Stellungnahme der Künstlerin zum Nationalsozialismus. Doch es hat den Anschein, als habe Clara

Rilke-Westhoff auch damals in ihrer eigenen »kleinen Welt« gelebt und an den dramatischen Veränderungen, die das Hitler-Regime mit sich brachte, kaum Anteil genommen. Dass ihre 1901 geschaffene Rilke-Büste 1937 auf der Großen Deutschen Kunstausstellung in München gezeigt wurde, ist kein Indiz für etwaige Sympathien zum Nationalsozialismus, im Gegenteil. Bis zu ihrem Tod hat sich an ihrer religiös-pazifistisch geprägten Haltung nichts mehr geändert.

Schicksalsschläge verdunkelten Claras letzte Lebensjahre. Nachdem ihre Mutter, zu der sie ein sehr enges Verhältnis gehabt hatte, schon 1941 gestorben war, erlag ihr Schwiegersohn Carl Sieber 1945 einer schweren Krankheit. Am schlimmsten aber traf sie der Unfalltod ihrer Enkelin Christine. Im Dezember 1947 schrieb Clara an einen befreundeten Pastor: *Nun muss ich Ihnen noch mitteilen, dass ich in diesen Jahren unendlich bewegt bin durch ein trauriges Ereignis. Ich glaube, Sie kennen meine älteste Enkelin, die jetzt in Kiel zum Studium war. Sie war kürzlich hier zu meinem Geburtstag – und nun bekam ich die Nachricht, dass sie dort bei einem Autounfall tödlich verunglückt ist.* Doch Clara Rilke-Westhoff tat, was sie schon immer getan hatte: Sie schloss ihren Kummer ein und stürzte sich in die Arbeit.

Als sie im darauffolgenden Jahr ihren 70. Geburtstag feierte, ehrte sie das Grafische Kabinett in Bremen mit einer großen Ausstellung. So trat sie zum ersten Mal aus dem Schatten von Rainer Maria Rilke hervor und konnte sich dem Publikum als eine begabte Künstlerin präsentieren, die neben Camille Claudel und Käthe Kollwitz zu den wenigen großen Bildhauerinnen Europas gehörte.

Clara Rilke-Westhoff starb am 9. März 1954 im Alter von 75 Jahren, nachdem sie bei einem Konzertbesuch in Bremen so unglücklich gestürzt war, dass sie sich von den Verletzungen nicht mehr erholte. Auf dem Friedhof vor den Toren von Fischerhude fand sie im Familiengrab ihre letzte Ruhe-stätte.

Eigentlich wäre es langsam an der Zeit, den Werken von Deutschlands erster bedeutender Bildhauerin ein eigenes Museum zu widmen.

# »Ich empfinde meine Ehe als Zwang«

## Alma Mahler (1879–1964) und Franz Werfel

Seit drei Jahren herrschte Krieg. Noch ahnten wohl die Wenigsten, dass die alte Welt der Donaumonarchie bereits dem Untergang geweiht war. In Wien ging das gesellschaftliche Leben trotz kriegsbedingter Einschränkungen weitgehend seinen gewohnten Gang. Man besuchte Theateraufführungen, Soireen und Konzerte oder traf sich abends in privatem Kreis zum Diskutieren und Musizieren. Auch die inzwischen 38-jährige Alma, geborene Schindler, verwitwete Mahler, verheiratete Gropius, suchte dringend nach ein wenig Zerstreuung, vielleicht sogar nach dem »Kick«, der sie aus dem eintönigen Alltag herausreißen konnte. Ihre Ehe mit dem Architekten Walter Gropius, der als Soldat in Russland eingesetzt war und nur hin und wieder nach Wien auf Fronturlaub kam, stand bereits damals kurz vor dem Ende: *Meine sporadische Verliebtheit in Walter – wenn er bei mir ist – ist mir nachher manchmal ein Ärgernis,* hatte sie erst kürzlich in ihr Tagebuch notiert. Sie fand den protestantischen Preußen inzwischen ausgesprochen »fad«. Vielleicht würde es ja einem anderen Mann gelingen, ihr die quälende Langeweile zu vertreiben.

Auf einer Abendgesellschaft machte Alma im November 1917 Bekanntschaft mit dem jungen Prager Schriftsteller Franz Werfel (1890–1945), der expressionistische Gedichte verfasste und bereits mehrere Lyrikbände herausgegeben hatte. Besonders attraktiv fand sie ihn allerdings nicht: *Werfel ist ein O-beiniger, fetter Jude mit wülstigen Lippen und schwimmenden Schlitzaugen!*, heißt es im Tagebuch der Wiener Katholikin. Und doch muss sie irgendwie Gefallen an ihm gefunden haben, denn an den folgenden Abenden war Werfel des Öfteren zu Gast in Almas Wohnung in der Wiener Elisabethstraße. Dann setzte sich die Dame des Hauses ans Klavier, während Werfel sein musikalisches Talent als Sänger unter Beweis stellte. Was Alma jedoch besonders anziehend fand, war Werfels ausgesprochen witzige und geistreiche Art, durch die er sich so grundlegend von dem eher nüchternen und etwas steifen Walter Gropius unterschied. Es dauerte nicht lange, bis beide heftig ineinander verliebt waren – und Alma wieder einmal zwischen zwei Männern stand: eine prickelnde und aufregende Situation, die schon in ihrem Elternhaus eine gewisse Tradition zu haben schien.

## Atmosphärische Störungen im Hause Schindler

Die Familie war nicht gerade auf Rosen gebettet, als Alma Schindler am 31. August 1879 in Wien geboren wurde. Vater Emil Jakob Schindler (1842–1892), ein noch weitgehend unbekannter Maler, hatte reichlich Mühe, die Familie finanziell über Wasser zu halten, zumal auch seine Frau Anna, geborene Berger (1857–1938), die aus einer verarmten Hamburger Brauereifamilie stammte, nichts zum Familieneinkommen beisteuern konnte. Man schlug sich mehr schlecht als recht durch. Kritisch wurde es jedoch – und zwar in mehrfacher

Hinsicht –, als Emil Jakob Schindler kurz nach Almas Geburt an Diphterie erkrankte und keine Aufträge mehr annehmen konnte. Was freilich noch schlimmer war: Als er nach seiner Genesung und einem längerem Kuraufenthalt auf Borkum endlich nach Wien zurückkehren konnte, musste er feststellen, dass seine Frau wieder ein Kind erwartete – allerdings von einem anderen Mann: Sein Malerkollege Julius Victor Berger (1850–1902), der vorübergehend mit Schindlers unter einem Dach lebte, hatte die Abwesenheit des großzügigen Hausherrn zu einer Affäre mit dessen Gattin genutzt. Doch Schindler hielt es wohl für das Beste, die Sache auf sich beruhen zu lassen, und erkannte die kleine Margarethe[8], die im August 1880 das Licht der Welt erblickte, als sein eigenes Kind an.

Alma war natürlich noch viel zu klein, um etwas von den familiären Turbulenzen mitzubekommen, doch dass es in ihrem Elternhaus diffuse atmosphärische Störungen gab, wird sie instinktiv gespürt haben. Zur Mutter entwickelte sie schon früh eine gewisse Distanz, während der Vater zum »Fels in der Brandung« wurde, der dem Kind Halt und Orientierung geben konnte. Als Alma zwei Jahre alt war, gelang Emil Jakob Schindler endlich der künstlerische Durchbruch. Die Auszeichnung mit dem gut dotierten Reichel-Preis 1881 spülte nicht nur dringend benötigtes Geld in die leere Familienkasse, sie machte den Maler auch mit einem Schlag bekannt. Das bedeutete, dass es künftig nicht nur lukrative neue Aufträge geben würde, es meldeten sich auch etliche Schüler, die bei Schindler die Malerei erlernen wollten. Die sichtlich entspannte finanzielle Situation ermöglichte der Familie den

---

[8]  Margarethe Julie Schindler (1880–1942) heiratete 1900 den Maler Walter Legler und bekam mit ihm einen Sohn. Seit 1911 litt sie an einer psychischen Erkrankung, *Dementia praecox*, möglicherweise einer Form von Schizophrenie. Fortan lebte sie in verschiedenen »Sanatorien« und fiel 1942 vermutlich dem »Euthanasie«-Programm der Nationalsozialisten zum Opfer.

Umzug in eine größere und komfortablere Wohnung in der Mariahilferstraße, die den beiden Mädchen reichlich Platz zum Spielen bot und über ein geräumiges Gästezimmer verfügte. Hier zog im Herbst 1881 der 20-jährige Carl Moll (1861–1945) ein, der nicht nur Schindlers Malschüler, sondern auch so etwas wie der Hausfreund der Familie war. Es kam, wie es scheinbar kommen musste: Schon nach kurzer Zeit waren Anna Schindler und der vier Jahre jüngere Moll ein Liebespaar. Nach außen blieb der familiäre Frieden zwar gewahrt, doch ein ungutes Gemisch aus Lügen, Heimlichkeiten und verbotenen Gefühlen wurde für Alma von nun an zur Normalität.

Ein regulärer Schulunterricht der beiden Töchter schien einer unkonventionellen Familie wie den Schindlers wohl entbehrlich zu sein. Diese Aufgabe übernahm Mutter Anna, wenngleich sie nur über begrenzte pädagogische Fähigkeiten verfügte. Doch so war die Familie wenigstens völlig frei von äußeren Zwängen. Als Emil Jakob Schindler 1887 von Kronprinz Rudolf den Auftrag erhielt, Aquarelle der dalmatinischen Küstenorte zu zeichnen, konnten ihm Frau und Kinder problemlos an die Adria folgen. Alma war es gleichgültig, wo die Familie gerade lebte, Hauptsache, sie konnte ihrem Vater nahe sein. Deshalb wurde sie kurz vor ihrem 13. Geburtstag völlig aus der Bahn geworfen. Während die Schindlers im Sommer 1892 einen erholsamen Sommerurlaub auf der Insel Sylt verbringen wollten, fühlte sich der Maler ausgesprochen unwohl. Möglicherweise versäumte er es, einen kompetenten Arzt aufzusuchen, der das Schlimmste noch hätte verhindern können. Am 9. August starb Emil Jakob Schindler an den Folgen einer verschleppten Blinddarmentzündung.

## Ein Kuss von Gustav Klimt

Für Alma brach eine Welt zusammen. Der Vater war der Dreh-
und Angelpunkt ihres Lebens gewesen, der einzige Mensch,
der ihr irgendwie Halt geben konnte. Nun hatte sie ihren »Fels
in der Brandung« für immer verloren und wusste nicht so
recht, wie es in Zukunft mit ihr weitergehen sollte.

Die verwitwete Anna Schindler tröstete sich derweil mit
ihrem Geliebten und heiratete Carl Moll nach einer angemes-
senen »Trauerzeit« im November 1895. Für Alma aber brachte
die zweite Ehe ihrer Mutter keine neue Stabilität, im Gegenteil. Das Verhältnis zu ihrem jungen Stiefvater war und blieb
ausgesprochen frostig, obwohl er die beiden Schindler-Mäd-
chen adoptiert hatte.

Carl Moll, Mitbegründer der Wiener Secession, war inzwischen zu einem bekannten Maler avanciert, was auch in finanzieller Hinsicht seinen Niederschlag fand. Neuer Wohnsitz der
Familie wurde ein größeres Haus in der Theresianumgasse,
das sich bald zum beliebten Treffpunkt der Wiener Künstlerszene entwickelte. Die anregende Atmosphäre im Kreis von
Malern, Schriftstellern und Architekten, die miteinander dis-
kutierten, musizierten, aber ebenso gern aßen und tranken,
war jetzt auch Almas Welt und prägte die Heranwachsende
maßgeblich.

Zu den Gästen, die damals im Hause Moll ein- und ausgingen, gehörte auch der Maler Gustav Klimt (1862–1918), einer
der bekanntesten Vertreter des Wiener Jugendstils. Mit seinem ungepflegten Bart und den langen Gewändern, die er zu
tragen pflegte, war Klimt eine ungewöhnliche Erscheinung,
die die inzwischen 17-jährige Alma Schindler gleichwohl tief
beeindruckte. Er mochte vielleicht kein Traumprinz sein, doch
die männliche Aura, die er verströmte, zog Alma auf geheim-

nisvolle Weise an. Als Mutter Anna merkte, dass sich ihre Tochter allem Anschein nach in Klimt verliebt hatte, suchte sie nach Mitteln und Wegen, ihr den notorischen Weiberhelden auszureden. Aber natürlich fielen die mütterlichen Mahnungen nicht gerade auf fruchtbaren Boden, vermutlich erreichten sie sogar eher das Gegenteil. Davon abgesehen war Anna Moll als sittliche und moralische Autorität auch nicht gerade besonders glaubwürdig.

Als Familie Moll kurze Zeit später Urlaub in Italien machte, folgte ihnen Klimt unverzüglich und begann einen heftigen und heimlichen Flirt mit Alma. Das junge Mädchen bekam von ihm den ersten Kuss seines Lebens, und möglicherweise wäre noch mehr daraus geworden, hätte Alma nicht den Fehler begangen, ihre kleine Liebesgeschichte dem Tagebuch anzuvertrauen – um es dann irgendwo liegen zu lassen. Als Anna Moll die vertraulichen Zeilen las, die ihre Tochter geschrieben hatte, kam es zum Eklat. Sie nahm sich Gustav Klimt zur Brust und untersagte ihm ausdrücklich, sich Alma ein weiteres Mal zu nähern. Das zeigte Wirkung, zumal der Künstler auch keine Lust hatte, seinen Freund Carl Moll wegen eines belanglosen Flirts mit dessen Stieftochter zu verprellen. Frauen gab es schließlich wie Sand am Meer …

Für Alma jedoch bedeutete die erzwungene Zurückweisung durch Klimt eine tiefe Kränkung, die auch weiter an ihrem Ego nagte: *Er hat mich kampflos aufgegeben, er hat mich verraten*, schrieb sie wütend in ihr Tagebuch.

## Antisemitische Züge

Almas Verhältnis zur Mutter war noch nie völlig unbelastet gewesen, doch nachdem Anna Moll jetzt sogar die »erste Liebe« ihrer Tochter zerstört hatte, verspürte Alma beinahe so etwas wie Hass. Dabei hatte sie das missglückte »italienische Abenteuer« schon fast wieder vergessen. Mehr denn je vermisste sie aber ihren verständnisvollen Vater, der ihr, da war sie ganz sicher, niemals so hinterhältig in den Rücken gefallen wäre. So wie die Mutter ihren Ehemann betrogen hatte, so hatte sie nun auch die eigene Tochter hintergangen. Alma steigerte sich dermaßen in ihren maßlosen Zorn hinein, dass sie sogar einen hysterischen Anfall bekam, als sie erfuhr, dass Anna Moll erneut schwanger war. Maria, die dritte Tochter, kam dann auch ausgerechnet am 9. August 1899 zur Welt, dem Todestag von Emil Jakob Schindler. Durch die Geburt der Halbschwester verstärkte sich Almas Gefühl, nicht wirklich dazuzugehören, fremd in der eigenen Familie zu sein. Auch die 20-Jährige suchte noch immer dringend nach festem Halt, einen Halt, den ihr vielleicht nur ein Mann bieten konnte, der sich in sie verliebte.

Während Almas schulische Erziehung, die inzwischen von diversen Hauslehrern bewältigt wurde, keine großen Erfolge erzielte, wurde ihr musikalisches Talent von der Familie nachdrücklich gefördert. Schon früh lernte sie Klavier und wurde seit 1895 auch in Komposition unterrichtet. Wirklichen Ehrgeiz entwickelte Alma jedoch nicht, vielleicht, weil es ihr an weiblichen Vorbildern mangelte. Allerdings hat sie der Nachwelt einige von ihr komponierte Kunstlieder hinterlassen.

Im Frühjahr 1900 wurde der 28-jährige Komponist Alexander von Zemlinsky (1871–1942) Almas neuer Lehrer, *eine Karikatur* – wie es in ihrem Tagebuch heißt – *kinnlos, klein, mit herausquellenden Augen.* Aber – ein seltsames Muster in Almas Leben – sie verliebte sich in diesen unattraktiven Mann mit jüdischen Wurzeln, um ihn zu locken und gleichzeitig zu erniedrigen. Auch Zemlinsky fand zunächst großen Gefallen an seiner attraktiven Schülerin. Doch während er an ihren Lippen hing, machte sich Alma über ihn lustig, spottete über sein Aussehen, fand ihn hässlich und prahlte, sie könne mit Leichtigkeit »zehn andere Männer« haben. Trotzdem spielte sie – zum Entsetzen der Mutter – sogar mit dem Gedanken an eine Ehe mit Zemlinsky, rückte von der Vorstellung aber wieder ab, weil sie in diesem Fall *kleine degenerierte Judenkinder zur Welt bringen* müsse. Zemlinsky selbst war wohl klug genug, schon bald wieder auf Abstand zu seiner überspannten Schülerin zu gehen.

Wie aber lässt sich Almas abstoßendes Verhalten erklären, ganz abgesehen von ihrem offenen Antisemitismus? Judenhass war im Wien der Jahrhundertwende durchaus gesellschaftsfähig. Dr. Karl Lueger von der Christlichsozialen Partei, von 1897 bis 1910 Bürgermeister von Wien, ein Mann, der mit seiner judenfeindlichen Einstellung auch Adolf Hitler maßgeblich beeinflusst hat, galt in der österreichischen Hauptstadt als ausgesprochen populär. Er hatte ein enormes Talent zur Selbstinszenierung und liebte den großen Auftritt über alles. Schon 1890 bediente er antisemitische Ressentiments: *In Wien gibt es doch Juden wie Sand am Meer, wohin man geht, nichts als Juden, geht man ins Theater, nichts als Juden, geht man auf die Ringstraße, nichts als Juden, geht man in den Stadtpark, nichts als Juden …*

Doch wenn Alma so auf die Juden herabsah, warum hat sie sich dann fast ausschließlich in Juden verliebt, sofern man überhaupt von wirklicher Liebe sprechen kann? Die Ursache ist möglicherweise in ihrer eigenen Unsicherheit zu suchen, dem fehlenden Halt in ihrem Leben. Menschen, die in frühen

Jahren genügend »Nestwärme« mitbekommen, die sich geliebt und geborgen fühlen, fällt es meistens leichter, anderen »auf Augenhöhe« zu begegnen. Das war bei Alma nicht der Fall. Und so nutzte sie ihre vermeintliche »arische Überlegenheit« als Waffe und Machtinstrument, kompensierte ihre eigenen Minderwertigkeitskomplexe, indem sie andere klein machte. Das sollte sich auch in Zukunft nicht ändern. Anstatt zu lieben, wollte Alma Macht ausüben.

## Hochzeit mit Gustav Mahler

Aber dann schien Alma doch noch den »Mann fürs Leben« gefunden zu haben. Auf einer Abendveranstaltung im November 1901 lernte sie Gustav Mahler (1860–1911) kennen, den Direktor der Wiener Hofoper. Auch Mahler hatte jüdische Wurzeln, war allerdings zum Protestantismus konvertiert. Beide wurden rasch ein Paar und verlobten sich nur zwei Wochen später, am 23. November. Es ist nicht ganz klar, was Alma wirklich für den 19 Jahre älteren Komponisten empfunden hat. Möglicherweise trat der etablierte, beruflich erfolgreiche Mahler just zu dem Zeitpunkt in ihr Leben, an dem sie vorhatte, ihr Elternhaus so schnell wie möglich zu verlassen. Dass die Mutter alles tat, um ihr die Verbindung auszureden, wird Alma in ihrer Entschlossenheit nur noch bestätigt haben. Aber auch Bruno Walter, damals Kapellmeister an der Hofoper, stand der geplanten Ehe äußerst skeptisch gegenüber: *Er ist 41 Jahre alt und sie 22,* heißt es in einem Brief an seine Eltern, *sie eine gefeierte Schönheit, gewohnt an ein glänzendes gesellschaftliches Leben, er so weltfern und einsamkeitsliebend, und so könnte man noch eine Menge Bedenken dafür anführen.* Auch Mahler selbst war sich nicht sicher, ob Alma vielleicht nicht doch zu jung für ihn wäre. Doch mochte er auch seine Zweifel haben, mochten Freunde und Familie berechtigte Einwände gegen die Hochzeit vorbringen, verhindern ließ sie sich nicht. Am 9. März 1902 traten Alma Schindler und Gustav Mahler in der Wiener Karlskirche vor den Traualtar.

Alma hatte ihren Kopf durchgesetzt und sich aus der Abhängigkeit vom Elternhaus befreit. Doch um welchen Preis? Bislang hatte sie ein ausgesprochen unterhaltsames und abwechslungsreiches Leben geführt, reich an glanzvollen gesellschaftlichen Ereignissen. Nun musste sie die Pflichten einer Hausfrau übernehmen, selbst wenn ihr ausreichend Dienstpersonal zur Verfügung stand. Mahler verlangte von seiner Frau, dass sie sich dem festen Korsett seines Tagesablaufs unbedingt unterordnete. Wenn er mittags von der Oper nach Hause kam, dann musste das Essen pünktlich auf dem Tisch stehen, und während der Mahlzeit durfte nicht gesprochen werden. Zog sich Mahler in sein Arbeitszimmer zurück, dann wollte er auf keinen Fall gestört werden. Gleichförmigkeit und Routine bestimmten den Alltag im Hause Mahler. Glücklich war Alma in ihrem neuen Leben nicht. *Ach, wenn er doch jünger wäre! Im Genießen jünger,* lautete ein Eintrag in ihrem Tagebuch.

Es dauerte nicht lange, bis Alma feststellte, dass sie schwanger war. Nach einer schweren Geburt brachte sie am 2. November 1902 die Tochter Maria zur Welt, die wegen ihres drolligen Aussehens »Putzi« genannt wurde. Während Gustav Mahler die kleine Putzi von Anfang an vergötterte, hatte Alma Schwierigkeiten, das Neugeborene anzunehmen. Sie litt an postnatalen Depressionen, wuchs nur widerwillig in die Mutterrolle hinein und es gelang ihr auch später nicht, eine liebevolle Beziehung zu ihrem Kind aufzubauen. Dass Mahler so sehr an seinem Töchterchen hing, erfüllte sie mit Eifersucht, sie selbst fühlte sich vernachlässigt, frustriert und gelangweilt.

Trotzdem war schon bald das zweite Kind unterwegs. Doch

die Geburt von Anna, genannt »Gucki«, die am 15. Juni 1904 das Licht der Welt erblickte, hat Alma noch nicht einmal für wichtig genug empfunden, um sie in ihrem Tagebuch zu erwähnen. Um die beiden Töchter kümmerten sich vorwiegend zwei Dienstmädchen und eine englische Gouvernante.

1907 verließ Gustav Mahler die Wiener Hofoper und nahm ein vorübergehendes Engagement in New York an. In Kürze sollte die Familie in die USA übersiedeln. Für Alma war dies endlich ein Hoffnungsschimmer, der sie aus der Lethargie des Alltags herausriss. Vielleicht würde der Umzug auch ihre Ehe neu beleben, die schon jetzt am Ende zu sein schien. Zuvor aber wollte die Familie noch den Sommerurlaub im Ferienhaus in Maiernigg am Südufer des Wörthersees in Kärnten verbringen und hier ein wenig Erholung finden. Doch anstatt der erhofften Entspannung erlebten Alma und Gustav Mahler den schlimmsten Schmerz, der einem Elternpaar widerfahren kann: Als Töchterchen Maria an Diphterie erkrankte, konnten ihm die Ärzte nicht helfen und das Kind starb am 12. Juni 1907 im Alter von viereinhalb Jahren.

Alma und Gustav Mahler waren durch den plötzlichen Tod des kleinen Mädchens wie gelähmt, auch wenn Alma zu »Putzi« nie eine solch enge Beziehung gehabt hatte. Aber selbst vereint im Schmerz fand das Ehepaar nicht mehr zueinander, im Gegenteil. Marias Tod hat Alma und Gustav Mahler noch weiter voneinander entfremdet.


## Begegnung mit Walter Gropius

Auch der anschließende Aufenthalt in New York ab Dezember 1907 erwies sich als große Enttäuschung. Dabei hatte Alma ihre Tochter Anna eigens bei den Großeltern Moll in Wien zurückgelassen, um sich ungehindert ins Abenteuer der Weltstadt stürzen zu können. Doch ihre anfängliche Begeisterung für New York wich bald zunehmender Ernüchterung. Während sich Mahler voll und ganz seinem musikalischen Engagement an der Metropolitan Opera widmete, langweilte sich Alma, so wie sie sich auch schon in Wien gelangweilt hatte. Gesellschaftliche Kontakte gab es kaum. Alma litt an Heimweh, wusste mit sich und der Welt nichts anzufangen und kam manchmal tagelang nicht aus dem Bett heraus. In der New Yorker Zeit, die mit Unterbrechungen bis 1909 andauerte, erreichte auch die Ehe ihren Tiefpunkt. Von nun an lebten beide nur noch nebeneinander her. Mahler wird das vielleicht gar nicht so empfunden haben, denn er führte genau das Leben, das er wollte – ein Leben, dem sich seine Frau völlig unterzuordnen hatte. Alma aber begann damals nicht nur zu kränkeln und unter extremen Stimmungsschwankungen zu leiden, sie fing auch an, exzessiv Alkohol zu trinken, vorzugsweise hochprozentigen Benediktinerlikör.

Auf Anraten ihres Arztes entschloss sich Alma im Juni 1910 zu einem Kuraufenthalt in Tobelbad in der Steiermark südlich von Graz, einem damals beliebten Modebad der feinen Gesellschaft. Alma war zwar erst 30 Jahre alt, doch wenn man ihre Fotos aus dieser Zeit betrachtet, so wirkte sie bereits wie eine früh gealterte Matrone, die rein gar nichts Mädchenhaftes mehr an sich hatte. Nichtsdestotrotz muss sie noch über die einzigartige Ausstrahlung einer sinnlichen Frau verfügt haben, die sich in Künstlerkreisen heimisch fühlte und auch auf gesellschaftlichem Parkett zu glänzen verstand. Alma, frustriert und von ihrem Mann vernachlässigt, sehnte sich nach Galanterie und Aufmerksamkeit. Und tatsächlich zeigte sich, dass die seltsame Faszination, die sie auf Männer ausübte, nach wie vor ungebrochen war.

Zur gleichen Zeit wie Alma kurte in Tobelbad ein junger Berliner Architekt, Walter Gropius (1883–1969). Es blieb nicht aus, dass sich die Wege der beiden Erholungsuchenden kreuzten, sodass Alma und Gropius ins Gespräch kamen. Alma fand gleich großen Gefallen an dem jungen Berliner und spürte auch sofort, dass es ihm genauso ging. Nach acht, wie es ihr schien, verschwendeten Jahren an der Seite von Gustav Mahler bekam ihr Leben erstmals wieder eine prickelnde erotische Komponente. In Tobelbad wurde Walter Gropius Almas Liebhaber.

Gustav Mahler, der sich zu dieser Zeit in seinem Südtiroler Sommerhaus in Toblach aufhielt, hatte nicht die geringste Ahnung, dass Alma ihn betrog. Als sie Mitte Juli nach ihrem Kuraufenthalt zu ihm zurückkehrte, stellte er jedoch eine Veränderung fest, die er nicht so recht einordnen konnte. Er hatte nur das vage Gefühl, dass irgendetwas nicht stimmte. Am 29. Juli sollte sich das bestätigen. An diesem Tag befand sich unter Gustav Mahlers Post ein Brief von Walter Gropius, adressiert an »Herrn Direktor Mahler«. Als er das Schreiben las, wird es ihm heiß und kalt geworden sein: Es war ein Liebesbrief an Alma, voll heißer Liebesschwüre und intimer Andeutungen. Ein furchtbarer Schock!

Rätselhaft ist nach wie vor, wie es zu diesem »Versehen« kommen konnte. Alma und Gropius hatten vereinbart, er solle seine Briefe postlagernd nach Toblach schicken, woran er sich bis dahin auch gehalten hatte. War es tatsächlich ein Versehen gewesen oder wollte Gropius auf diese Weise »reinen Tisch« machen, um den Heimlichkeiten ein Ende zu setzen? Dachte er vielleicht, Gustav Mahler würde Alma jetzt vor die Tür setzen?

Mahler dachte jedoch nicht im Traum daran, sich von seiner Frau zu trennen. Trotz allem liebte er Alma immer noch und wollte alles dafür tun, dass sie bei ihm blieb. In einer klärenden Aussprache stellte sich heraus, dass auch Alma keineswegs vorhatte, ihren Mann zu verlassen. Auch wenn sie nicht aus Liebe bei ihm bleiben wollte, so genoss sie es doch, die Ehefrau eines berühmten Komponisten zu sein, und schätzte die materiellen Annehmlichkeiten des Lebens, die er ihr bieten konnte. Was hatte ein junger und unbekannter Architekt dem schon entgegenzusetzen? Doch dann stand plötzlich Gropius vor der Tür des Toblacher Ferienhauses und hoffte, dass sich Alma für ihn entschieden hätte. Mahler beschloss, das Liebespaar allein zu lassen, und zog sich diskret in sein Arbeitszimmer zurück. Alma hingegen befand sich in der Zwickmühle, denn sie wollte weder den einen noch den anderen verlieren. Aber sie war schließlich auch die Tochter einer Mutter, die ihr vorgelebt hatte, wie eine solche »menage à trois« funktionierte. Zu Gropius' Enttäuschung wich sie einer klaren Entscheidung aus, erklärte, dass sie sich nicht von ihrem Mann trennen werde, aber trotzdem nur ihn allein – Walter Gropius – liebe. Gleichzeitig spielte sie Gustav Mahler die reuige Ehefrau vor und ließ ihn in dem Glauben, er würde sie auf jeden Fall zurückgewinnen.

## Gustav Mahlers Tod

Almas falsches Spiel ging auf. Zum ersten Mal seit ihrer Hochzeit war Gustav Mahler der Unterlegene und sie genoss sichtlich die enorme Aufmerksamkeit, die er ihr fortan schenkte. Mahler überhäufte Alma mit Liebesbeweisen und widmete ihr sogar seine 8. Sinfonie, die er als sein »wichtigstes Werk« bezeichnete. Alma spürte große Genugtuung. Es schien tatsächlich, als habe sie alles richtig gemacht. Walter Gropius wollte sie noch ein wenig zappeln lassen.

Doch es kam anders: Ende August 1910 erlitt Mahler einen gesundheitlichen Zusammenbruch, möglicherweise bedingt durch eine schwere Angina. Er hatte sich noch nicht wieder völlig erholt, als er nach München reiste, um am

12. September die Uraufführung der 8. Sinfonie zu leiten – ein triumphaler Erfolg. Doch es rächte sich, dass er seine Krankheit nicht richtig auskuriert hatte. Mahler erlebte einen schweren Rückfall und musste erneut das Bett hüten. Alma, die nach außen hin weiter die treue Ehefrau gab, nutzte die Situation tatsächlich aus, um sich heimlich mit Walter Gropius zu treffen und ihm Hoffnungen auf eine gemeinsame Zukunft zu machen: *Mein Walter,* schrieb sie am 19. September, *von Dir will ich ein Kind, und ich will es hegen und pflegen …*

Kaum war Mahler wieder halbwegs genesen, reiste er im Oktober 1910 zusammen mit Alma erneut in die USA, um seinen beruflichen Verpflichtungen nachzukommen. Wenngleich seine Gesundheit auch weiterhin labil blieb, so wollte er sich dennoch nicht schonen. Als er im Februar 1911 erneut an Angina erkrankte, schlug er die eindringlichen Ratschläge der Ärzte in den Wind und weigerte sich strikt, ein geplantes Konzert in der Carnegie Hall abzusagen. Von Kopfschmerzen und Schüttelfrost geplagt, stand er bis zum Schluss der Aufführung am Dirigentenpult. Dieser Raubbau an seiner Gesundheit sollte sich bitter rächen. Nur wenig später diagnostizierten die Ärzte eine fortschreitende bakterielle Herzinnenhautentzündung – nach dem damaligen Stand der Medizin und vor der Entdeckung des Penicillins (1928) war das sein Todesurteil. In der Hoffnung, dass sich der Zustand ihres Mannes möglicherweise doch noch bessern würde, organisierte Alma einen Krankentransport nach Europa. Im April 1911 verließen sie New York. Nach einem kurzen Aufenthalt in einem Pariser Sanatorium, der keine Besserung brachte, kehrten Alma und Gustav Mahler nach Wien zurück. Hier starb der Komponist am 18. Mai 1911 im Alter von knapp 51 Jahren.

Für Alma war der Tod ihres Ehemanns ein schwerer Schock, denn trotz allem war Mahler der Fixpunkt ihres Lebens gewesen. Jetzt fühlte sie sich erneut völlig orientierungslos, verzweifelt und allein. Sie sah sich noch nicht einmal imstande, an Mahlers Beerdigung auf dem kleinen Grinzinger Friedhof teilzunehmen. Ob es tatsächlich eine Grippeerkrankung war, die sie daran hinderte, sei dahingestellt.

## Die »Windsbraut« – eine stürmische Affäre mit Oskar Kokoschka

Eigentlich wäre die verwitwete Alma jetzt frei für Walter Gropius gewesen, aber die Leidenschaft für den jungen Architekten hatte sich in den letzten Monaten spürbar abgekühlt. Alma war sich ihrer Gefühle plötzlich nicht mehr sicher, und als sich beide im August 1911 nach fast einem Jahr wiedersahen, waren sie einander fremd geworden. Ein weiteres Treffen in Berlin, das für den nächsten Monat geplant war, kam erst gar nicht mehr zustande. Auch der Briefkontakt lief auf Sparflamme und schlief schließlich ganz ein.

Inzwischen hatte Alma die Phase tiefer Niedergeschlagenheit, unter der sie nach Mahlers Tod gelitten hatte, weitgehend überwunden. Sie war schließlich noch jung, das Leben hatte ihr auch weiterhin viel zu bieten und warum sollten ihr nicht noch andere Männer zu Füßen liegen? Und so begann sie wieder unverhohlen zu flirten.

Als Witwe besuchte Alma wieder häufiger ihre Eltern, zumal auch die inzwischen siebenjährige Tochter Anna »Gucki« überwiegend im Hause Moll lebte. Hier war im April 1912 der 26-jährige Maler Oskar Kokoschka (1886–1980) zu Gast. Carl Moll hatte den jungen Expressionisten, der als Exzentriker und Provokateur galt, im Jahr zuvor kennengelernt. Nun sollte Kokoschka ein Porträt von Alma anfertigen.

Schon bei der ersten Begegnung fühlten beide, dass sie der berühmte »Coup de foudre« getroffen hatte. Damit begann eine ebenso leidenschaftliche wie qualvolle Liebesaffäre, bei der Alma vermutlich zum ersten Mal wirkliche sexuelle Erfüllung fand. Doch jenseits der nächtlichen Ekstase gestaltete sich die Beziehung ausgesprochen problematisch. Kokoschka, der Alma ehrlich und abgöttisch liebte, war rasend eifersüchtig auf alle Männer, die sie kannte oder zu denen sie jemals Kontakt gehabt hatte, ja selbst auf den verstorbenen Gustav Mahler. Alma hingegen konnte mit der rasenden Eifersucht ihres Geliebten überhaupt nicht umgehen, zumal Kokoschka von ihr verlangte, als Muse ständig um ihn und nur für ihn da zu sein. Ohne sie, behauptete er, könne er einfach nicht malen. Deshalb sollte sie alle gesellschaftlichen Kontakte aufgeben. Das wollte Alma natürlich nicht, denn sie brauchte die Bewunderung anderer Männer wie die Luft zum Atmen und wollte auf harmlose Flirts auf keinen Fall verzichten. Kokoschka tobte und schon im Sommer 1912 steckte die Beziehung in einer tiefen Krise. Als Alma feststellte, dass sie ein Kind erwartete, entschloss sie sich ohne Umschweife zu einer Abtreibung. Mit Kokoschka besprach sie sich dazu nicht. Dabei hatte er Alma zuvor sogar einen Heiratsantrag gemacht, den diese aber ablehnte. Der Maler hat ihr das nie verziehen: *Es war ein Eingriff auch in meine Entwicklung. Das ist doch einleuchtend,* schrieb er später in seinen Erinnerungen. Er wollte Alma schließlich heiraten und hätte sich sehnlichst gewünscht, dass sie sein Kind zur Welt bringen würde.

Trotzdem schleppte sich die »Amour fou« noch bis zum Beginn des Ersten Weltkriegs hin, auch wenn Alma in dieser Zeit immer häufiger Abstand suchte und sich zu Reisen und Kuraufenthalten zurückzog: *Liebe ich diesen Menschen noch? Oder hasse ich ihn bereits?* Diese Frage stellte Alma im Mai 1914 ihrem Tagebuch – und nahm noch im gleichen Monat den lange unterbrochenen Briefkontakt zu Walter Gropius wieder auf …

Der Ausbruch des Ersten Weltkriegs im August 1914 versetzte Alma Mahler wie so viele andere in einen nationalen Taumel. Sie drängte Oskar Kokoschka, sich unbedingt als Freiwilliger zu melden, obwohl der Maler eigentlich gar keinen Drang verspürte, an der Front zu kämpfen. Aber er sah auch keinen anderen Ausweg aus seinem persönlichen Dilemma und der inzwischen hoffnungslos gewordenen Beziehung zu Alma. Er wurde vom (vornehmen) Donauregiment Nr. 15 aufgenommen. Voraussetzung war allerdings ein eigenes Pferd, das sich Kokoschka erst leisten konnte, nachdem er sein 1914 gemaltes Bild »Die Windsbraut« verkauft hatte, mit dem er seiner unseligen Liebe zu Alma Mahler ein leidenschaftliches Denkmal setzen wollte. Nun musste er sich nicht nur von dem Gemälde, sondern auch von der Geliebten selbst trennen. Im Januar 1915 zog Oskar Kokoschka in den Krieg. Alma zog derweil folgende Bilanz: *Die drei Jahre mit ihm waren ein einziger heftiger Liebeskampf. Niemals zuvor habe ich soviel Krampf, soviel Hölle, soviel Paradies gekostet.*

## »Die merkwürdigste Ehe, die sich denken lässt« – Alma und Walter Gropius

Inzwischen wusste auch Walter Gropius, dass Alma einem neuen Liebhaber den Vorzug gab. Auf einer Kunstausstellung hatte er 1913 durch Zufall ein Doppelbildnis von Alma und Kokoschka entdeckt, auf dem sich beide wie zu einer Verlobung die Hände reichen. Eigentlich war die Sache für ihn damit klar, zumal auch seine Mutter dringend von einer Verbindung mit der skandalumwitterten Witwe abriet. Doch nachdem Alma seit Mai 1914 wieder häufiger geschrieben hatte, machte sich Gropius neue Hoffnungen. So einfach kam man von einer Alma Mahler eben nicht los.

Mitte Februar 1915 reiste Alma nach Berlin, um Walter Gropius, der gerade auf Heimaturlaub war, nach jahrelanger Beziehungspause wiederzusehen. Tatsächlich »funkte« es erneut und die alte, fast erloschene Liebe flammte wieder auf. Nach der endgültigen Trennung von Oskar Kokoschka war Alma wieder einmal in ein »tiefes Loch« gefallen, sodass sie ihrem Leben unbedingt eine neue Richtung geben musste. Vermutlich schien ihr ein attraktiver Mann aus gutem Hause mit einem soliden bürgerlichen Beruf genau der Richtige für einen Neubeginn zu sein, auch wenn sie Gropius als ein wenig *fad* bezeichnete. Und Gropius selbst? Vielleicht liebte er Alma tatsächlich noch immer. Womöglich suchte er aber in den Wirren des Krieges einfach nach einer festen Komponente in seinem Leben, und die schien ihm wohl die Ehe zu sein. Wie auch immer: Am 18. August 1915 heirateten Alma und Walter Gropius völlig überstürzt in Berlin. Niemand wusste von dieser Hochzeit, selbst die Trauzeugen wurden spontan von der Straße geholt. Für Flitterwochen blieb keine Zeit. Der frischgebackene Ehemann musste unverzüglich zurück an die Front, während Alma zurück ins heimatliche Wien reiste: *Es ist sicher die merkwürdigste Ehe, die sich denken lässt,* schrieb sie am 26. September 1915 in ihr Tagebuch, *so unverheiratet, so frei, und doch gebunden.*

Doch die vielen kriegsbedingten Trennungen belasteten die junge Ehe. Wenn Gropius Fronturlaub hatte und nach Wien kam, verliefen die Begegnungen nicht immer harmonisch, was vor allem an Almas schier unerträglicher Launenhaftigkeit lag. Und doch teilten sie das Bett miteinander und so wurde Alma erneut schwanger. Am 5. Oktober 1916 kam Tochter Manon zur Welt, aber auch dieses Kind, das Alma doch *hegen und pflegen* wollte, wie sie fünf Jahre zuvor geschrieben hatte, konnte die Ehe nicht mehr kitten. Erst jetzt schien Alma klar geworden zu sein, dass sie mit dem »faden« und von seinen

Kriegserlebnissen traumatisierten Gropius doch nicht die richtige Wahl getroffen hatte. Nachdem sie an der Seite Gustav Mahlers die Ehefrau eines berühmten Komponisten gewesen war, empfand sie die Verbindung mit dem noch unbekannten Architekten als »sozialen Abstieg« ohne jegliche glänzende Zukunftsperspektive. Doch dass die Beziehung spätestens im Herbst 1917 vor dem Aus stand, hatte noch andere Gründe. Zum einen passten die unterschiedlichen Charaktere einfach nicht zusammen – auf der einen Seite die temperamentvolle und immer leicht überspannte Alma, auf der anderen Seite der gebildete, aber auch etwas protestantisch-nüchterne Gropius. Hinzu kam, dass Alma an Gropius' großer Leidenschaft, der Architektur, keinerlei Interesse hatte, während er sich nicht im Geringsten für Musik interessierte, die für Alma nach wie vor große Bedeutung hatte. Ihrem Klavierspiel konnte er nichts abgewinnen, ganz anders als der junge Schriftsteller Franz Werfel, den Alma im November 1917 kennengelernt hatte und der, wie sich Almas Tochter Anna später erinnerte, mit einer »wunderschönen Stimme« sang, während ihn Alma gut gelaunt auf dem Klavier begleitete …

## Werfel oder Gropius?

Wieder stand Alma zwischen zwei Männern, und diesmal war es Walter Gropius, der nichts von seinem Nebenbuhler ahnte. Während er als Soldat an der Westfront kämpfte, vergnügte sich Alma mit Franz Werfel, der inzwischen ins Wiener Kriegspressequartier versetzt worden war. Und wieder dauerte es nicht lange, bis Alma schwanger wurde. Gropius, der an Weihnachten 1917 auf Fronturlaub in Wien gewesen war, glaubte selbstverständlich, er sei der Vater des Sohnes, der am 1. August 1918 zur Welt kam. Martin, wie das Kind genannt wurde, kam aber viel zu früh auf die Welt, weil die Geburt aufgrund starker Blutungen vorzeitig eingeleitet werden musste. Zunächst schien der Kleine wohlauf, doch schon bald kam es zu schweren Komplikationen, einer Gehirnwassersucht, die, wie die Ärzte befürchteten, vermutlich zum frühen Tod des kleinen Jungen führen würde.

Alma, mit der Situation völlig überfordert, ließ Martin im Krankenhaus, wo er im Mai 1919 starb. Wie und wo Martin beigesetzt wurde, ist nicht bekannt. In ihren Briefen und Tagebuchaufzeichnungen hat Alma den Sohn mit keinem Wort erwähnt, hat ihn regelrecht totgeschwiegen.

Während Walter Gropius noch um das Leben seines vermeintlichen Kindes bangte, erfuhr er Ende August 1918 durch Zufall, dass nicht er der Vater war, sondern Franz Werfel. Er hatte ahnungslos das Zimmer betreten, in dem Alma mit ihrem Geliebten telefonierte und ihre intimen Geheimnisse offenbarte. Es kam zu einer heftigen Auseinandersetzung, in der Alma alles gestand. Noch war freilich unklar, für wen sie sich letztlich entscheiden würde und ob eine Trennung überhaupt infrage käme. Die Beziehung zu Werfel hatte sich nämlich vorübergehend gelockert, nachdem sie dessen *verkommenen Samen* für die Behinderung des gemeinsamen Kindes verantwortlich gemacht hatte und es vorzog, ein wenig auf Abstand zu gehen. Außerdem sollte Werfel erst einmal beweisen, dass er ihrer auch »würdig« war. Alma befand, es sei am besten, wenn er sich für eine Weile auf ihren Feriensitz Breitenstein zurückziehe, um in Ruhe »etwas Vernünftiges« zu schreiben. Mit expressionistischen Gedichten, Novellen und Erzählungen allein könne niemand reich und berühmt werden. Und Werfel gehorchte. Er unterwarf sich bereitwillig Almas Autorität und ließ sich marionettengleich von ihr lenken. Auch in Zukunft sollte die elf Jahre ältere Wienerin die Dominanz in der ungleichen Partnerschaft behalten.

Erst nach Martins Tod reifte in Alma der Entschluss, sich endgültig von Walter Gropius zu trennen. Gropius hatte sich inzwischen beruflich neu orientiert und war nach Weimar gegangen. Hier gründete er Ende April 1919 das Bauhaus, um Architektur, Kunstgewerbe und Design des 20. Jahrhunderts eine neue Richtung zu geben. Als ihn Alma im Sommer des Jahres schriftlich um die Scheidung bat, willigte Gropius sofort ein, und nicht nur das: Bei der Scheidung im Oktober 1920 nahm er umstandslos alle Schuld auf sich. So erhielt Alma das Sorgerecht für die gemeinsame Tochter Manon – und war frei für ein Leben mit Franz Werfel.

## Werfels Muse und »Managerin«

Inzwischen stand Alma bereits im fünften Lebensjahrzehnt und glich *einem prächtig aufgetakelten Schlachtschiff,* wie Ernst Krenek (1900–1991), der zweite Ehemann von Anna Mahler (1904–1988), seine Schwiegermutter beschrieb. Alma, die ja stets einen Hang zum Theatralischen gehabt hatte, trug mit Vorliebe lange fließende Gewänder im Stil von *Wagners Brünhilde, transportiert in die Atmosphäre der Fledermaus.*

Weil Anna unter dem turbulenten Liebesleben ihrer Mutter entsetzlich gelitten hatte, hatte sie sich mit nur 16 Jahren Hals über Kopf in eine Ehe gestürzt, die schon nach wenigen Monaten wieder am Ende war. 1924 heiratete sie den Komponisten Ernst Krenek, doch auch diese Verbindung war nur von kurzer Dauer. Wenig später ging Anna nach Rom, um die Grundlagen der Bildhauerei zu erlernen, die schließlich zu ihrem Beruf werden sollte. In Hinblick auf die Anzahl der Ehen trat Anna aber nicht nur in die Fußstapfen ihrer Mutter, sie übertraf sie sogar. Insgesamt trat sie viermal vor den Traualtar, bis sie den »Mann fürs Leben« mit fast 50 Jahren doch noch fand.

Alma pflegte unterdessen auch weiterhin jenen kostspieligen Lebensstil, den sie von Kindesbeinen an gewohnt war. Sie unternahm zahlreiche Reisen und besaß neben ihrem Feriensitz im niederösterreichischen Breitenstein seit 1923 auch ein Haus in Venedig, die »Casa Mahler«. Zwar war ein großer Teil des Vermögens, das sie von ihrem verstorbenen Mann geerbt hatte, von der Inflation Anfang der zwanziger Jahre aufgefressen worden, doch dachte Alma nicht im Traum daran, künftig sparsamer zu leben und auf die gewohnten Annehmlichkeiten zu verzichten. Stattdessen sollte Franz Werfel dafür sorgen, dass endlich wieder genügend Geld in die Haushaltskasse kam. Alma schwebte dabei ein großer Roman vor, der so gut *wie nur irgendeiner von »diesen Klassikern«* werden müsse, *sich aber zugleich zum Verkauf an den Zeitungsständen der Bahnhöfe* eignen solle. Und wieder bemühte sich Werfel das zu tun, was Alma von ihm verlangte. Wie im Rausch schrieb er an einem Manuskript über Verdi, seinen Lieblingskomponisten.

Und doch schien es, als sei Alma ihres Lebensgefährten schon wieder überdrüssig gewesen, aus welchen Gründen auch immer: *Ich liebe ihn nicht mehr,* klagte sie Ende Januar 1924 vielleicht aus einer Laune heraus, *mein Leben hängt innerlich nicht mehr mit dem seinen zusammen. Er ist wieder zusammengeschrumpft zu dem kleinen, hässlichen, verfetteten Juden des ersten Eindrucks.* Doch als »Verdi. Roman der Oper« im April 1924 im neu gegründeten Verlag Paul von Zsolnay – seit 1929 vorübergehend Almas dritter Schwiegersohn – erschien, hatte Alma endlich allen Grund, mit sich und ihrem Franz zufrieden zu sein. Das Buch wurde tatsächlich ein Bestseller, allein die erste Auflage ging 20 000 Mal über die Ladentheke und war nach nur wenigen Monaten vergriffen.

Jetzt beschloss Alma, Franz Werfel künftig noch fester »an die Kandare« zu nehmen, um seine Karriere als Schriftsteller weiter zu befördern. Dabei verhielt sie sich wie eine Mischung aus strenger Mutter und ehrgeiziger Managerin. Werfel sollte seinen Lebenswandel zunächst einmal grundlegend ändern. Es war ihr schon immer ein Dorn im Auge gewesen, dass er sich gerne mit seinen Freunden in den Wiener Kaffeehäusern traf, um mit ihnen bis spät in die Nacht über Gott und die Welt zu diskutieren. Damit war jetzt Schluss, denn um Erfolg als Schriftsteller zu haben, waren Fleiß und Disziplin unabdingbar. Deshalb schickte Alma Franz Werfel immer wieder aus Wien fort, vorzugsweise nach Venedig oder Breitenstein, wo er in aller Ruhe arbeiten und an einem neuen Bestseller schreiben sollte. Warum Werfel all das wie ein braves Hündchen klaglos mitmachte, ist ein Rätsel. Vielleicht war er ganz einfach zu schwach, um sich gegen Almas Herrschsucht zu wehren. Möglicherweise kam es ihm aber auch gelegen, ein wenig Abstand von seiner anstrengenden Geliebten zu gewinnen und ungestört arbeiten zu können. Auf jeden Fall war er ihr dankbar für die Konsequenz, mit der sie ihn zum Arbeiten anhielt, denn Franz Werfel begann, seinen Ruhm und Erfolg sichtlich zu genießen.

## »Ehe als Zwang« – die Hochzeit mit Franz Werfel

Trotzdem war Alma mit ihrem Leben nicht zufrieden. Die Beziehung zu Franz Werfel mochte ihr eine gewisse Macht verleihen, aber keine wirkliche Befriedigung. Mehr denn je war sie auf die betäubende Wirkung des Alkohols angewiesen und trank inzwischen mindestens eine Flasche Benediktinerlikör am Tag. Doch ihre Launen bekam sie nicht unter Kontrolle. Ende der zwanziger Jahre kam es immer wieder zu erbitterten Auseinandersetzungen mit Franz Werfel: Um den Geliebten absichtlich zu verletzen, demütigte sie ihn mit antisemitischen Ressentiments. Dass sich Alma für die Idee des Faschismus begeisterte, war längst kein Geheimnis mehr. Die Beziehung steckte in einer tiefen Krise.

Umso rätselhafter ist es, dass ihr Franz Werfel nach mehr als zehnjähriger »wilder Ehe« einen Heiratsantrag machte, den Alma auch tatsächlich annahm. Die Motive beider Partner sind nur schwer zu verstehen. Wollte Werfel seine Geliebte, die ihm zu entgleiten drohte, auf diese Weise dauerhaft an sich binden? Konnte er ohne die dominante Alma, die die Richtung vorgab, vielleicht gar nicht mehr leben – und auch nicht mehr schreiben? Noch merkwürdiger ist freilich, dass Alma der Hochzeit zu einem Zeitpunkt zustimmte, an dem sie an Werfel praktisch das Interesse verloren hatte. Hoffte sie, dadurch wieder ein wenig Beständigkeit in ihr Leben zu bringen? Glaubte sie, es sei ihre letzte Chance, oder wollte sie der inzwischen 12-jährigen Manon endlich ein »richtiges Zuhause« bieten? All diese Fragen müssen unbeantwortet bleiben, aber Alma hat den Zeitgenossen in ihrem Leben schließlich mehr als nur dieses eine Rätsel aufgegeben. Wobei gewisse Zweifel an ihrer Zurechnungsfähigkeit durchaus erlaubt sind …

Fest steht jedenfalls, dass Alma und Franz Werfel am 6. Juli 1929 im Wiener Rathaus heirateten. Aber die erhoffte Stabilität stellte sich nicht ein, zumal Alma nicht aufhörte, ihrem latenten Judenhass immer wieder Ausdruck zu verleihen: *Ich könnte ohne Juden nicht leben, lebe ja auch dauernd mit ihnen,* schrieb sie damals in ihr Tagebuch. *Aber meine Seele ist so voll Harm gegen sie, dass ich trotzig mich aufbäume – unentwegt.* Sie hatte keinen Zweifel, dass sie mit dieser Ehe einen fürchterlichen Fehler gemacht hatte: *Es ist schrecklich,* jammerte sie Ende August 1929, *aber ich empfinde meine neuerliche Ehe als Zwang. Viel ärger, als ich mir vorgestellt hatte. Ich möchte fortwährend aus dem Netz heraus, in dem ich mich freiwillig doch so lange wohl gefühlt hatte.* Ihr einziger Trost: Werfels literarische und kommerzielle Erfolge setzten sich fort. Im Oktober des Jahres erschien sein Roman »Barbara und die Frömmigkeit« mit einer bemerkenswert hohen Erstauflage von 50 000 Exemplaren. Franz Werfel hatte sich, nicht zuletzt dank Almas »Zwangsmaßnahmen«, in die Riege der meistgelesenen deutschsprachigen Autoren vorgearbeitet.

## »Die glücklichste Zeit meines Lebens« – Liebe zu einem katholischen Priester

Aber selbst in schweren Krisen gelang es Alma immer wieder, Melancholie und Lebensüberdruss durch Ablenkung zu überwinden. Inzwischen hatten sich die Festlichkeiten im Hause Mahler-Werfel zum unbedingten Muss für die Wiener Society entwickelt. Es waren aber nicht nur die üblichen Künstler, die Almas Salon frequentierten, der neuen Runde gehörten nun auch einflussreiche österreichische Politiker an.

Seit Mai 1932 hieß der österreichische Bundeskanzler Engelbert Dollfuß von den Christlichsozialen, einer Partei, die schon zwei Jahre zuvor einen antidemokratischen Kurs eingeschlagen hatte. Vorrangiges Ziel war die Ausschaltung der Sozialdemokraten, der zweiten der beiden großen Parteien Österreichs.

Mit dem Ende des Ersten Weltkriegs und dem Zusammenbruch des Habsburgerreichs war Österreich zum Kleinstaat geschrumpft, arm und – wie die Weimarer Republik – durch Reparationszahlungen belastet. Die meisten Österreicher glaubten nicht an ihren neuen demokratischen Staat, zumal sich die großen Parteien unfähig zur Zusammenarbeit zeigten.

Der Nährboden für ein faschistisches System, das auch Alma favorisierte, war somit bereitet. Eine Vereinnahmung

Österreichs durch das nationalsozialistische Deutschland wollte Dollfuß als überzeugter Patriot aber unbedingt verhindern. Und so versuchte er seit März 1933 mit dem sogenannten Austrofaschismus einen eigenen Weg zu gehen und einen »christlichen Ständestaat« zu etablieren. Auch die katholische Kirche befürwortete den Weg Dollfuß' ohne Einschränkung.

So sehr Alma die politische Entwicklung auch begrüßen mochte, im Frühjahr 1933 gab es für sie wichtigere Dinge: Die 53-Jährige hatte sich wieder einmal heftig verliebt – diesmal zur Abwechslung in einen katholischen Priester, den sie vor wenigen Monaten kennengelernt hatte. Es handelte sich um den 37-jährigen Theologieprofessor Johannes Hollnsteiner (1895–1971), als Beichtvater des späteren Bundeskanzlers Schuschnigg[9] auch ein Mann mit politischen Ambitionen.

Werfel scheint von der Affäre seiner Frau zunächst nichts bemerkt zu haben, denn die ersten Monate des Jahres 1933 verbrachte er wieder einmal in Venedig, um dort in Ruhe zu arbeiten. Warum ausgerechnet ein katholischer Priester, der schließlich dem Zölibat unterworfen war, eine solche Anziehungskraft auf sie ausübte, erklärte Alma folgendermaßen: *Ich verehre diesen Menschen bis zum Niederknien. In mir sehnt sich alles nach Unterwerfung, aber immer musste ich gegen meinen Willen dominieren. Er ist der erste Mann, der mich überwunden hat.* Tatsächlich? War es nicht genau umgekehrt? Schließlich hatte Hollnsteiner nur ihretwegen seine sexuelle Enthaltsamkeit aufgegeben und damit gegen den Zölibat verstoßen. Das muss für Alma eine berauschende Erfahrung gewesen sein, selbst wenn sie vorgab, es habe sich für sie auch

9  Bundeskanzler Dollfuß kam im Juli 1934 bei einem von der SS organisierten Putschversuch ums Leben. Sein Nachfolger wurde Kurt Schuschnigg, der sich ebenfalls bemühte, Österreich vor dem Zugriff Hitlers zu bewahren, den »Anschluss« 1938 aber letztlich nicht verhindern konnte.

um eine Art »Therapie« gehandelt: *J.H. ist 38 Jahre alt und ist der Frau bis jetzt nicht begegnet. Er will und ist nur Priester. Mich sieht er anders und ich segne mich dafür ... Das ausnahmslose Existieren mit Juden hat mich von mir selbst entfernt, soweit dies möglich war. Ich bin nun wieder bei mir selbst zu Hause.* Die Affäre mit Hollnsteiner, der Almas antisemitische Einstellung durchaus teilte, zog sich über mehrere Monate hin, die Alma als die *glücklichste Zeit meines Lebens* empfand. Als Franz Werfel nach Wien zurückkehrte, wird ihm sicherlich bewusst geworden sein, dass Hollnsteiner mehr war als nur Almas »guter Freund«. Doch er sah sich nicht imstande, daraus irgendwelche Konsequenzen zu ziehen: *Er wollte sie wirklich verlassen,* erinnerte sich Anna Mahler später, *aber er hatte nicht die Kraft dazu. Jedes Mal ging er zu ihr zurück.*

## Dramatische Veränderungen

Die Zeit war an der 53-jährigen Alma nicht spurlos vorübergegangen und auch der immense Alkoholkonsum hatte inzwischen deutliche Spuren hinterlassen. Selbstkritisch musste sie eingestehen: *In diesem Jahr bin ich körperlich und gesundheitlich sehr heruntergekommen und stark gealtert.* Den Eindruck hatten auch andere. Der Schriftsteller Elias Canetti bezeichnete sie damals als eine *zerflossene Alte.*

Doch bald hatte Alma ganz andere Sorgen als Alter und Übergewicht. Als sie im Frühjahr 1934 zusammen mit Franz Werfel und ihrer Tochter Manon einige Wochen in Venedig verbrachte, klagte das junge Mädchen über Kopfschmerzen und Appetitlosigkeit. Zunächst glaubte man noch an die Symptome einer harmlosen Grippe, die Manon in Venedig auskurieren sollte, während Alma und Franz Werfel nach Wien zurückreisten. Doch kaum waren sie dort angekommen, da erreichte

sie die Nachricht, Manons Zustand habe sich dramatisch ver-
schlechtert und kurz darauf stand die erschütternde Diagnose
fest: Kinderlähmung! Alma holte ihre Tochter zurück nach
Wien, pflegte sie zusammen mit Franz Werfel und verfolgte
den schwankenden Verlauf der Krankheit mit Hoffen und
Bangen. Doch alle Versuche, ihr Leben zu retten, waren vergebens: Manon Gropius starb am 22. April 1935. Sie war nur
18 Jahre alt geworden.

Wieder war Alma Mahler-Werfel nicht anwesend, als eines
ihrer Kinder zu Grabe getragen wurde: *Ich gehe nie zu solchen Veranstaltungen,* lautete ihre fadenscheinige Begründung. Auch Walter Gropius, der aus politischen Gründen inzwischen in England lebte, hatte es nicht mehr rechtzeitig geschafft,
zur Beerdigung seiner Tochter nach Wien zu kommen.

Der Tod Manons, ihres »arischen Engels«, stürzte Alma
nicht nur in tiefe Depressionen, er entfremdete sie auch noch
weiter von Franz Werfel. Der Schriftsteller verließ damals
sogar das gemeinsame Haus und zog es vor, künftig nur noch in
Hotelzimmern zu schreiben.

Doch die schlimmste Zeit stand dem Ehepaar Mahler-Werfel noch bevor. Nach dem im März 1938 vollzogenen »Anschluss Österreichs an das Deutsche Reich« sahen sie plötzlich
einer völlig ungewissen Zukunft entgegen. Jetzt hatten die
Nationalsozialisten die Macht in Österreich übernommen und
damit waren alle Juden im Land an Leib und Leben bedroht,
und nicht nur sie. Der zurückgetretene Bundeskanzler Kurt
Schuschnigg wurde ebenso von der Gestapo verhaftet wie
sein engster Vertrauter Johannes Hollnsteiner, Almas frühe-
rer Geliebter. Beide überlebten ihre jahrelange Inhaftierung
im KZ.

Als Jude war es für Franz Werfel unmöglich, weiterhin in
Österreich zu leben. Wie andere deutschsprachige Schriftstel-
lerpaare beschlossen auch Alma und er, ins vorerst sichere

Frankreich zu fliehen, wo sie schließlich in dem südfranzösischen Fischerdörfchen Sanary-sur-Mer strandeten. Hier hatten sich bereits Emigranten wie Thomas und Heinrich Mann, Lion Feuchtwanger und Bertolt Brecht mit ihren (Ehe-)Frauen eingefunden. Warum Alma ihrem Ehemann ins Exil folgte, obwohl sich beide inzwischen völlig entfremdet hatten und auch politisch in verschiedenen Lagern standen, ist nicht völlig klar. Eine Scheidung von Franz Werfel hätte durchaus im Bereich des Möglichen gelegen. Aber wahrscheinlich war es die Angst vor der Einsamkeit, die Alma zu diesem Schritt veranlasste. Das gesellschaftliche Leben in Wien, das sie so sehr geliebt hatte, gab es nicht mehr. Johannes Hollnsteiner[10] war ins KZ Dachau eingeliefert worden, zu ihrer Tochter Anna hatte sie ohnehin kaum noch Kontakt. Was also hielt sie noch in Österreich?

Doch auch das Leben im französischen Exil bot keine dauerhafte Sicherheit. Seit Beginn des Zweiten Weltkriegs, ein Tag nach Almas 60. Geburtstag, und spätestens mit Hitlers Einmarsch in Frankreich im Mai 1940 galten die dort lebenden Deutschen als potenzielle Spione und feindliche Ausländer, die jederzeit mit Hausdurchsuchungen, Verhören und sogar ihrer Verhaftung rechnen mussten. Dass auch antijüdische Maßnahmen zu erwarten waren, war den Exilanten ebenfalls bewusst. Noch im Juni 1940 verließen Alma und Franz Werfel Sanary-sur-Mer und hofften, irgendwo und irgendwie an Einreisepapiere in die USA zu kommen. Am 27. Juni 1940 trafen sie in Lourdes ein, jenem kleinen Wallfahrtsort in den Pyrenäen nahe der spanischen Grenze. Seitdem hier 1858 der jungen Bernadette Soubirous die Jungfrau Maria erschienen

---

[10]  Hollnsteiner legte später sein Priesteramt nieder, um zu heiraten. Alma nahm ihm diesen »Verrat« ausgesprochen übel und verlor endgültig das Interesse an ihrem früheren Geliebten. Erst 1955 sahen sie sich in New York wieder, über dieses Treffen ist allerdings nichts Näheres bekannt.

sein soll, war das Örtchen zum Pilgermagneten geworden. Auch Alma Mahler-Werfel entdeckte ihre katholischen Wurzeln wieder und besuchte die Gottesdienste in der mächtigen Rosenkranzbasilika. Selbst den Juden Franz Werfel ließ das Mysterium der Marienerscheinung nicht unbeeindruckt. In Lourdes legte er sogar ein Gelübde ab: Sollte die Flucht nach Amerika gelingen, dann würde er aus Dankbarkeit ein Buch über die Geschichte der Bernadette Soubirous schreiben.

## Schatten im Paradies

Zwar weigerten sich die französischen Behörden, Alma und Franz Werfel gültige Ausreisepapiere auszustellen, doch mithilfe des amerikanischen Fluchthelfers Varian Fry gelang ihnen im September 1940 gemeinsam mit Heinrich Mann, seinem Neffen Golo und seiner Lebensgefährtin Nelly Kröger die Flucht über die spanische Grenze. Über Madrid kamen sie schließlich nach Lissabon. Hier konnten sie endlich aufatmen und sich von den Strapazen und Aufregungen der letzten Zeit ein wenig erholen. Am 4. Oktober 1940 bestiegen sie zusammen mit den Manns den griechischen Dampfer »Nea Hellas« und erreichten am 13. Oktober die Vereinigten Staaten.

Wie die anderen Emigranten kamen auch Alma und Franz Werfel hier zunächst in einem New Yorker Hotel unter und zogen anschließend weiter ins kalifornische Los Angeles, dem Treffpunkt der deutschsprachigen Exil-Schriftsteller. Die Werfels hatten Glück, fanden rasch ein komfortables Haus in den Hollywood Hills und fühlten sich in ihrer sonnigen neuen Heimat bald ausgesprochen wohl: *Wir leben in den blauen blühenden Tag hinein und preisen Gott*, schrieb Alma zufrieden in ihr Tagebuch. Derweil löste Franz Werfel sein in Lourdes abgelegtes Gelübde ein und begann mit dem Manuskript über Bernadette Soubirous, das er innerhalb von nur fünf Monaten vollendete. Der 1941 erschienene Roman »Das Lied für Bernadette« wurde Werfels größter (kommerzieller) Erfolg und gehörte damals zu den meistverkauften Bestsellern der amerikanischen Verlagsgeschichte. 1943 wurde das Werk unter der Regie von Henry King sogar verfilmt. Franz Werfels Popularität in den USA zahlte sich nicht nur in finanzieller Hinsicht aus. Alma und er wurden von Freunden und Bewunderern zu zahllosen Partys eingeladen und endlich durfte sich Alma wieder als Mittelpunkt der Gesellschaft fühlen. Nach den vielen Jahren politischer und persönlicher Krisen schien ihr Leben endlich in ein ruhigeres Fahrwasser geraten zu sein. Die überstandene Flucht und der gelungene Neubeginn hatten die beiden als Paar wieder enger zusammengebracht. Seit dem Spätsommer 1942 lebten sie in Beverly Hills und genossen das Leben dort: *Es ist ein Paradies,* schrieb Alma am 31. August 1943 in ihr Tagebuch. Doch nur wenige Tage später war das sorglose Leben vorbei: Am 13. September erlitt der notorische Kettenraucher Franz Werfel einen schweren Herzinfarkt, dem fünf Wochen später ein zweiter folgte. Lange musste er das Bett hüten und sein Gesundheitszustand besserte sich nur langsam. Erst Anfang Juli 1944 war er wieder so weit hergestellt, dass er ein wenig arbeiten konnte, stand aber nach wie vor unter strenger ärztlicher Aufsicht. Alma hatte allen Grund, sich Sorgen um ihren Mann zu machen. Ein Jahr lang ging alles gut. 1945 beendete Werfel seinen letzten Roman *Stern der Ungeborenen*, bevor ihn im August des Jahres ein dritter Herzinfarkt niederwarf. Auch diesmal schien er sich zu erholen. Doch als Alma am 26. August 1945 nichts ahnend sein Arbeitszimmer betrat, fand sie ihren Mann regungslos neben dem Schreibtisch auf dem Boden liegen. Franz Werfel war tot, zwei Wochen vor seinem 55. Geburtstag. Drei Tage später wurde der Schriftsteller unter großer Anteilnahme auf dem

Friedhof Beverly Hills zur letzten Ruhe gebettet. Nur ein Trauergast fehlte: Alma.

## Enttäuschung in Wien

Der Tod war viele Jahre lang ein ständiger Begleiter in Almas Leben gewesen: Zwei ihrer Ehemänner, Gustav Mahler und Franz Werfel, waren im mittleren Alter gestorben, sie hatte drei ihrer vier Kinder verloren, ihre Mutter und ihre Schwester Margarethe lebten nicht mehr, Stiefvater Carl Moll und dessen Tochter Maria hatten sich kurz vor Kriegsende im April 1945 das Leben genommen. Trotzdem hatte es immer jemanden gegeben, der an ihrer Seite gewesen war. Jetzt war Alma zum ersten Mal allein. Ihre Tochter Anna, die seit 1939 als Bildhauerin in London lebte, hatte sie schon seit Jahren nicht mehr gesehen und verspürte eigentlich auch kein großes Verlangen danach.

Seit ihrer Verlobung mit Gustav Mahler vor fast 44 Jahren waren es ausschließlich Männer gewesen, die die wichtigste Rolle in Almas Leben gespielt hatten. Nun würde sie bis zu ihrem Tod ohne einen Mann auskommen, 19 Jahre lang. Ohne Franz Werfel fühlte sich Alma in Los Angeles nicht mehr richtig wohl. Erst jetzt spürte sie, wie sehr sie ihn vermisste, wie schwer es war, ohne ihn weiterzuleben, trotz der zahllosen Streitigkeiten und der großen Distanz, die beide phasenweise voneinander entfernt hatte. Er fehlte einfach.

Um sich abzulenken, unternahm Alma eine längere Reise nach New York, traf sich mit Freunden und Bekannten, ging ins Theater und besuchte die Oper, bevor sie im Februar 1946 nach Los Angeles zurückkehrte. Doch heimisch wurde sie hier nicht mehr.

Nachdem der Zweite Weltkrieg vor fast zwei Jahren zu Ende

gegangen war, fand es Alma 1947 endlich an der Zeit, ihre Besitzverhältnisse im früheren Heimatland[11] zu regeln, das sie 1938 überstürzt verlassen hatte. Zuvor jedoch plante sie einen Zwischenstopp in London, um endlich ihre Tochter Anna wiederzusehen und deren kleine Familie kennenzulernen. Anna war mittlerweile dreimal geschieden, hatte aber vor einiger Zeit den russischen Dirigenten Anatole Fistoulari (1907 – 1995) geheiratet und zusammen mit ihm eine kleine Tochter, die 1940 geborene Marina. Das Kind aus ihrer dritten Ehe mit dem Verleger Paul von Zsolnay (1895 – 1961), Tochter Alma (1930 – 2010), lebte seit der Scheidung beim Vater. Zsolnay war mit der Kleinen 1938 wegen seines Judentums ins englische Exil gegangen, 1946 aber wieder nach Wien zurückgekehrt, um seinen von den Nationalsozialisten enteigneten und »arisierten« Verlag neu aufzubauen.

Im September hatte Alma endlich alle nötigen Papiere für ihre Europareise beisammen. Das Wiedersehen mit Anna in London verlief offenbar so erfreulich, dass Mutter und Tochter beschlossen, den Kontakt künftig nicht mehr abreißen zu lassen. Weniger erfolgreich gestaltete sich der anschließende Aufenthalt in Wien, wo Alma vergeblich versuchte, einige wertvolle Gemälde aus ihrem früheren Besitz zurückzuerlangen. Dabei ging es hauptsächlich um das Bild *Sommernacht am Strand* von Edvard Munch, das ihr Walter Gropius anlässlich der Geburt von Manon geschenkt hatte. Doch es gab Unstimmigkeiten bezüglich der Besitzverhältnisse, nachdem Carl Moll das Gemälde seinerzeit der Österreichischen Galerie Belvedere verkauft hatte.[12] Enttäuscht und verärgert musste Alma ihre Geburtsstadt mit leeren Händen ver-

---

[11]  Inzwischen hatte Alma Mahler-Werfel die amerikanische Staatsangehörigkeit angenommen.

[12]  Erst 2006 wurde das Bild nach fast 60-jährigem Rechtsstreit Almas Enkelin Marina übergeben.

lassen und sie beschloss, nie wieder nach Wien zurückzukehren.

## Tod in New York

Es war zumindest tröstlich, dass der Kontakt zu Anna nicht
abriss. 1948 besuchte sie ihre Mutter in Los Angeles und zog
im November 1950 nach der Trennung von ihrem vierten Ehemann mit Tochter Marina ebenfalls nach Kalifornien, um an
der Universität Los Angeles Bildhauerei zu unterrichten. Ganz
allmählich näherten sich Mutter und Tochter einander an und
Alma war sichtlich froh, nicht mehr allein zu sein. Doch wirkliche Harmonie kehrte trotzdem nicht ein. Während es Anna
auf die Nerven ging, zunehmend von der gelangweilten Mutter in Anspruch genommen zu werden, ärgerte sich Alma maßlos, als ihre Tochter eine Beziehung mit dem jüdischen Drehbuchautor Albrecht Joseph (1901–1991) begann, der zuvor als
Sekretär für Franz Werfel gearbeitet hatte. Auch nach dem
Zweiten Weltkrieg machte sie aus ihrem latenten Antisemitismus keinen Hehl. Dass Albrecht Joseph 1970 Annas fünfter
Ehemann wurde, hat Alma Mahler-Werfel nicht mehr erlebt.

Die neu belebte Mutter-Tochter-Beziehung blieb also ein
Intermezzo und auch zu ihrer Enkelin Marina fand Alma nie
den rechten Zugang. Es gab also keinen Grund, weiter in Kalifornien zu bleiben. Schon 1945 hatte sich Alma ein Haus in
New York in der Nähe des Central Park gekauft, und jetzt,
sechs Jahre später, entschloss sie sich, künftig ganz dort zu
leben.

Sie machte aus dem Haus ein einziges Museum: An den
Wänden hingen Gemälde von Oskar Kokoschka und ihrem
Vater Emil Jakob Schindler, auf dem Flügel stand ein großes
Porträtfoto von Gustav Mahler. Alles sollte an den Glanz ver-

gangener Zeiten erinnern. Deshalb entschloss sich Alma auch, eine Autobiografie zu verfassen und ihre Sicht der Dinge der Nachwelt mitzuteilen. Dabei ging es ihr freilich nicht so sehr um die Wahrheit, vielmehr wollte sie selbst als Künstlergattin und sinnliche Muse in einem besonders hellen Licht erscheinen. Wie nicht anders zu erwarten, stießen die Memoiren, die 1958 unter dem Titel »And the Bridge is Love« (dt. »Mein Leben«) erschienen, bei vielen früheren Weggefährten auf herbe Kritik. Almas offener Judenhass, der darin zum Ausdruck kam, verprellte selbst alte Freunde. Und Walter Gropius fand es ausgesprochen befremdlich, dass seine Ehe mit Alma auf nur zwei Seiten abgehandelt wurde. Oskar Kokoschka hingegen reagierte wesentlich gelassener und schlug sogar vor, sich noch einmal mit Alma zu treffen. Doch das lehnte sie strikt ab. Der frühere Geliebte sollte sie als attraktive junge Frau in Erinnerung behalten – und nicht als alte Matrone.

Gesundheitlich ging es Alma in den letzten Jahren bescheiden. Schon lange litt sie unter Herzbeschwerden, Diabetes und viel zu hohem Blutdruck, wollte sich aber nicht ärztlich behandeln lassen. Auch ihre geistigen Kräfte schwanden im letzten Lebensjahrzehnt rapide dahin. Besucher waren erschrocken, eine verwirrte alte Frau vorzufinden, die ganz in ihrer eigenen Welt zu leben schien, wobei sie noch immer täglich eine Flasche Benediktinerlikör konsumierte.

Alma Mahler-Werfel starb am 11. Dezember 1964 in ihrem New Yorker Haus im Alter von 85 Jahren. Erst im Tod kehrte sie ins heimatliche Wien zurück und fand ihre letzte Ruhestätte auf dem Grinzinger Friedhof an der Seite ihrer 1935 verstorbenen Tochter Manon Gropius.

Der österreichische Schriftsteller Friedrich Torberg (1908–1979), der Alma gut gekannt hatte, schrieb in seinem Nachruf: *Sie hatte eine Art zu arrangieren und zu dirigieren, die ihr mit geometrischer Zwangsläufigkeit den Mittelpunkt zuwies …*

# »Ich bin nie hervorgetreten, ich fand, das ziemte sich nicht«

Katharina »Katia« Pringsheim (1883–1980)
und Thomas Mann

*Mein Vater war nicht so sehr dafür, dass ich einen Schriftsteller heiratete,* erzählte die 87-jährige Katia Mann in ihren »Ungeschriebenen Memoiren«.[13] *Er dachte immer: Ein Schriftsteller ist doch nicht ganz das Richtige, nicht wahr? Das ist doch eher etwas Unseriöses.*

Es kam bekanntlich anders, nachdem sich Thomas Mann und Katia Pringsheim Anfang 1904 im Salon des kunstbegeisterten Münchner Ehepaars Max und Elsa Bernstein in der Brienner Straße zum ersten Mal begegnet sind. Ein Zufall? Nicht unbedingt.

Dem jungen Schriftsteller, der 1901 mit seinem ersten Roman »Buddenbrooks« schlagartige Berühmtheit erlangt hatte, war die hübsche Katia mit dem schwarzen Pagenkopf bereits vor geraumer Zeit aufgefallen. Ihre Wege hatten sich nämlich schon des Öfteren gekreuzt – auf der Straße, aber auch im Theater –, ohne dass Katia freilich auch nur die geringste Notiz

---

[13] Aus einem Interview, das Sohn Michael sowie Elisabeth Plessen 1970 mit Katia Mann führten, entstand der Lebensbericht »Meine ungeschriebenen Memoiren«.

von ihm genommen hatte. Insofern verschaffte die Einladung der Bernsteins Thomas Mann nicht nur den ersehnten Zugang zur noblen Münchner Gesellschaft, sie bot ihm auch endlich die Gelegenheit, mit Katia ins Gespräch zu kommen. Wenngleich Fräulein Pringsheim zunächst nur wenig Interesse an ihrem neuen Verehrer zeigte, so konnte sich Thomas Mann doch damit trösten, dass ihn die Eltern Pringsheim zur nächsten Abendgesellschaft in die Arcisstraße einluden: *Ich bin gesellschaftlich eingeführt, bei Bernsteins, bei Pringsheims,* schrieb er im Februar 1904 an seinen Bruder Heinrich. Doch seine Werbung um die Tochter des Hauses machte zunächst keine nennenswerten Fortschritte, denn Katia hatte andere Pläne: *Ich war zwanzig und fühlte mich sehr wohl und lustig in meiner Haut, auch mit dem Studium, mit den Brüdern, dem Tennisclub und mit allem, war sehr zufrieden und wußte eigentlich gar nicht, warum ich nun so schnell weg sollte.* Dass sie Thomas Mann nur ein Jahr später heiraten würde, konnte sie damals noch nicht ahnen.


## »Man spürt nichts als Kultur.« – das Elternhaus in München


Dass die 20-jährige Katharina Pringsheim, genannt Katia, nicht im Traum daran dachte, ihr behütetes Elternhaus mit dem großbürgerlichen Ambiente so früh zu verlassen, kann man nur allzu gut verstehen. Warum auch hätte sie ihr angenehmes Leben im Schoß einer wohlhabenden Familie gegen die Unwägbarkeiten der Ehe mit einem *unseriösen* Schriftsteller eintauschen sollen? Katias Eltern, der Mathematikprofessor und Kunstsammler Dr. Alfred Pringsheim (1850–1941) und seine Frau Hedwig, geborene Dohm (1855–1942), hatten der Tochter eine sorgenfreie Jugend ermöglicht und sie in jeder Hinsicht gefördert. Weil ihr als Mädchen der Zugang zum Gymnasium verwehrt blieb, erhielt Katia über Jahre Privatunterricht bei verschiedenen hochqualifizierten Lehrern, sodass sie 1901 als externer Prüfling ihr Abitur am renommierten Münchner Wilhelmsgymnasium ablegen konnte. Für die Eltern stand außer Frage, dass Katia die gleichen Chancen erhalten sollte wie die vier Söhne der Pringsheims: Erik (1879–1909), Peter (1881–1963), Heinz (1882–1974) und Katias Zwillingsbruder Klaus (1883–1972). Die beiden waren am 24. Juli 1883 im Ferienhaus der Familie in Feldafing am Starnberger See zur Welt gekommen.

Dass die Gleichberechtigung in der Familie so hochgehalten wurde, hatte nicht zuletzt etwas mit Katias Großmutter zu tun: *Der erste Schriftsteller, den ich gekannt habe, war meine Großmutter Hedwig Dohm*[14], *die Frau von Ernst Dohm, der den »Kladderadatsch« gegründet hat… Sie war eine leidenschaftliche Vorkämpferin für Frauen, die damals wirklich nicht sehr viele Rechte hatten.*

Das Renaissance-Palais der Pringsheims in der Münchner Arcisstraße, das die Familie 1890 bezogen hatte, war in der Prinzregentenzeit ein Mittelpunkt des kulturellen und geistigen Lebens: *Kein Gedanke an Judentum kommt auf, diesen Leuten gegenüber*, schrieb Thomas Mann 1904 an seinen Bruder Heinrich, *man spürt nichts als Kultur.* Was der Schriftsteller auch immer mit dem Judentum assoziiert haben mag – Pringsheims hatten zwar jüdische Wurzeln, doch die Kinder waren evangelisch getauft.

Nach dem Abitur begann Katia an der Universität München mit einem »Studium generale«, besuchte Mathematikveranstaltungen beim Herrn Papa, hörte aber auch Vorlesungen in Physik, Kunstgeschichte und Philosophie, ohne jedoch ein

---

[14] Hedwig Dohm (1831–1919)

konkretes Ziel zu verfolgen. Daneben genoss sie ausgiebig das Münchner Kulturleben und besuchte zusammen mit der Familie Konzerte, Opern- und Theateraufführungen. Dass sie bei einem dieser Theaterbesuche von dem acht Jahre älteren Thomas Mann mit dem Fernglas beobachtet worden war, konnte sie natürlich nicht wissen. Es interessierte sie aber auch nicht, noch nicht.

Thomas Mann, geboren am 6. Juni 1875 in Lübeck, war der Sohn einer großbürgerlichen Kaufmannsfamilie. Seine Jugend, die er in dem Werk »Buddenbrooks« nachgezeichnet hat, endete jäh mit dem Tod des Vaters 1891. Damals beendete der Heranwachsende die Schule mit der Mittleren Reife und zog zu seiner Mutter nach München, wo er ein Volontariat bei einer Versicherungsgesellschaft absolvierte. Doch bereits damals sah er seine berufliche Zukunft in der Schriftstellerei. Schon als Schüler hatte Thomas Mann erste Texte verfasst und schrieb später Novellen. Dabei kam ihm zugute, dass sein vier Jahre älterer Bruder, der Schriftsteller Heinrich Mann, bereits entsprechende Kontakte geknüpft hatte. 1898 brachte ein Berliner Verlag Thomas Manns ersten Novellenband »Der kleine Herr Friedemann« heraus, 1901 erschien »Buddenbrooks«, ein Werk, in dem er kühl und ironisch den *Verfall einer Familie* beschrieb, ohne in wehmütige Nostalgie zu verfallen.

Anders als Heinrich Mann, der sich als Demokrat und Republikaner kritisch mit den Zuständen im deutschen Kaiserreich auseinandersetzte, ging Thomas mit der herrschenden Gesellschaftsordnung durchaus konform. Das führte um die Jahrhundertwende zum Bruch zwischen beiden Brüdern, denn der Jüngere wünschte sich nichts so sehr wie den Zugang zur noblen Gesellschaft. Tatsächlich öffnete der literarische Erfolg Thomas Mann die Türen des Münchner Großbürgertums, schließlich auch die der Pringsheims.

## Die Hochzeit der »Prinzessin«

Im Hause Pringsheim hatte man natürlich längst bemerkt, dass Thomas Mann Tochter Katia den Hof machte: *Thomas Mann hatte den dringenden Wunsch, mich zu heiraten.* Doch die Reaktionen der einzelnen Familienmitglieder waren höchst unterschiedlich. Während Vater Pringsheim und auch Katia selbst der Werbung eher ablehnend gegenüberstanden, war die literaturbegeisterte Mutter von dem potenziellen Schwiegersohn durchaus angetan. Auch Katias Zwillingsbruder Klaus, ein, wie Thomas Mann befand, *höchst erfreulicher junger Mensch,* setzte sich für die Ehe seiner Schwester mit dem Schriftsteller ein: *Mein Zwillingsbruder Klaus war außerordentlich für diese Heirat.* Die anderen Brüder hielten sich bedeckt: *Ich muß gestehen, sie nannten zunächst Thomas Mann immer den leberleidenden Rittmeister, weil er nämlich etwas blässlich war und schmal, und dann war er sehr korrekt mit seinem Schnurrbart und seinem ganzen Auftreten. Aber das war nicht böse gemeint. Wirklich gegen die Heirat war niemand.* Über die gemeinsame Verehrung für Richard Wagner erwarb sich Thomas Mann schließlich auch die Sympathie von Alfred Pringsheim, sodass einer Hochzeit nichts mehr im Wege zu stehen schien. Und Katia? Sie war die Einzige, die noch zögerte. Zwar fand sie Thomas Mann recht interessant, aber wirkliche Liebe war dabei nicht im Spiel. Der Bewerber versuchte daher mit viel Pathos und Poesie, die Widerspenstige doch noch zu überzeugen: *Seien Sie meine Bejahung, meine Vollendung, meine Erlöserin, meine – Frau! … Wissen Sie, warum wir so gut zusammenpassen? Weil Sie auf Ihre Art etwas Außerordentliches, weil Sie – wie ich das Wort verstehe – eine Prinzessin sind …*

Warum die *Prinzessin* letztlich doch in die Ehe einwilligte, bleibt ihr Geheimnis. Vielleicht weil Zwillingsbruder Klaus ihr *innig zuredete, all ihre Zweifel und inneren Widerstand zu überwinden*? Oder weil die ganze Familie inzwischen von der Hochzeit sprach? Katia stand am Scheideweg. Sie war inzwischen 21 Jahre alt und machte sich Gedanken um ihre Zukunft. Eine Karriere als Wissenschaftlerin, auf die sie während des Studiums noch nicht einmal halbherzig hingearbeitet hatte, kam für sie nicht infrage. Sie wollte unbedingt Kinder haben, wollte so leben, wie es ihr die Eltern vorgemacht hatten – im harmonischen Kreis der Familie und in einer anregenden intellektuellen Atmosphäre. Mit einem renommierten Schriftsteller wie Thomas Mann konnte das durchaus gelingen. Ob sie schon damals etwas von seinen homoerotischen Neigungen geahnt hat, die er schließlich mit ihrem Zwillingsbruder Klaus gemeinsam hatte?

Am 11. Februar 1905 heirateten Katia und Thomas Mann auf dem Münchner Standesamt und feierten den »Bund fürs Leben« anschließend mit einem opulenten Fest in Katias Elternhaus in der Arcisstraße. Noch am gleichen Abend brachen sie zu ihrer – von den Pringsheims organisierten – Hochzeitsreise auf, die sie ins Hotel Baur au Lac nach Zürich führte.

## Hausfrau und Mutter

Der Start ins gemeinsame Leben gestaltete sich nicht ganz einfach. Der inzwischen 30-jährige Thomas Mann hatte – zumindest in sexueller Hinsicht – keinerlei Erfahrungen mit Frauen und musste zunächst zwei Nervenärzte und einen Hypnotiseur konsultieren, bevor er seinen ehelichen Pflichten nachkommen konnte. Doch als das frischgebackene Ehepaar nach zweiwöchiger Hochzeitsreise nach München zurückkehrte, wo ihnen die Pringsheims in der Franz-Joseph-Straße eine komfortable Wohnung eingerichtet hatten, war Katia bereits schwanger. Am 9. November 1905 erblickte Tochter Erika das Licht der Welt. Glaubt man Katias Bekenntnissen, so hätte sie lieber einem Sohn das Leben geschenkt: *Ich war sehr verärgert. Ich war immer verärgert, wenn ich ein Mädchen bekam. Warum weiß ich nicht.* Die Familie vergrößerte sich rasch. Zu Katias großer Erleichterung war das nächste Kind, das am 18. November 1906 geboren wurde, endlich der ersehnte Sohn: Klaus. Am 27. März 1909 folgte Golo, am 7. Juni 1910 kam wieder eine Tochter zur Welt, Monika. Nach der Geburt von vier Kindern war es in der Franz-Joseph-Straße ein wenig eng geworden und die Manns bezogen daher eine größere Wohnung in der Mauerkircherstraße.

Die Eltern Pringsheim hielten auch weiterhin schützend die Hand über ihre einzige Tochter. Katia erhielt nicht nur jeden Monat eine beachtliche finanzielle Zuwendung, Mutter Hedwig stand ihr auch jederzeit mit Rat und Tat zur Seite. Der Haushalt mit vier kleinen Kindern erforderte eine Menge Kraft, selbst wenn Katia von Köchin, Hausmädchen und Kinderfrau Unterstützung erhielt. Vor allem aber galt es, den Familienvater Thomas Mann von den Turbulenzen des Alltags abzuschotten. Der Schriftsteller zog sich jeden Vormittag für mehrere Stunden in sein Arbeitszimmer zurück und durfte während dieser kreativen Phase auf keinen Fall gestört werden.

Ansonsten aber pflegte Katia genau den großbürgerlichen Lebensstil, den sie von Kindesbeinen an gewohnt war. Für die Sommermonate stand der Familie ein komfortables Ferienhaus in Bad Tölz zur Verfügung, wo die Kinder nach Herzenslust herumtoben konnten. Katia hatte eigentlich allen Grund, mit ihrem Leben zufrieden zu sein. Trotzdem stellten sich ab August 1911 gesundheitliche Beschwerden ein, wiederkehrende Erkältungen und Bronchialinfekte, die ein ernsthaftes

Lungenleiden befürchten ließen. Die Diagnose der Ärzte blieb zwar ohne konkretes Ergebnis – der Verdacht auf Tuberkulose bestätigte sich nicht –, trotzdem rieten sie zu einem längeren Kuraufenthalt in der Schweiz. Vielleicht brauchte Katia einfach eine kleine »Auszeit« von den Strapazen des Familienlebens. Es sei deshalb dahingestellt, ob sie lediglich erschöpft war oder ob ihr Leiden womöglich auch psychosomatische Ursachen hatte.

Als sie im März 1912 die Reise nach Davos antrat, war Hedwig Pringsheim ganz selbstverständlich an ihrer Seite. Selbst mit 28 Jahren hatte sich Katia noch nicht ganz von ihrer Mutter »abgenabelt«. Sie sahen sich nahezu täglich und führten ausgiebige Telefonate, über deren Inhalt nur spekuliert werden kann. Sicherlich ging es hauptsächlich um die Kinder, die anfangs freilich noch keine größeren Probleme bereiteten. Schüttete Katia ihrer Mutter auch hinsichtlich des Ehelebens ihr Herz aus? Hedwig Pringsheim, die ihren stets etwas heiklen und empfindlichen Schwiegersohn mit liebevollem Spott als *Pimperling* zu bezeichnen pflegte, wird auch hier ein offenes Ohr gehabt haben. Selbst das Thema Homosexualität war im Hause Pringsheim nicht unbekannt. Offen geredet wurde darüber sicher nicht, doch die sexuellen Vorlieben des Sohnes Klaus wurden stillschweigend akzeptiert. Genauso hielt es Katia, auch wenn Thomas Mann sein Wohlgefallen an gut aussehenden Knaben nur literarisch auslebte, wie im »Tod in Venedig«, jener Novelle, die er nach einem Besuch mit Katia in der Lagunenstadt 1911/12 verfasste. In diesem Stück macht Gustav von Aschenbach (alias Thomas Mann) Bekanntschaft mit dem »engelhaften« Sohn einer polnischen Familie. Weil ihn der Knabe so sehr fasziniert, verpasst er die rechtzeitige Abreise aus Venedig und stirbt schließlich an der Cholera. Katia erinnerte sich später an die tatsächlichen Begebenheiten: *Er hatte sofort ein Faible für diesen Jungen, er gefiel ihm*

*über alle Maßen und er hat ihn auch immer am Strand be-*
*obachtet. Er ist ihm nicht durch ganz Venedig nachgestiegen,*
*das nicht, aber der Junge hat ihn fasziniert und er dachte öfters*
*an ihn.*

## Leben im Ersten Weltkrieg

Der ausgiebige Kuraufenthalt, selbstverständlich von den Pringsheims finanziert, wurde noch zweimal wiederholt, bis sich Katias Gesundheitszustand allmählich besserte. Insgesamt verbrachte die »Schonungsbedürftige« fast zwölf Monate in Schweizer Sanatorien. Thomas Mann, der sie im Sommer 1912 in Davos besuchte, zeigte sich derart beeindruckt von der dort herrschenden morbiden Atmosphäre, dieser seltsamen Mischung aus Tod und unbändiger Lebenslust, dass er sich zu seinem zweiten großen Roman »Der Zauberberg« inspirieren ließ, der 1924 veröffentlicht wurde.

Im Januar 1914 zog die Familie Mann erneut um. Wieder einmal hatten die Eltern Pringsheim tief in die Tasche gegriffen und ihrer Tochter eine großzügige Villa in der Münchner Poschingerstraße 1 am Herzogpark geschenkt. Die »Poschi«, wie das Anwesen im Familienkreis genannt wurde, blieb das geliebte Zuhause der Manns, bis sie 1933 von den braunen Machthabern aus ihrem Heim vertrieben wurden.

Nur wenige Monate nach dem Einzug wurden die Manns wie viele andere auch vom Ausbruch des Ersten Weltkriegs überrascht. Thomas Mann, inzwischen knapp 40 Jahre alt, blieb der Einsatz an der Front erspart. Er war als untauglich ausgemustert worden und konnte auch die nächsten Jahre weitgehend ungestört an seinem Schreibtisch verbringen. Katia hielt ihrem »Tommy« auch in dieser Zeit den Rücken frei.

Für Katia, die inzwischen ihren 31. Geburtstag gefeiert hatte, begann damit ein völlig neuer Lebensabschnitt. Hatte sie bislang scheinbar ängstlich und hilflos am »Rockzipfel« ihrer Mutter gehangen, so wuchs sie in den Kriegsjahren plötzlich über sich hinaus und entwickelte ungeahnte Kräfte. Von Schonungsbedürftigkeit war keine Rede mehr, Katia packte an, wo es nötig war. *Im Ersten Weltkrieg war es sehr schwierig, eine Familie mit vier heranwachsenden Kindern einigermaßen zu ernähren, und ich habe es nicht leicht gehabt.* Das erzählte sie später in ihren »Ungeschriebenen Memoiren«. *Ich bin da wirklich den ganzen Tag mit dem Fahrrad in München herumgefahren, um da oder dort etwas aufzutreiben, wir wollten absolut mit dem Schwarzhandel nichts zu tun haben.* Auch die Kinder attestierten ihr eine große Begabung, so mit den Einschränkungen umzugehen, dass man sie zunächst nicht als Belastung empfand. *Es war im Krieg, dass die bis dahin so verwöhnte Mutter zu einer Art Heldin wurde,* erinnerte sich später Sohn Golo, *mit zwei schweren Aufgaben: den nervösen, hart arbeitenden Gatten zu beschützen, ihn zu ernähren, so gut es eben ging, und doch auch die Übrigen, die vier Kinder und die »drei Mädchen« nicht gar zu kurz kommen zu lassen.*

Als das Geld im Laufe des Krieges immer knapper wurde, mussten Haus- und Kindermädchen entlassen und das Ferienhaus in Bad Tölz verkauft werden. Es wurde auch zunehmend schwieriger, die Familie satt zu bekommen. 1916 schnitt Katia das Frühstücksbrot nur noch hauchdünn, eine Zeit lang gab es vier Scheiben für jeden, dann nur noch drei. Doch sie sorgte auch dafür, dass Thomas Mann zum Mittagessen nicht auf sein »Kriegsbier« verzichten musste, das er aus einem silbernen Henkelbecher trank.

Auch Klaus Mann zollte seiner Mutter großes Lob: *Es muß eine schwere Zeit für unsere Mutter gewesen sein, viel schwerer als für uns. Vier gierige Kinder und einen heiklen, delikaten*

*Mann unter so abnormen Umständen durchzufüttern, war gewiß keine Kleinigkeit.*

Und wieder wurde die Familie größer: Am 24. April 1918 wurde Elisabeth geboren, genannt Medi, der ganz besondere Liebling des Vaters. Im Jahr darauf, am 21. April 1919, erblickte mit Michael wieder ein Sohn das Licht der Welt. Die »Familienplanung« der Manns war damit abgeschlossen.

## Herzenskinder und »schwarze Schafe«

Bald nach dem Ende des Ersten Weltkriegs konnte Familie Mann ihren früheren Lebensstil wieder aufnehmen, Köchin, Haus- und Kindermädchen einstellen und natürlich verreisen. Auch Katia gönnte sich noch einige Kuraufenthalte, um nach den Strapazen der Kriegsjahre in Kohlgrub, Oberammergau und Oberstdorf neue Kräfte zu sammeln.

Die Kinder wuchsen heran – und bereiteten ihren Eltern zunehmend Kopfzerbrechen. Erika und Klaus fielen nicht nur immer häufiger durch schlechtes Benehmen auf, auch ihre Schulnoten ließen zu wünschen übrig. Nach dem Besuch einer Privatschule bestand Erika 1924 mit Ach und Krach ihr Abitur und begann ein Schauspielstudium in Berlin. Im gleichen Jahr musste Klaus die (damals noch) renommierte Odenwaldschule ohne Abschluss verlassen. Ebenfalls in Berlin ansässig machte er seine ersten Gehversuche als Journalist und Schriftsteller. Dass sich sowohl Erika als auch Klaus zum eigenen Geschlecht hingezogen fühlten – selbst wenn Erika im Juli 1926 den Schauspieler Gustav Gründgens heiratete –, war in der Familie Mann verständlicherweise kein Tabu.

Golo, der seit 1923 die von Kurt Hahn geleitete Internatsschule Salem besuchte, legte hier vier Jahre später das Abitur ab. Während sich die beiden »Großen« wild und aufsässig gebärdeten, erschien Golo zunächst als etwas skurriler Sonderling der Familie, mal kauzig, mal melancholisch, insgesamt schwer einzuschätzen. Seine Schulleistungen waren mittelmäßig, die Vorliebe des späteren Historikers für das Fach Geschichte allerdings schon früh erkennbar. Auch Monika, die ebenfalls in Salem zur Schule ging, nahm in der Familie eine Sonderstellung ein, allerdings als das »schwarze Schaf«. Denn es war keineswegs so, dass sich Liebe und Sympathie der Eltern gleichmäßig auf die sechs Kinder verteilten. Im Gegenteil, Katia und Thomas Mann hatten ihre eindeutigen Vorlieben und Abneigungen. Erika, *das kühne und herrliche Kind*, war der Liebling der Eltern, Klaus galt zwar als extrem schwierig, gleichwohl als begabt und liebenswert. Während dem Einzelgänger Golo nur wenig Aufmerksamkeit geschenkt wurde, war Monika, das »Mönle«, nach Ansicht der Eltern die Törichtste der Kinder, dumm, stur und dickfellig. Diese Einschätzung hat sich auch in späteren Jahren nicht geändert, was immer Monika tat, fand in den Augen der Eltern keine Gnade. In ihren Lebenserinnerungen »Vergangenes und Gegenwärtiges« verzichtete Monika Mann zwar auf eine generelle Abrechnung mit dem Elternhaus, gleichwohl überwogen die kritischen Töne: *So lebte ich von früh auf im Zwielicht der mondänen Einsamkeit. Zugleich mit jener Weltoffenheit hatte das elterliche Haus eine große innere Abgeschlossenheit. Die starke und verhaltene Persönlichkeit meines Vaters und das dynamische Gegenspiel meiner Mutter bildeten eine atmosphärische Macht und Einheit, gegen die das fremde Leben verblaßte … Der ewige Kampf um das Gelingen – um jene Selbstbefreiung –, das inständig ichwärts gekehrte väterliche Wesen wirkten einschüchternd, ja beklemmend auf uns …*

Elisabeth, die jüngste Tochter, war das behütete Herzenskind vor allem des Vaters, wohingegen das »Nesthäkchen« Michael ähnlich negativ wie seine Schwester Monika beurteilt wurde: desinteressiert, bockig und, abgesehen von seinem musikalischen Talent, nur wenig begabt. Auch wenn es im Wesentlichen der Familienvater war, der den Nachwuchs in die Kategorien »gelungen« und »missraten« einteilte, so hat Katia dem Urteil ihres Mannes nie energisch widersprochen und die »missratenen« Kinder in Schutz genommen. Die *atmosphärische Macht und Einheit* der Eltern, von der Monika sprach, war auch in Bezug auf die Kinder uneingeschränkt gültig. Katia Mann hat es nicht geschafft, ihre Kinder so anzunehmen, wie sie nun einmal waren, und deren unterschiedliche Charaktere zu akzeptieren und respektieren.

## »Wir sollten lieber außer Landes gehen.« – Hitler an der Macht

Sieht man von den Problemen mit den Kindern einmal ab, so waren die Goldenen Zwanziger für Katia und Thomas Mann frei von Sorgen. Der Erfolg des Schriftstellers hielt unvermindert an, er empfing zahlreiche Auszeichnungen und konnte im Dezember 1929 in Stockholm den Nobelpreis für Literatur entgegennehmen. Katia, unermüdlich um das Wohl ihres Mannes besorgt und stets an seiner Seite, begleitete ihn auf seinen verschiedenen Vortragsreisen und tat alles in ihrer Macht Stehende, dem empfindsamen Schriftsteller den Rücken frei zu halten. Dass sie sich freiwillig in seinen Schatten stellte, schien selbstverständlich zu sein: *Ich bin nie hervorgetreten, ich fand, das ziemte sich nicht,* bekannte sie später.

Während Thomas Mann, der sich seit dem Zusammenbruch der Hohenzollernmonarchie und der Gründung der Weimarer Republik zum überzeugten Demokraten gewandelt hatte, voller Zuversicht in die Zukunft blickte, schien Katia bereits eine Ahnung von dem zu haben, was schon bald auf Deutschland zukommen würde. Vielleicht hatte sie aufgrund ihrer jüdischen Wurzeln ein besseres Gespür für die drohende Gefahr. *Ich hatte schon vor Monaten zu meinem Mann gesagt: Die Nazis kommen an die Macht, das ist nicht mehr aufzuhalten. Und so, wie du sie immerfort bekämpft hast, kommen wir in eine gräßliche, gefährliche Lage. Wir sollten lieber außer Landes gehen. Aber er sagte immer: Das tue ich nicht. Dieser Entschluß wäre ein Signal, daß ich an den Sieg der Sache glaube, und dieses Signal will ich nicht geben. Wir bleiben ruhig noch da, es wird vorerst nichts weiter passieren.* Hitlers Machtübernahme im Januar 1933 belehrte ihn rasch eines Besseren. Zu der Zeit hielten sich die Manns gerade in Brüssel auf, wo der Schriftsteller einen viel beachteten Vortrag über Richard Wagner hielt. *Der Zufall oder Fügung wollten es, daß wir im Februar 1933 zu einer Vortragsreise ins Ausland reisten,* heißt es in Katia Manns »Ungeschriebenen Memoiren«. *Von dieser Reise sind wir nicht nach Deutschland zurückgekehrt, sie führte uns zwangsläufig ins Exil. Deshalb sind wir im wörtlichen Sinne nicht emigriert, wir waren glücklicherweise »draußen«. Wir hätten gar nicht emigrieren können…* Tatsächlich traten sie erst einmal ihren lang geplanten Winterurlaub in der Schweiz an, den sie zunächst noch unbeschwert genossen: *Um uns nach der Wagner-Tournee noch ein bißchen zu erholen, gingen wir nach Arosa. In die Zeit fiel der Reichstagsbrand am 27. Februar, dann kamen die Reichstagswahlen vom 5. März, wo doch bereits alle Kommunisten und viele Sozialdemokraten hinter Schloß und Riegel saßen. Tatsächlich war das ganze Hotel vorm Radio versammelt, um die Nachrichten über den Ausgang der Wahl zu hören.* Spätestens jetzt stand fest: Nach Deutschland gab es kein Zurück mehr. *Es wäre ganz undenkbar gewesen, aber mein Mann wollte es immer noch nicht ganz glauben.* Erika und Klaus, die sich damals gerade in München aufhielten, aber auch die alten Pringsheims rieten Katia und

Thomas Mann dringend, in der Schweiz zu bleiben. *Das Wetter ist so abscheulich,* lautete Erikas verschlüsselte Warnung am Telefon.

Während sich Thomas Mann in einer Art Schockzustand befand, unfähig zu handeln und für die Zukunft zu planen, lag es wieder einmal an Katia, die Dinge in die Hand zu nehmen. Zunächst musste ein neues Hotel gesucht werden, weil die Unterkunft in Arosa bereits für andere Gäste reserviert war. Dann galt es die beiden Jüngsten, Elisabeth und Michael, die in Deutschland ein Internat besuchten, unverzüglich in die Schweiz zu holen. Genauso wichtig war es, die Finanzen zu regeln, Geld abzuheben und Thomas Manns Manuskripte und Tagebuchaufzeichnungen, die sich in der Münchner Villa befanden, schleunigst außer Landes zu bringen. Mit viel Glück und Dank der tatkräftigen Hilfe von Erika und Golo, der inzwischen in Heidelberg studierte, sowie dem Hausmädchen Marie Kurz ließ sich alles in kürzester Zeit regeln. Weil sich die Manns in der Schweiz recht wohlfühlten, beschlossen sie, vorerst dort zu bleiben. Den Sommer wollten sie allerdings an der Côte d'Azur verbringen, wo sich inzwischen auch Heinrich Mann und seine Lebensgefährtin Nelly Kröger in Sicherheit gebracht hatten.

Wieder tat Katia, was getan werden musste. Wie immer in Krisensituationen lief sie auch diesmal zur Höchstform auf. Mit Hilfe von Freunden konnte sie im südfranzösischen Sanary-sur-Mer ein geräumiges Haus mieten, das den Manns von Juni bis September 1933 zur Verfügung stand. Nach ihrer Ankunft war es ganz selbstverständlich, dass »Tommys« Arbeitszimmer als Erstes so eingerichtet wurde, dass er sich wohlfühlte. Erst danach organisierte Katia den Rest, bevor sie am 24. Juli 1933 im Kreis der Familie ihren 50. Geburtstag feiern konnte. Zum Fest hatte sie auch Heinrich Mann und Nelly Kröger eingeladen, wenngleich die junge Frau als peinliche und unpassende Erscheinung in der Familie nicht akzeptiert wurde.

Derweil kümmerte sich Hedwig Pringsheim um die Münchner Angelegenheiten, sorgte dafür, dass die Villa in der Poschingerstraße vermietet werden konnte, dass Bücher und andere wichtige persönliche Dinge verpackt und in die Schweiz geschickt wurden.

Nach ihrer Rückkehr aus Frankreich bezogen die Manns im September 1933 eine geräumige Villa in Küssnacht am Zürichsee. Im Oktober durfte Katia endlich die 40 Kisten auspacken, die ihre Mutter geschickt hatte – Hausrat, Porzellan, Bilder und Bücher. So konnte sie das neue Heim der Familie – und vor allem Thomas Manns Arbeitszimmer – endlich wieder so behaglich wie in München einrichten.

Besorgt erfuhr Katia von ihren Eltern, dass die Nationalsozialisten deren Haus in der Arcisstraße enteignet und abgerissen hatten, sodass sich die alten Leute eine neue Bleibe suchen mussten. Aber auch Katia und Thomas Mann traf der Bannstrahl der neuen Machthaber: Am 2. Dezember 1936 wurde ihnen die deutsche Staatsangehörigkeit aberkannt.


## Die Jahre in Princeton

Auch wenn Katia unter dem Verlust ihrer deutschen Heimat litt und vor allem die Münchner »Poschi« entsetzlich vermisste, so konnte sie doch mit ihrem »neuen Leben« in Küssnacht ganz zufrieden sein. Sentimentalität war ohnehin nicht ihre Sache. Nur etwas quälte sie, selbst wenn sie nicht darüber sprach, erst recht nicht mit ihrem Mann, den es gegen unangenehme Dinge möglichst abzuschirmen galt. Sohn Klaus, der versucht hatte, sich in Berlin als Journalist und Schriftsteller zu etablieren, war gescheitert. Die von ihm gegründete Zeitschrift musste eingestellt werden, seine Romane verkauften sich nur schleppend. Weil er sein Leben nicht in den Griff bekam, suchte er Zuflucht im Drogenkonsum, nahm Aufputschmittel und schnupfte Kokain. 1937 musste er sich in eine Entzugsklinik einweisen lassen. Anlass zur Sorge bot auch Erika, die in der Weimarer Zeit mit ihrem Kabarett »Die Pfeffermühle« großen Erfolg gehabt hatte, jetzt aber beruflich nicht richtig Fuß fassen konnte. Was sollte aus den Kindern werden? Golo war 1933 im französischen Exil geblieben, Monika lebte jetzt in Florenz, um Klavier zu studieren, Elisabeth und Michael besuchten derweil das Zürcher Konservatorium.

Doch kaum war Katia am Zürichsee ein wenig heimisch geworden, da musste sie einen weiteren Umzug organisieren. Die reiche Amerikanerin Agnes Meyer, die Thomas Mann im Mai 1937 kennengelernt hatte, war von dem berühmten Schriftsteller so fasziniert, dass sie ihm vorschlug, eine Gastprofessur an der renommierten Universität Princeton im US-Bundesstaat New Jersey zu übernehmen, für deren Finanzierung sie selbst sorgen wollte. Derart geschmeichelt nahm Thomas Mann das Angebot an – und Katia musste sich zum wiederholten Male auf die Suche nach einem adäquaten neuen Zuhause machen. Über eine Agentur wurde sie schließlich fündig und konnte am 27. Juni 1938 den Erfolg vermelden: *Heute waren wir in Princeton und haben glücklich gemietet, das Haus, das ich von Anfang an wollte und das plötzlich nun doch zu haben war.* Das Anwesen in der Stockton Street entsprach mit zehn Zimmern, fünf Bädern und einem riesigen Repräsentationsraum ganz den gehobenen Ansprüchen der Manns. Zwei Monate später war es endlich bezugsfertig.

In Princeton fühlte sich Katia von Anfang an wohl. Das lag zum einen an der Tatsache, dass ihr das akademische Milieu, in dem sie sich nun bewegte, von Kindesbeinen an vertraut war. Albert Einstein wohnte gleich in der Nachbarschaft. Viel wichtiger aber war, dass Katia hier – vielleicht zum ersten Mal in ihrem Leben – eine wirklich gute Freundin fand, die nun zu ihrer engsten Vertrauten wurde: Molly Shenstone, Ehefrau eines Princetoner Physikprofessors. Zunächst war es nur so etwas wie »praktische Lebenshilfe«, die Molly ihrer Freundin leistete. Sie half beim Eingewöhnen in die neue Umgebung, unterstützte sie bei der umfassenden englischen Korrespondenz, die Katia mit allen möglichen Bittstellern führte, hörte geduldig zu, wenn es wieder einmal Klagen über das höchst unzuverlässige Hauspersonal gab und teilte mit ihr schließlich Freud und Leid. 1939 läuteten im Hause Mann gleich dreimal die Hochzeitsglocken, denn Michael, Elisabeth und Monika traten vor den Traualtar. Vermutlich sprach man aber auch über den Ausbruch des Zweiten Weltkriegs und die katastrophale Situation der deutschen Juden. Lange hatte Katia um das Leben ihrer betagten Eltern gebangt, bis die Pringsheims Ende Oktober 1939, also gleichsam in letzter Minute, nach Zürich ausreisen konnten. Katia sah sie nie wieder. Alfred Pringsheim starb 1941 im Alter von 90 Jahren, nur ein Jahr später folgte ihm die 87-jährige Hedwig in den Tod. Große Sorgen machte sich Katia auch um ihren Bruder Peter, der damals in Belgien lebte, das 1940 von der Wehrmacht besetzt wurde. Golo und Heinrich Mann befanden sich in Südfrankreich ebenfalls in höchster Lebensgefahr, bis auch sie sich endlich ins amerikanische Exil retten konnten. Monika, die 1939 den ungarischen Kunsthistoriker Jenö Lányi geheiratet hatte und mit ihm in London lebte, bat ihre Eltern verzweifelt um Hilfe für eine Ausreise in die USA. Tatsächlich schaffte sie es, gemeinsam mit ihrem Mann zu fliehen und einen Platz auf dem Flüchtlingsschiff »City of Benares« zu bekommen. Doch als das Schiff während der Fahrt über den Atlantik von einem deutschen U-Boot versenkt wurde, wurde es zur Todesfalle, Monikas Mann kam in den Fluten ums Leben. Sie selbst wurde gerettet und kam nach einer längeren Odyssee am 28. Oktober 1940 völlig verzweifelt in New York an, von wo aus sie zu ihren Eltern weiterreiste. Auch die Sorge um Monikas Zukunft konnte Katia ihrer Freundin Molly anvertrauen: *Es gibt tatsächlich nichts, was ihr wirklich angemessen wäre – das ist die Tragödie.* Doch es gab auch Freudiges zu vermelden: Am 31. Juli 1940 kam das erste Enkelkind zur Welt, Fridolin, der Sohn von Michael und Gret Mann. Nur wenige Monate später, am 30. November 1940, wurde Angelica geboren, die Tochter von Elisabeth und dem Historiker Giuseppe Antonio Borgese (1882–1952).

Wie tief Katias Zuneigung zu Molly Shenstone in Wirklichkeit war, geht erst aus dem Briefen hervor, die sie an die Freundin schrieb, als sich die Manns 1941 wieder aus Princeton verabschiedeten: *Liebste Molly, ich vermisse Dich mehr, als ich sagen kann. Denn wenn ich mir alle Freundschaften meines – leider – schon so langen Lebens vor Augen führe, dann muss ich mir eingestehen, dass ich nie eine Freundin hatte, die ich wirklich mochte. Und jetzt, wo mir einmal dieses Glück beschieden ist, müssen die Umstände so ungünstig sein …*

Ein anderes Beispiel: *Liebste Molly, ich bin eine einsame alte Frau, die nur glücklich ist, auf ihre alten Tage noch eine Freundin wie Dich gefunden zu haben … Ich hatte nicht erwartet, mehr als nur Bekannte zu finden, als wir nach Princeton verpflanzt wurden …* In einem weiteren Brief spricht Katia sogar ganz offen von *tiefer und warmer Zuneigung,* die sie für Molly empfindet. Für einen Menschen wie Katia, die ihr Leben lang äußerst sparsam mit Gefühlsäußerungen umging, ist das schon fast so etwas wie eine Liebeserklärung.

## Das vierte Domizil der Familie – Pacific Palisades

Liebend gern wäre Katia in Princeton geblieben, doch nach nur drei Jahren musste sie von New Jersey und Molly Shenstone Abschied nehmen. Der Lehrauftrag für Thomas Mann war nicht verlängert worden, weil es an Sponsoren fehlte. Aber der Dichter hatte ohnehin die Lust am Universitätsbetrieb verloren. Stattdessen zog es auch ihn ins sonnige Kalifornien, Exil der meisten deutschen Schriftsteller, wo inzwischen auch sein Bruder Heinrich lebte.

Für Katia stand sofort fest, dass sie sich dem Wunsch ihres Mannes nicht widersetzen durfte. Schließlich galt im Hause Mann die Maxime, dass sich in erster Linie das Familienoberhaupt wohlfühlen musste. Also begann Katia erneut mit der Auflösung des Haushalts und beeilte sich, nach einem geeigneten Interimsdomizil in Los Angeles zu suchen. Sie fand es schließlich am Amalfi Drive in Pacific Palisades, ganz in der Nähe des San Remo Drive, wo man bereits mit den Bauarbeiten für das neue Eigenheim der Manns begonnen hatte, das ein Jahr später bezugsfertig war.

Aufmerksam verfolgten Katia und Thomas Mann den Fortgang des Zweiten Weltkriegs, zumal sich Erika, Klaus und Golo freiwillig zur US Army gemeldet hatten und Klaus sogar in Europa stationiert war. Für Katia verband sich die Angst um das Leben ihres Sohnes mit der vagen Hoffnung, dass der Kriegseinsatz ihm helfen würde, seine Drogensucht zu überwinden.

Dass halb Deutschland inzwischen in Schutt und Asche lag, haben sowohl Katia als auch Thomas Mann mit bitterer Genugtuung zur Kenntnis genommen: *Die letzten englischen Luftangriffe waren wirklich erhebend,* schrieb Katia ihrer Freundin Molly, *besonders für jemanden, der die Deutschen so hasst wie ich! … Mir tun die Deutschen kein bisschen leid. Wenn eine Strafe jemals verdient war, dann diese … Dass sie nun genau mit denselben Mitteln zerstört werden, die sie zur Versklavung der Völker für sich allein reserviert glaubten, ist eine wahre Nemesis. Man könnte glauben, dass die göttliche Ordnung, an der zu verzweifeln wir in den vergangenen Jahren so oft Grund hatten, wiederhergestellt wird.* Am 23. Juni 1944 erhielten Katia und Thomas Mann die amerikanische Staatsbürgerschaft.

Das Leben in Pacific Palisades verlief zunächst ohne nennenswerte Höhen und Tiefen. Dass Heinrichs Frau Nelly im Dezember 1944 Selbstmord verübte, wurde eher mit Erleichterung aufgenommen, letztlich auch für den *armen alten Ohm*, um den sich nunmehr Katia zu kümmern hatte.

Als Deutschland am 8. Mai 1945 kapitulierte und der Zweite Weltkrieg in Europa endlich zu Ende ging, gab es im Hause Mann abends *französischen Champagner zur Feier des VE-day*, wie Thomas Mann in sein Tagebuch notierte. Katia hat sich nicht darüber geäußert, welche Gefühle sie an diesem Tag bewegten. Man hat ohnehin den Eindruck, als habe sich damals ein Schatten aus Melancholie und Resignation über die prachtvolle Villa am San Remo Drive gelegt. Thomas Mann vergaß in diesem Jahr sogar Katias Geburtstag, was sie *dann doch ein bisschen häßlich* fand. War dies vielleicht schon ein erster Hinweis auf seine ernsthafte Erkrankung? Nur wenige Monate später begann sich Katia nämlich große Sorgen um die Gesundheit ihres Mannes zu machen. Er wirkte zunehmend apathisch und depressiv, hatte rapide an Gewicht verloren und wurde von einem hartnäckigen Reizhusten gequält. Der Befund der ärztlichen Untersuchung war alarmierend, denn das Röntgenbild wies eine auffallende »Stelle« an der Lunge auf. Dass es sich um ein Karzinom handelte, ahnte Katia bereits, doch gleichzeitig stand fest, dass ihr Mann auf keinen Fall die

Wahrheit über seinen Zustand erfahren durfte. Es würde all seine Hoffnung auf Genesung zunichte machen. Die Operation am 24. April 1946 verlief ohne Komplikationen und tatsächlich erholte sich der fast 71-jährige Patient erstaunlich rasch von dem Eingriff. Er schlug sogar die Warnungen der Ärzte in den Wind, künftig aufs Rauchen zu verzichten. Ein paar Zigaretten am Tag wollte er sich auch weiterhin gönnen und Katia ließ ihren Mann gewähren.

Thomas Manns Gesundheitszustand war bald wieder so weit hergestellt, dass man sogar eine größere Reise planen konnte: Es sollte nach Europa gehen, wobei ein Besuch in Deutschland jedoch nicht in Frage kam. Stattdessen wollte man sich in London und Zürich mit den dort lebenden Verwandten treffen und Katia konnte nach vielen Jahren ihren Bruder Heinz wieder in die Arme schließen. Er war eigens aus München angereist, wo er dabei war, die Musikabteilung des Bayerischen Rundfunks aufzubauen.

Die Europareise im Sommer 1947 weckte das Heimweh der Manns nach dem alten Kontinent, denn seit dem Tod Präsident Roosevelts 1945, den sie so verehrt hatten, fühlte sich das Ehepaar in Amerika nicht mehr richtig zuhause. Vor allem Thomas Mann sehnte sich zurück in seinen alten Sprachraum, von dem er sich auch neue Chancen erhoffte. Der Wunsch, nach Europa zurückzukehren, verstärkte sich auf drei weiteren Reisen, die sie 1949, 1950 und 1951 in verschiedene Länder unternahmen. Dabei wurde ihr Aufenthalt in Stockholm im Mai 1949 von einem schweren Schicksalsschlag überschattet. In der schwedischen Hauptstadt erreichte Katia und Thomas Mann die Nachricht, dass sich ihr Sohn Klaus am 21. Mai im südfranzösischen Cannes das Leben genommen hatte. Vielleicht traf Katia die Nachricht nicht ganz unvorbereitet, vermutlich hatte sie schon seit längerer Zeit damit gerechnet, dass der Drogenkonsum des Sohnes irgendwann seinen Tribut fordern würde. Über die Gefühle, die sie bewegt haben müssen, hat sie niemals gesprochen. Sie erlaubte sich auch in dieser schlimmen Stunde keinerlei Sentimentalitäten und fand offenbar, dass so etwas wie »business as usual« der Situation angemessen war. Deshalb verzichtete sie auch darauf, zu Klaus Manns Beerdigung nach Cannes zu fliegen, und blieb bei ihrem »Tommy« in Stockholm.

## »Der eine, der mich wirklich brauchte, ist nicht mehr da.«

Nach dem Tod von Heinrich Mann im März 1950 nahmen die Umzugspläne nach Europa immer konkretere Formen an. Katia hätte sich durchaus vorstellen können, in Amerika zu bleiben, nachdem sie in Kalifornien doch bereits *Würzelchen geschlagen* hatten. Aber sie folgte auch diesmal dem Wunsch ihres Mannes und sagte den Vereinigten Staaten Lebewohl. Im Spätherbst 1952 mieteten sich Katia und Thomas Mann zunächst ein Haus im schweizerischen Erlenbach, bevor sie sich im Januar 1954 für ihr letztes Domizil in Kilchberg am Zürichsee entschieden, das ganz den Vorstellungen des Schriftstellers entsprach: *Die Kombination meines Arbeitszimmers mit der Bibliothek ausgezeichnet…Ich habe wieder, wie in Californien, ein eigenes Badezimmer*, schrieb Thomas Mann befriedigt in sein Tagebuch. Doch viel gemeinsame Zeit blieb dem alten Ehepaar nicht mehr. Anlässlich der Goldenen Hochzeit am 11. Februar 1955 und Thomas Manns 80. Geburtstag am 6. Juni des Jahres wurde zwar noch einmal *schier unmäßig gefeiert,* es sollte jedoch das letzte Mal sein. Nur zwei Monate später wurde Thomas Mann mit Verdacht auf Thrombose ins Krankenhaus eingeliefert, wo er am 12. August 1955 verstarb. Auch in der letzten Stunde ihres Mannes war Katia an seiner

Seite, ohne jedoch zu ahnen, wie nah der Tod bereits war: *Ehe er einschlief, verlangte er noch nach seiner Brille; dann lag er, friedlich atmend und entspannt da, und als sein Herz, um acht Uhr abends, stillstand, habe ich es, neben seinem Bett sitzend, nicht bemerkt.*

Nach 50 Jahren blieb Katia allein zurück. *Ich habe immer gewusst, dass ich Tommy überleben würde und muss,* schrieb sie an Molly Shenstone, *aber ich habe nie wirklich daran geglaubt.* Jetzt hatte sie keine Aufgabe mehr. *Alle Kinder sagen, dass sie mich brauchen, aber erwachsene Kinder können und müssen ohne ihre Mutter leben. Der eine, der mich wirklich brauchte, ist nicht mehr da. Und ich kann nicht viel Sinn in meinem weiteren Leben erkennen.*

Doch dann wurde ihr Sohn, der Historiker Golo Mann (1909–1994), zur Stütze der verwitweten Katia. Er zog zu seiner Mutter in das große Haus in Kilchberg, half ihr, die Einsamkeit zu vertreiben und mit dem Tod geliebter Menschen zu leben. 1967 starb Katias Freundin Molly Shenstone, mit der sie bis zum Schluss in regem brieflichen Austausch gestanden hatte. Zwei Jahre später, am 27. August 1969, erlag Tochter Erika den Folgen der Operation eines Gehirntumors. Sie war knapp 64 Jahre alt geworden. Bis zuletzt hatte sie unermüdlich an der Herausgabe der Werke ihres Vaters und Bruders gearbeitet, und doch war sie am Ende ihres Lebens zutiefst verbittert gewesen. Es war ihr nicht gelungen, sich aus dem Bannkreis des berühmten Vaters zu befreien.

Monika (1910–1992), die mit den Eltern zurück nach Europa gegangen war, hatte 1955 auf der Insel Capri eine neue Heimat gefunden, wo sie mit einem einfachen Fischer zusammenlebte und schriftstellerisch tätig war. Elisabeth (1918–2002), »das Kindchen«, machte nach dem Tod ihres wesentlich älteren Ehemanns 1952 Karriere als Wissenschaftlerin und übernahm 1980 eine Professur in Halifax/Kanada.

Michael, der Jüngste der Mann-Kinder, ein begabter Musiker und Literaturwissenschaftler, litt an schweren Depressionen und nahm sich in der Neujahrsnacht 1976/77 das Leben. Er war das einzige Mitglied der Familie gewesen, das seinerzeit an der Beisetzung von Klaus Mann in Cannes teilgenommen hatte. Katia litt damals schon sehr unter den Beschwerden des Alters. Deshalb beschlossen Elisabeth und Golo, der greisen Mutter nichts vom Tod ihres dritten Kindes zu sagen.

In ihrem Buch »Meine ungeschriebenen Memoiren« behauptete die 87-jährige Katia Mann: *Ich habe in meinem Leben nie tun können, was ich hätte tun wollen.* Wirklich? Welchen verpassten Chancen trauerte sie hinterher? Hat sie je etwas anderes gewollt als Ehe und Kinder? Die bürgerliche Frauenrolle, die Gesellschaft und Familie von ihr erwarteten, hat sie jedenfalls nahezu perfekt ausgefüllt, war eine treu sorgende Gattin gewesen und hat sicherlich auch als Mutter ihr Bestes gegeben – selbst wenn sie ehrlich zugeben musste: *Die Pädagogik gehört nicht gerade zu meinen Stärken* und *Habe meine Kinder eben nicht gut erzogen.*

In ihren letzten Lebensjahren schwanden die körperlichen und geistigen Kräfte der alten Dame zunehmend dahin. Katia Mann starb am 25. April 1980 im Alter von 96 Jahren und fand fünf Tage später auf dem Kilchberger Friedhof an der Seite von Thomas Mann ihre letzte Ruhestätte.

# »Ohne sie kann ich nicht leben und mit ihr auch nicht«

Felice Bauer (1887–1960)
und Franz Kafka

Den Abend des 13. August 1912 würde Felice Bauer wohl niemals vergessen. Auf dem Weg zu ihrer Schwester nach Budapest hatte die junge Berlinerin einen Zwischenaufenthalt in Prag eingelegt. Damals gehörte die »Goldene Stadt« noch zum Vielvölkerreich der Habsburgermonarchie. Rund 25 000 Einwohner, etwa fünf Prozent der Gesamtbevölkerung Prags, waren Deutsche, unter ihnen auch die Dichter Rainer Maria Rilke und Franz Werfel.

Kaum angekommen, erreichte Felice Bauer die Einladung eines entfernten, angeheirateten Verwandten. Der Schriftsteller und Theaterkritiker Max Brod (1884–1968) ließ anfragen, ob sie nicht Lust hätte, zu einem Familienessen vorbeizukommen und so die gesellige Runde zu vervollständigen. Weil sie nichts Besseres vorhatte, nahm Felice Bauer das Angebot gerne an.

Am Esstisch saßen auch Max Brods Eltern, sein Bruder Otto sowie Elsa Taussig, Brods Verlobte und spätere Ehefrau, die sich angeregt miteinander unterhielten. Max Brod berichtete von seiner geplanten Operettenaufführung, Felice erzählte von ihrem letzten Besuch im Berliner Residenztheater. Erst mit einer Stunde Verspätung traf auch der letzte Gast des Abends ein, ein hagerer junger Mann mit dunklem Haar, der Felice zunächst etwas irritiert anschaute, ihr dann aber zur Begrüßung die Hand reichte und den Platz gegenüber einnahm. Dieser seltsame Gast war ein Freund von Max Brod: der Schriftsteller Franz Kafka (1883–1924).

Weil alle Gäste an diesem Abend jüdischer Herkunft waren, lag es vielleicht nahe, dass man irgendwann auch auf Theodor Herzls 1896 erschienenes Buch »Der Judenstaat« und den Zionismus zu sprechen kam. War die Gründung eines eigenen jüdischen Staates vor dem Hintergrund des zunehmenden Antisemitismus in Europa tatsächlich eine Alternative, die man ins Auge fassen sollte? Felice ließ jedenfalls beiläufig einfließen, dass sie sich schon intensiv mit dem Hebräischen beschäftigt habe. Franz Kafka, sichtlich überrascht, machte daraufhin den spontanen Vorschlag, dass sie doch im kommenden Jahr einen gemeinsamen Urlaub in Palästina machen sollten. Kaum anzunehmen, dass er es wirklich ernst meinte, oder?

So langsam ging der Abend im Hause Brod zu Ende. Am Schluss setzte sich Otto Brod noch ans Klavier und sorgte für einen gelungenen musikalischen Ausklang. Dann war es an der Zeit, sich voneinander zu verabschieden. Eines allerdings stand fest: Zu dieser späten Stunde konnte eine junge Frau wie Felice Bauer auf keinen Fall alleine zurück in ihr Hotel gehen. Sie brauchte dringend männliche Begleitung. Gleich zwei Herren boten sich zum Geleit an: Max Brods Vater und Franz Kafka, der sich ebenfalls auf den Heimweg machen wollte. Während Felice mit dem älteren der beiden Herren noch ein wenig plauderte, ging Kafka schweigend neben den beiden her, als gehörte er überhaupt nicht dazu. Als sie allerdings das Hotel erreicht hatten, bestand er darauf, Felice noch bis zum

Aufzug zu begleiten, bevor auch er ihr Lebewohl sagte. In diesem Moment deutete nichts darauf hin, dass sich Felice Bauer und Franz Kafka noch einmal begegnen würden. Am nächsten Tag reiste Felice wie geplant zu ihrer Schwester nach Budapest, bevor sie nur wenige Tage später nach Berlin zurückkehrte.

## Ein Brief und seine Folgen

In Berlin arbeitete Felice Bauer bei der Firma Carl Lindström A.G., die damals unter anderem Grammofone und Diktiergeräte herstellte. Hier hatte sie drei Jahre zuvor als Stenotypistin angefangen, war aber schon nach kurzer Zeit in eine verantwortliche Position aufgerückt und schließlich zur Prokuristin befördert worden. Die Arbeit machte Felice große Freude und füllte sie rundherum aus, sodass es für einen Mann im Leben der 24-Jährigen scheinbar überhaupt keinen Platz gab.

Felice Bauer, geboren am 18. November 1887 im oberschlesischen Neustadt, lebte für ihre Arbeit und ihre Familie, für die sie mit ihrem freundlichen und ausgeglichenen Wesen der unverzichtbare Ruhepol war. Von familiärer Harmonie konnte bei den Bauers nämlich keine Rede sein. Als Felice zwölf Jahre alt war, zog die Familie nach Berlin, wo ihr Vater Carl Bauer als Versicherungsagent für ein ausländisches Unternehmen arbeitete. Felice und ihre vier Geschwister Else (1883–1952), Ferdinand (1884–1952), Erna (1885–1978) und Antonie (1892–1918) wuchsen somit in geregelten finanziellen Verhältnissen auf – bis der Vater 1904 Frau und Kinder plötzlich im Stich ließ, um sich mit seiner Geliebten aus dem Staub zu machen. Nach ihrem Schulabschluss 1908 musste sich Felice daher eine Arbeit suchen, um zum Unterhalt von Mutter und Geschwistern beizutragen. Nachdem sie zunächst bei der Schallplattenfirma Odeon eine Anstellung gefunden hatte, wechselte sie 1909 zu Carl Lindström.

Erst im Jahr darauf entspannte sich die finanzielle Situation, weil Vater Bauer doch noch reuevoll zu seiner Familie zurückkehrte, um die Existenz von Frau und Kindern zu sichern. Aber nicht alle Geschwister erwiesen sich als so tüchtig wie Felice: Ihr Bruder, der sich auf nicht näher bekannte Gaunereien eingelassen hatte, suchte irgendwann das Weite und floh nach Amerika, und auch Felices ältere Schwester Else sollte der Familie noch einigen Kummer bereiten.

Während Felice Bauer mit 24 Jahren bereits mitten im Leben stand, suchte der vier Jahre ältere Kafka, Sohn einer wohlhabenden jüdischen Familie, noch immer nach dem richtigen Weg. Angst und Unsicherheit prägten das Leben des jungen Schriftstellers, der zwar als Jurist und Angestellter eines Versicherungsunternehmens über ein gutes Einkommen verfügte, aber noch immer bei seinen Eltern lebte, obwohl er sehr unter dem dominanten Vater litt. Doch Kafka hatte eine seltsame Scheu vor Veränderungen – allerdings auch ein diffuses Verlangen nach Einsamkeit.

Von alledem ahnte Felice Bauer natürlich noch nichts. Es hat auch nicht den Anschein, als habe die erste Begegnung mit Franz Kafka großen Eindruck auf sie gemacht, zumal er schon rein äußerlich kein besonders attraktiver Mann war. Und als Schriftsteller kannte man Kafka damals noch nicht. Max Brod hatte schließlich gerade erst begonnen, die literarischen Ambitionen seines Freundes zu fördern. Ohnehin hätten wohl weder Kafkas Frühwerk noch die im Herbst 1912 entstehenden albtraumhaften Erzählungen, wie »Die Verwandlung« (1912), Felices literarischem Geschmack entsprochen.

Und Franz Kafka? Der schrieb eine Woche nach der Begegnung eher abfällig in sein Tagebuch: *Frl. Felice Bauer. Als ich am 13. VIII. zu Brod kam, saß sie bei Tische und kam mir doch wie ein Dienstmädchen vor. Ich war auch gar nicht neugierig darauf, wer sie war, sondern fand mich sofort mit ihr ab. Knochiges, leeres Gesicht, das seine Leere offen trug. Freier Hals. Überworfene Bluse. Sah ganz häuslich angezogen aus, trotzdem sie es, wie sich später zeigte, gar nicht war. Fast zerbrochene Nase. Blondes, etwas steifes, reizloses Haar, starkes Kinn. Während ich mich setzte, sah ich sie zum erstenmal genauer an, und als ich saß, hatte ich schon ein unerschütterliches Urteil.* Das klang nicht gerade nach Verliebtheit, doch irgendwie ging ihm diese Felice Bauer auch in den nächsten Wochen nicht aus dem Kopf. Als er am 20. September von der Arbeit kam, setzte er sich an die Schreibmaschine und begann zu tippen: *Sehr geehrtes Fräulein! Für den leicht möglichen Fall, dass Sie sich meiner auch im geringsten nicht mehr erinnern könnten, stelle ich mich noch einmal vor: Ich heiße Franz Kafka…* Mit diesem Brief an Felice begann eine qualvolle Fernbeziehung, die sich über fünf Jahre hinziehen sollte.

## Kein Wiedersehen in Berlin

Der Brief aus Prag machte Felice offenbar neugierig, sodass sie gern noch mehr über diesen merkwürdigen Franz Kafka erfahren wollte. Von nun an schrieben sie einander in regelmäßigen Abständen, tauschten Fotos aus und gingen Anfang November schließlich zum vertraulichen »Du« über. So lernte Felice allmählich einen Mann kennen, der seinen »Brotberuf« hasste und nur für die Schriftstellerei zu leben schien: *Meine Lebensweise ist nur auf das Schreiben hin eingerichtet und wenn sie Veränderungen erfährt, so nur deshalb, um möglicherweise dem Schreiben besser zu entsprechen, denn die Zeit ist kurz, die Kräfte sind klein, das Bureau ist ein Schrecken, die Wohnung ist laut und man muss sich mit Kunststücken durch-*

*zuwinden suchen, wenn es mit dem schönen geraden Leben nicht geht.* Felice hat sich sicherlich gefragt, wo in Kafkas Leben eigentlich Platz für eine Frau sein könnte, aber irgendetwas an diesem seltsamen Menschen scheint sie trotzdem angezogen zu haben. Kafka war mit Sicherheit ganz anders als die Männer, die Felice Bauer bislang getroffen hatte – düster, verschroben, geheimnisvoll. Und vermutlich wollte sie gerade dieses Rätsel ergründen. Dabei schienen seine Briefe eher abschreckend. Am 7. November 1912 schrieb Kafka, seine Lebensweise komme ihr sicher *närrisch und unerträglich* vor, er ernähre sich vegetarisch, sei *ganz unordentlich angezogen,* ein ausgemachter Asket, der weder rauche, noch Alkohol, Kaffee oder Tee trinke, diese gesunde Lebensweise jedoch *durch ungenügenden Schlaf längst zunichte mache.* Einen solch skurrilen Menschen hatte Felice noch nie getroffen, sie wollte ihn einfach besser kennenlernen. Und so stellte sie in einem ihrer nächsten Briefe die scheinbar harmlose Frage: *Was machst Du eigentlich an Weihnachten?* Oder anders formuliert: Was hältst Du von einem Wiedersehen?

Kafka war hin- und hergerissen. Eigentlich wollte er die Feiertage lieber zum Schreiben nutzen, als nach Berlin zu kommen. Zudem machte ihn allein der Gedanke an ein Wiedersehen mit Felice Bauer nervös. Obwohl er doch so abfällig über ihre erste Begegnung geschrieben hatte, fragte er sich selbstkritisch, ob er, *der magerste Mensch, den ich kenne,* bei der bodenständigen Berlinerin überhaupt eine Chance haben könnte. Tatsächlich nämlich war aus der Brieffreundschaft inzwischen so etwas wie eine gefühlvolle Fernbeziehung geworden. Jedenfalls gestand Kafka am 23. November 1912 in seinem Brief an Felice: *Liebste, mein Gott, wie lieb ich Dich!*

Wenige Tage später, am 27. November 1912, konnte er sich endlich zu einer Entscheidung durchringen: *Sieh, ich war ent-*

*schlossen, mich vor Beendigung des Romans[15] nicht vor ande-*
*ren Menschen zu zeigen, aber ich frage mich, heute Abend*
*allerdings nur, würde ich nach der Beendigung vor Dir Liebste*
*etwa besser oder weniger schlecht bestehen als zuvor. Und ist es*
*nicht wichtiger, als der Schreibwut die Freiheit von 6 fortlau-*
*fenden Tagen und Nächten zu geben, meine armen Augen end-*
*lich mit Deinem Anblick zu sättigen? Antworte Du, ich sage für*
*mich ein großes ›Ja‹.*

Doch dann machte ausgerechnet Felice einen Rückzieher,
weil sie sich aus mehreren Gründen nicht dazu entschließen
konnte, den Prager Freund zum jetzigen Zeitpunkt ihrer Familie vorzustellen. Anna, ihre Mutter, die heimlich in Felices
Sachen geschnüffelt und dabei auch Kafkas Briefe gelesen
hatte, fand ihn als möglichen Schwiegersohn völlig indiskuta-
bel. Hinzu kam, dass die Atmosphäre in ihrem Elternhaus seit
der Rückkehr des Vaters ausgesprochen spannungsgeladen
war, was ihr für einen »Antrittsbesuch« sehr unpassend zu sein
schien. In ihren – leider nicht mehr erhaltenen – Briefen an
Kafka schrieb sie daher auch etwas von einer »Bombe« in der
Familie Bauer, die in der nächsten Zeit zu explodieren drohte.
Kafkas Frage, was es denn mit dieser »Bombe« auf sich hätte,
ließ Felice unbeantwortet, vermutlich, weil es sich um eine
ausgesprochen peinliche Angelegenheit handelte: Else, ihre
unverheiratete Schwester, die in Sebnitz bei Dresden lebte,
erwartete ein Baby und Felice war die Einzige, der sie dieses
Geheimnis anvertraut hatte. Wer der Vater des Kindes war, ist
bis heute unbekannt. Fest steht jedenfalls, dass er die junge
Frau nicht heiraten wollte.

Die geheime Schwangerschaft ihrer Schwester, die die
Feiertage bei der Familie in Berlin verbringen wollte, belastete Felice zutiefst. Wie sollten sie das nur den Eltern erklä-

---

[15] Gemeint ist »Die Verwandlung«.

ren? Und sollte nun auch Franz Kafka zu Besuch kommen, dann würde die Situation womöglich völlig aus dem Ruder laufen. Andererseits: Felice war eine erwachsene und selbstständige junge Frau und als solche sicher nicht allein für den familiären Frieden verantwortlich. Konnte sie nicht auch einmal an sich denken, zumal Kafka in seinen Briefen große Anteilnahme zeigte und sie immer wieder bat, an ihren Sorgen teilhaben zu dürfen: *Ich bin doch dazu da, alles zu hören, verstellen muss man sich nur vor seinen Eltern.* Aber konnte sie einem Menschen, den sie erst seit so kurzer Zeit kannte, tatsächlich die familiären Probleme anvertrauen? Es war bei den Bauers ohnehin eher üblich, Probleme mit sich selbst auszumachen. Dabei sehnte sich Felice nach einer Schulter zum Anlehnen, nach jemandem, der dem Chaos, das in ihrer Familie herrschte, etwas entgegenzusetzen hatte – nach einem »Fels in der Brandung«. Fraglich ist allerdings, ob ausgerechnet der labile Franz Kafka dafür der Richtige war.

Die Entscheidung wurde Felice ohnehin abgenommen. Kurz vor Weihnachten musste sie grippekrank das Bett hüten und es ging ihr so schlecht, dass sie *wie eine Leiche auf Urlaub* aussehen würde, entschuldigte sie sich mit Galgenhumor. Das Wiedersehen mit Franz Kafka kam jedenfalls nicht zustande, und ob die »Bombe« im Hause Bauer an Weihnachten 1912 tatsächlich explodiert ist, ist nicht bekannt.

## »Wie nah ich Dir gekommen bin.«

Die intensive Korrespondenz ging indessen weiter. Allein im Dezember 1912 erhielt Felice 54 Briefe von Franz Kafka, Briefe, die sie nach der scheinbaren Vertrautheit freilich zunehmend ratlos machten. Dass sein Leben nahezu ausschließlich der Schriftstellerei gehörte, hatte sie längst begriffen.

Doch was sollte sie davon halten, wenn Kafka ständig von seiner labilen Gesundheit schrieb und dass er *nicht mehr zur Ehe und schon gar nicht zur Vaterschaft tauglich* sei. Wollte er sie loswerden? Oder war es womöglich pure Selbstverachtung? *Nicht zwei Tage könntest Du mit mir leben,* warnte er sie. In ihrer Not wandte sie sich an Max Brod, der sich damals gerade in Berlin aufhielt. Er kannte seinen Freund recht gut und bat Felice daher, *dem Franz und seiner oft krankhaften Sensibilität manches zu Gute* zu halten. *Er gehorcht ganz der augenblicklichen Stimmung. Überhaupt ist er ein Mensch, der nur das Unbedingte will, das Äußerste in Allem. Niemals gibt er sich mit Kompromissen ab.* Max Brod bat also um Verständnis für seinen schwierigen Freund, doch für Felice blieb Franz Kafka auch weiterhin ein einziges Rätsel: *Ich weiß nicht, wieso das kommt,* soll sie zu Max Brod gesagt haben, *er schreibt mir ziemlich viel, aber es kommt in den Briefen zu keinem Sinn, ich weiß nicht, um was es sich handelt, wir sind einander nicht nähergekommen und es ist keine Aussicht, vorläufig.*

Im März 1913 zog Felice mit ihrer Familie, die bis dahin im Berliner Osten gelebt hatte, ins feinere Westend um. Nur wenig später unternahm Franz Kafka einen zögerlichen Versuch, Felice doch noch zu einem Wiedersehen in Berlin zu überreden. Dabei hatte er nach wie vor Angst vor der eigenen Courage und es graute ihm bei dem Gedanken, ihrer Familie gegenübertreten zu müssen. Aber er wollte auch so manches klarstellen: *Ich fahre nach Berlin zu keinem anderen Zweck, als um Dir, der durch Briefe Irregeführten, zu sagen und zu schreiben, wer ich eigentlich bin … Die Gegenwart ist unwiderleglich.* Tatsächlich vereinbarten Felice und Kafka für den 23. März 1913 ein Treffen in der Lobby des Hotels »Askanischer Hof«, in dem Franz Kafka absteigen wollte. Nach einem halben Jahr sollten sich die beiden platonisch Liebenden zum ersten Mal wiedersehen.

Am Morgen des fraglichen Tages wartete Kafka zunächst vergeblich, doch dann stellte sich heraus, dass sein letzter Brief Felice gar nicht erreicht hatte. Nachdem sie aber durch einen Boten benachrichtigt worden war, machte sie sich unverzüglich auf den Weg und traf Kafka zu einem längeren Spaziergang durch den Berliner Grunewald. Ihre Eltern sollte er an diesem Tag jedoch nicht kennenlernen.

Leider wissen wir keine Einzelheiten, die uns über das Wiedersehen der beiden näheren Aufschluss geben könnten. Doch es scheint durchaus hoffnungsvoll verlaufen zu sein, denn als Kafka nach Prag zurückkehrte, schrieb er an Felice: *Wie nah ich Dir von meiner Seite in Berlin gekommen bin! Ich atme nur in Dir.* Doch dann – typisch Franz Kafka – folgte gleich ein kleiner Dämpfer, der verriet, wie wenig er sich selbst doch vertraute: *Du kennst mich aber nicht genug, Du Liebste und Beste.* Die persönliche Begegnung konnte seine Selbstzweifel nicht auslöschen, hatte sie womöglich sogar noch verstärkt, nachdem er Felice Bauer als erfolgreiche und eigenständige Geschäftsfrau wahrgenommen hatte. Dabei wusste er selbst, wie sehr er die Freundin quälte: *Sie ist eine wirkliche Märtyrerin,* vertraute er seinem Freund Max Brod an, *und ich untergrabe ganz deutlich den Boden, auf dem sie früher glücklich und in Übereinstimmung mit der ganzen Welt gelebt hat.* Trotz allem war das ungleiche Paar fest entschlossen, an der Beziehung festzuhalten. Für Pfingsten 1913 vereinbarten Felice Bauer und Franz Kafka daher ein weiteres Treffen.

## Ein unverhoffter Heiratsantrag

Am 11. Mai 1913 war es endlich so weit. Die Atmosphäre im Hause Bauer schien sich so weit entspannt zu haben, dass Felice fest entschlossen war, Franz Kafka ihren Eltern vorzustellen. Allem Anschein nach verlief das gegenseitige Kennenlernen aber nicht sonderlich erfreulich, zumal Felices Mutter schon vorher große Vorbehalte gegen den Freund ihrer Tochter geäußert hatte. Und dennoch: Mit seltener Entschlossenheit gab Franz Kafka bekannt, er wolle schon bald an Felices Vater schreiben, also vermutlich wegen eines Heiratsantrags. In einem Brief an Felice – die wohl eher eine Liebeserklärung erwartet hatte – ließ er sich dann aber wieder über seine schlechte körperliche Verfassung aus: *Seit zehn Jahren fühle ich mich in zunehmender Weise nicht ganz gesund,* bekannte er. Das sei aber nicht auf eine besondere Krankheit zurückzuführen, sondern auf seinen allgemein *traurigen Zustand,* der ihn daran hindere, *unbefangen zu reden, unbefangen zu essen, unbefangen zu schlafen.* Er wolle sich daher direkt an Vater Carl Bauer wenden, der ihm einen Arzt nennen solle, bei dem er sich untersuchen lassen wolle. Felice glaubte ihren Augen nicht zu trauen, als sie diesen Brief las, wusste nicht, was sie davon halten und wie sie darauf reagieren sollte. Sie musste das Ganze erst einmal verarbeiten und ließ eine ganze Woche verstreichen, bevor sie Kafka antwortete.

Was auch immer sie geschrieben haben mag – es zeigte Wirkung: Mitte Juni 1913 machte Kafka – offenbar ohne zuvor einen Arzt konsultiert zu haben – Felice einen Heiratsantrag: *Willst Du überlegen, ob Du meine Frau werden willst?*

Aber auch diesmal ließ sich Felice Zeit und antwortete erst nach gründlicher Überlegung. Noch zögerte sie mit einem klaren Ja, gab sich aber überzeugt, dass er gewiss einen *guten lie-*

*ben Mann* abgeben würde. Damit schien der Hochzeit eigentlich nichts mehr im Wege zu stehen. Jedenfalls nichts außer Kafka selbst, dem eigentlich schon vor der zweiten Reise nach Berlin klar geworden war: *Ohne sie kann ich nicht leben und mit ihr auch nicht.* Und wieder schienen Warnungen vor sich der einzige Ausweg aus dem Dilemma zu sein: Er gab Felice zu verstehen, *dass nämlich das Schreiben mein eigentlich gutes Wesen ist,* also der Schlüssel zu Kafkas Verständnis. Diesen Schlüssel jedoch fand Felice nicht, sie konnte sein Rätsel deshalb nicht ergründen. Seine Erzählungen, wie »Das Urteil« (1913), das er ihr gewidmet hatte *(für Felice B.),* warfen mehr Fragen auf, als dass sie Antworten brachten, und irritierten die junge Frau nicht unerheblich. Mit dieser düsteren klaustrophobischen Welt, die den Menschen erbarmungslos ins Abseits treibt, wusste sie nichts anzufangen. Die Qualen der Protagonisten schreckten sie ab, mochte es sich auch um die Qualen von Kafka selbst handeln. Doch jener beharrte darauf: Wenn sie seine Werke nicht lieben könne, werde sie *überhaupt nichts haben,* woran sie sich halten könne und daher *schrecklich einsam sein.* Obendrein warnte Kafka auch noch vor einer ungewissen finanziellen Zukunft, da seine Stellung im Büro nicht ganz sicher sei.

Es lässt sich leicht vorstellen, wie qualvoll das Wechselbad der Gefühle gewesen sein muss, das Felice zu durchleiden hatte. Aber sie scheint Kafka tatsächlich geliebt zu haben, denn obwohl eigentlich alles gegen die Verbindung sprach, war sie Anfang Juli 1913 offenbar fest entschlossen, seinen Antrag anzunehmen und Ja zu sagen.

## »Angst vor der Verbindung«

Doch jetzt, wo es wirklich ernst zu werden schien, geriet Franz Kafka in Panik, fürchtete, die Ehe würde ihn zu einem *gefährlichen Narren* machen. Etwa einen Narren in den Augen von Felice? Er hatte *Angst vor der Verbindung selbst mit dem geliebtesten Menschen und gerade mit ihm.* Trotzdem bereitete er sich auf die Hochzeit mit Felice vor und suchte bereits nach einer passenden Wohnung in Prag. Die Trauung sollte im Mai 1914 erfolgen.

Doch im August 1913 machte Kafka etwas schier Unglaubliches: Er schrieb einen Brief an Felices Vater, im dem er mit schonungsloser Offenheit seine Unfähigkeit als Ehemann erklärte. Er sei *schweigsam, ungesellig, verdrossen, eigennützig, hypochondrisch und tatsächlich kränklich ... unfähig, ein harmonisches Familienleben zu führen ... Neben einem solchen Menschen soll Ihre Tochter leben können, deren Natur, als die eines gesunden Mädchens, sie zu einem wirklichen Eheglück vorbestimmt hat?* Gleichzeitig stellte er die etwas kryptische These auf, dass es womöglich eine Verbindung würde, *die vielleicht eher Liebe und Freundschaft als wirkliche Ehe wäre.* Was hat Kafka bloß zu diesem Brief getrieben? Wollte er durch die schonungslose Preisgabe seiner schlechten Eigenschaften erreichen, dass der künftige Schwiegervater eigentlich nur noch angenehm von ihm überrascht werden konnte? Oder dachte er, auf diese Weise Carl Bauer die Entscheidung überlassen zu können – gegen eine Ehe mit Felice? Doch warum hat er dann den Brief an seine Freundin adressiert mit der Bitte, ihn an den Vater weiterzureichen?

Wie auch immer – es hat nicht den Anschein, als habe Carl Bauer dieses Schreiben jemals in die Hände bekommen. Felices Eltern willigten beide in die Hochzeit ihrer Tochter mit

Franz Kafka ein, vielleicht weil sie spürten, dass Felice den schrulligen Schriftsteller wirklich liebte, vielleicht auch damit die 26-Jährige endlich »unter die Haube« kam, bevor sie ein »spätes Mädchen« zu werden drohte.

Doch dann hörte Felice plötzlich nichts mehr von Franz Kafka. Sie war ratlos und verwirrt. Was hatte dieses Schweigen zu bedeuten? Um endlich Klarheit zu gewinnen, bat sie eine Freundin und Arbeitskollegin, in der Sache zu helfen. Grete Bloch (1892–1944), die beruflich nach Wien reisen musste, sollte in Prag Station machen, um mit Kafka ein klärendes Gespräch zu führen. Doch sie scheint nicht viel erreicht zu haben. Ohnehin spielte Grete Bloch in dieser Angelegenheit eine etwas dubiose Rolle, denn sie blieb mit Kafka brieflich in Verbindung, wobei auch ihre jeweiligen privaten Probleme eine maßgebliche Rolle spielten. Eine Zeit lang wusste Grete Bloch daher Dinge von Franz Kafka, von denen Felice Bauer nichts ahnte …

Im November 1913 kam Franz Kafka noch einmal nach Berlin, um seine Sicht der Dinge klarzustellen. Doch zum einen hatte Felice an diesem Tag nur wenig Zeit, zum anderen scheint das Wiedersehen eher kühl verlaufen zu sein. Sie beschloss daher, auf Abstand zu gehen. Die Briefe, die Kafka in der nächsten Zeit schrieb, waren auch nicht dazu angetan, die Beziehung wieder aufleben zu lassen. Anfang Januar 1914 warnte er vor einem beruflichen Karriereknick, sollte sie zu ihm nach Prag ziehen: *Dagegen kämst Du nach Prag in eine Provinzstadt mit einer Dir unbekannten Sprache in den notwendigerweise kleinbürgerlichen Haushalt eines Beamten, Sorgen würden nicht fehlen. Statt eines geselligen Verkehrs und statt Deiner Familie hättest Du einen Mann, der meistens trübsinnig und schweigsam ist und dessen persönliches Glück in der Arbeit besteht, welche Dir als Arbeit notwendigerweise fremd bliebe.*

Trotzdem konnte sich Felice nicht entschließen, die Beziehung zu Franz Kafka zu beenden. Im Februar 1914 brach sie ihr wochenlanges Schweigen und schickte ihm eine Postkarte, vielleicht mit der Bitte um ein baldiges Treffen für eine längst überfällige Aussprache. Ohne sich vorher anzukündigen, reiste Kafka am 27. Februar nach Berlin, ging zur Firma Lindström, wo Felice arbeitete, und bat die Dame an der Rezeption, ihr seine Ankunft zu melden. Felice war völlig überrascht, schlug aber einen Spaziergang nach Dienstschluss vor, um endlich zu klären, wie es mit ihnen weitergehen sollte. Kafkas langes Schweigen hatte sie zutiefst verunsichert. Nun musste sie ihrem Freund gestehen, dass sie ihn nach wie vor zwar *ganz gern* habe, aber nicht genug, um ihn zu heiraten. Sie mache keine halben Sachen, erklärte sie.

Jetzt, nachdem Felice einen Rückzieher gemacht hatte, war es wiederum Franz Kafka, der auf Heirat drängte und sie beschwor, trotz allem Ja zu sagen. Er behauptete, seine Liebe zu ihr sei so groß, *um auch das Fehlende zu ersetzen und überhaupt stark genug, um alles auf sich zu nehmen.* Doch Felice war nicht bereit, ihm zu glauben. Eine Hochzeit, das stellte sie klar, kam für sie nicht mehr infrage. War das das Aus dieser merkwürdigen Beziehung?

## Die geplatzte Verlobung

Zunächst hatte es tatsächlich den Anschein, als hätten sich Felice und Kafka getrennt. Doch dann stellte sich heraus, dass beide zwar nicht miteinander, aber auch nicht ohne einander sein konnten. Felice gelang es einfach nicht, den Freund aus ihren Gedanken zu verbannen. Mitte März 1914 nahm sie den abgebrochenen Briefkontakt wieder auf und schlug vor, sich doch noch einmal zu treffen, um über eine gemeinsame Zukunft zu reden. Und dann ging alles ganz schnell. Als Kafka am 12./13. April erneut nach Berlin kam, war die Verlobung bereits ausgemachte Sache und die Zukunftspläne der beiden begannen konkrete Gestalt anzunehmen: Schon jetzt wollte man sich ernsthaft auf die Suche nach einer passenden Wohnung machen und im August des Jahres sollte Felice ihre Stellung bei der Carl Lindström A.G. kündigen. Am 21. April 1914 erschien im »Berliner Tageblatt« eine Anzeige, mit der die Felice Bauer und Franz Kafka als Verlobte grüßten. Offiziell wurde das Eheversprechen am 1. Juni in Berlin im Familienkreis gefeiert.

Doch bei Kafka meldeten sich – erwartungsgemäß – erneute Zweifel, ob er tatsächlich die richtige Entscheidung getroffen hatte. Aber auch Felices Freundin Grete Bloch, die seit Monaten mit Kafka korrespondierte, wurde von Gewissensbissen geplagt. In seinen Briefen hatte ihr der Schriftsteller immer wieder offenbart, dass er eigentlich gar nicht heiraten wollte, weil er fürchtete, die Ehe würde seine literarische Tätigkeit behindern. Bislang hatte Fräulein Bloch den teilweise brisanten Inhalt der Briefe für sich behalten, aber nun fand sie es an der Zeit, Felice endlich reinen Wein einzuschenken. Daher übergab sie der Freundin jenen Teil der Korrespondenz, der deren Beziehung zu Kafka betraf. Beim Lesen der Zeilen brach für Felice eine Welt zusammen. Gewiss, von den Ängsten, Vorbehalten und Selbstzweifeln ihres Verlobten hatte sie ja bereits gewusst, aber die Art und Weise, wie er über sie als Person schrieb, empfand Felice als zutiefst verletzend und erniedrigend. Er ging gegenüber Grete Bloch sogar so weit, über das Kleid, das Felice zur Verlobung getragen hatte, zu lästern und sich über den Zustand ihrer plombierten Zähne lustig zu machen. Entsetzt musste sie erkennen, dass Kafka ihr Vertrauen missbraucht und sie zur Zielscheibe von Hohn und Spott gemacht hatte. Damit war eine »rote Linie« überschritten.

Als sich Franz Kafka am 11. Juli 1914 wieder nach Berlin begab, fand es Felice an der Zeit, den Verlobten im Hotel »Askanischer Hof« aufzusuchen und ihn zur Rede zu stellen. Weil sie sich der Konfrontation allein nicht gewachsen fühlte, nahm sie »zur Verstärkung« Grete Bloch und ihre Schwester Erna mit. Kafka fühlte sich von den Anklagen zwar völlig überrumpelt, konnte aber nichts zu seiner Entschuldigung vorbringen. Frustriert musste er zur Kenntnis nehmen, dass die aufgebrachte Felice die Verlobung löste und nichts mehr von ihm wissen wollte. Dabei war er sich keiner Schuld bewusst, sondern fühlte sich, im Gegenteil, völlig zu Unrecht attackiert, sprach sogar von einem *Gerichtshof im Hotel.* Die Annahme, dass er dieses »Tribunal« nur wenig später literarisch verarbeitet hat, ist nicht von der Hand zu weisen. Kafkas berühmt gewordener Roman *Der Prozess* beginnt mit dem Satz: *Irgendjemand musste Josef K. verleumdet haben, denn ohne dass er etwas Böses getan hatte, wurde er eines Morgens verhaftet.*

Kafkas Mutter kommentierte die geplatzte Verlobung ihres Sohnes mit folgenden Worten: *Vielleicht ist er nicht für die Ehe geschaffen, denn sein Trachten ist nur sein Schreiben, das ist ihm das Wichtigste im Leben.*


## Urlaubswochen in Marienbad

Eine Zeit lang herrschte völliges Stillschweigen zwischen Franz Kafka und Felice Bauer. Felice, noch immer verletzt und unglücklich, stürzte sich in ihre Arbeit und versuchte, den Verlobten zu vergessen. Doch Ende Oktober 1914 erhielt sie wieder einen Brief von ihm, der inhaltlich freilich nichts Neues brachte: *Du konntest nicht die Macht einsehen, die meine Arbeit über mich hat ... Sieh, Du warst doch nicht nur der größte Freund, sondern gleichzeitig auch der größte Feind mei-*

*ner Arbeit.* Keine Entschuldigung für sein Verhalten, nichts. Aber Felice hatte gerade ohnehin ganz andere Probleme, nachdem ihr Vater völlig überraschend an einem Herzinfarkt gestorben war. Kafka, der praktisch immer nur um sich selbst kreiste, gab sich sogar die Schuld am Tod von Carl Bauer, angeblich ein Beweis dafür, dass er das *Verderben* dieser Familie war. Trotzdem schien er fest entschlossen, Felice zurückzugewinnen, und auch sie machte wieder einen Schritt auf ihn zu. Aber als sich beide nach einem halben Jahr im Januar 1915 im böhmischen Grenzstädtchen Bodenbach wiedersahen, hatten sie sich praktisch nichts mehr zu sagen.

Gleichwohl wollte es Felice einfach nicht gelingen, einen endgültigen Schlussstrich zu ziehen. Jeder Brief, den sie von Kafka bekam, bestärkte ihre Hoffnung, alles würde doch noch zu einem guten Ende führen. Sie war wie gefangen in dieser unseligen Liebe, dieser »Amour fou« der ganz anderen Art. Vorerst blieb es beim Briefwechsel, doch dann wollten Kafka und Felice doch noch die »Probe aufs Exempel« wagen: Bislang hatten sie kaum Zeit miteinander verbracht, hatten sich praktisch nur »zwischen Tür und Angel« gesehen. Nun wollten sie zum ersten Mal einen längeren Urlaub miteinander verbringen, vielleicht würden sie sich auf diese Weise einander annähern. Zwei Jahre waren seit ihrer Trennung vergangen, als sie vom 3. bis zum 13. Juli 1916 gemeinsame Ferien in Marienbad machten. So lange waren sie noch nie zusammen gewesen. Doch näher kamen sie sich in diesen zwei Wochen trotzdem nicht, auch wenn sie nun das Bett miteinander teilten. *Schreckliche Nächte*, notierte Kafka in sein Tagebuch. *Arme Felice. Unmöglichkeit, mit F. zu leben, Unmöglichkeit des Zusammenlebens mit irgendjemandem. Nicht Bedauern dessen, Bedauern, der Unmöglichkeit, allein zu sein.* Warum sich Kafka und Felice trotzdem entschlossen, ihre Beziehung wieder aufzunehmen, bleibt rätselhaft. Tatsache war nämlich, dass Kafkas

Panik vor einem Familienleben und dem Ehealltag nach wie vor ungebrochen war, wie er im September 1916 notierte: *Der Anblick des Ehebetts zuhause, der gebrauchten Bettwäsche, der sorgfältig hingelegten Nachthemden kann mich bis nahe zum Erbrechen reizen.* An Kinder war unter diesen Umständen erst recht nicht zu denken. Als Felice einmal zögernd nachgefragt hatte, meinte Kafka, diese Frage sei *wahrscheinlich überhaupt unlösbar. Sie gehört sogar wesentlich zu meinen Verzweiflungsanfällen.* Weshalb sie sich im Juli 1917 ein zweites Mal verlobten, bleibt allein ihr Geheimnis. Die Situation war geradezu »kafkaesk«: Aus dem Labyrinth, in dem sich Felice Bauer und Franz Kafka verirrt hatten, gab es scheinbar keinen Ausweg.

## Leben nach Kafka

Den Ausweg wies schließlich das Schicksal, denn im August 1917 erlitt Franz Kafka einen Blutsturz, dem nur wenig später die Diagnose Tuberkulose folgte. Fast mit Erleichterung nahm Kafka die Nachricht von der tödlichen Krankheit entgegen, denn nach fünf quälenden Jahren war damit endlich die Entscheidung gefallen: Er konnte Felice nicht heiraten. Als sie sich im Dezember 1917 in Prag ein letztes Mal trafen, wurde die förmliche Auflösung der Verlobung ein zweites Mal vollzogen, denn auch Felice sträubte sich nicht und Kafka bewunderte *die Ruhe und die Güte, mit der sie es aufnahm.* Dieses Mal blieb die Trennung endgültig, obwohl es bis zu Kafkas Tod 1924 noch andere Frauen gab, die eine wichtige Rolle in seinem Leben spielten.

Kafkas Freund Max Brod, der selbst inzwischen längst verheiratet war, hatte das Ende der Beziehung wohl schon kommen sehen. Für ihn war Felice Bauer nur so etwas wie eine

Muse des Schriftstellers gewesen, eine *Idealgestalt für Franz.* Er schrieb: *Fünf Jahre lang ist Kafkas Mühen, sich und den widrigen Umständen den Ehebund mit Felice abzuringen, das vorherrschende Motiv seines Lebens, der Stachel seiner schöpferischen Arbeit … geblieben.*

Felice aber konnte nach dem endgültigen »Befreiungsschlag« von Kafka endlich wieder ein normales Leben führen, zumindest soweit sich die wenigen Spuren, die sie ab diesem Zeitpunkt hinterlassen hat, überhaupt noch verfolgen lassen. Schon kurze Zeit später lernte sie den gut situierten Banker Moritz Marasse (1873–1950) kennen, den sie am 25. März 1919 heiratete. Das Ehepaar bekam zwei Kinder: Sohn Heinz[16] (1920–2012) und Tochter Ursula (1921–1966). Die Familie schien glücklich gewesen zu sein, bis die Schatten des heraufziehenden Nationalsozialismus ihrem bislang sorgenfreien Leben ein Ende setzten. Felice und Moritz Marasse erkannten die drohende Gefahr früher als andere Juden und emigrierten bereits 1931 in die Schweiz, fünf Jahre später in die USA. Hier ist es Moritz Marasse allem Anschein nach nicht mehr gelungen, beruflich Fuß zu fassen, sodass sich die finanzielle Situation der Familie ausgesprochen schwierig gestaltete, erst recht nach Marasses Tod 1950. Geldnot war auch der Grund, warum sich Felice Bauer-Marasse wenige Jahre später entschloss, die zahllosen Briefe, die ihr Franz Kafka seinerzeit geschickt hatte, an den Verleger Salman Schocken zu verkaufen. Als die Korrespondenz 1967 unter dem Titel »Briefe an Felice« erschien, konnte die ganze Welt Einblick in ihre düstere Liebesbeziehung mit Franz Kafka nehmen.

Felice war zu diesem Zeitpunkt allerdings schon tot. Sie

---

[16] Heinz Marasse ist der Großvater des amerikanischen Musikers Adam Green (*1981), dem jüngern Sohn aus der Ehe seiner Tochter Leah mit Mark W. Green.

starb nach längerer Krankheit am 15. Oktober 1960 kurz vor ihrem 73. Geburtstag in Rye/New York.

Gerne hätte man gewusst, wie sie die fünf Jahre mit Franz Kafka rückblickend bewertet hat. Als ungewöhnliche, aber bereichernde Erfahrung oder schlichtweg als verlorene Zeit? Die Antwort wird man nie erfahren, denn Felice Bauer hat sich zeitlebens nicht mehr zu jenen Jahren geäußert.

# »Ich wusste, dass ich bei Lion bleiben musste«

Marta Löffler (1891–1987)
und Lion Feuchtwanger

Im Hause der Münchner Familie Feuchtwanger herrschte jeden Tag ein munteres Treiben. Dafür sorgten schon allein die vielen Kinder des wohlhabenden jüdischen Margarinefabrikanten Sigmund Feuchtwanger und seiner Frau Johanna, fünf Söhne und vier Töchter. Zahlreiche Freunde und Bekannte gingen hier ein und aus, Gründe zum Feiern gab es zur Genüge. Auch am 19. Januar 1910 fand bei den Feuchtwangers wieder ein größeres Fest statt, schließlich warf der Münchner Fasching bereits seine Schatten voraus. Unter den geladenen Gästen befand sich auch die fast 19-jährige Marta Löffler, eine Freundin von Franziska Feuchtwanger. Mit ihrem schwarzen Haar, der sportlich-schlanken Figur und ihrer eleganten Kleidung war Marta eine recht aparte Erscheinung, die die Blicke vieler junger Männer auf sich zog. Kein Wunder also, dass auch Franziskas Bruder, der 1884 geborene Lion, an diesem Abend ein Auge auf die schöne Unbekannte warf. Es dauerte auch nicht lange, da waren die beiden ins Gespräch vertieft.

Viele Jahre später gestand Marta Feuchtwanger: *Mein*

*Leben begann an dem Tag, an dem ich Lion das erste Mal traf.*
Dabei schienen die Voraussetzungen für eine ernsthafte Liebesbeziehung oder sogar eine spätere Ehe überhaupt nicht
gegeben, denn der 25-jährige Lion nahm das Leben eher auf
die leichte Schulter. Auch wenn der künftige Schriftsteller ein
wenig Geld mit kleineren Zeitungsartikeln und Theaterkritiken verdiente, so war er doch finanziell von seinem Vater abhängig, der nicht selten auch die Spielschulden des Sohnes
begleichen musste. Eine feste Anstellung, einen ordentlichen
»Brotberuf«, hatte der promovierte Germanist jedenfalls nicht
in Aussicht. Ohnehin schien der junge Lion Feuchtwanger mit
einer Größe von gerade einmal 1,65 Meter und den dicken
Brillengläsern nicht gerade der »Traumprinz« junger Mädchen zu sein. Und doch war Marta Löffler sofort fasziniert von
ihm, von seinem Charme und seiner intellektuellen Brillanz.
Sie wollte diesen Mann unbedingt näher kennenlernen.

## »Geheiratet haben wir nur, weil wir es mussten.«

Auch Marta Löffler, geboren am 21. Januar 1891 in München,
stammte aus einer wohlhabenden jüdischen Familie. Als erfolgreiche Geschäftsleute konnten Leopold und Johanna Löffler ihrer Tochter eine sorgenfreie Kindheit ermöglichen, selbst
wenn es Marta ein wenig an Nestwärme gefehlt zu haben
scheint. Sie wuchs in einer hübschen Wohnung mit Blick auf
die Münchner Frauenkirche auf und besuchte von 1902 bis
1908 eine Privatschule, wo sie auch ihre Liebe zum Sport entdeckte, dem sie ein Leben lang treu blieb. Bis ins hohe Alter
absolvierte Marta ein tägliches Gymnastikprogramm und ani-
mierte sogar den eher unsportlichen Lion dazu.

Eine Berufsausbildung oder gar ein Studium kamen für die
»höhere Tochter« allerdings nicht in Frage. Die Eltern hofften

wohl, die attraktive Marta würde in der Münchner Gesellschaft schon bald einen adäquaten Ehemann finden. Regelmäßige Theater- und Konzertbesuche boten der selbstbewussten jungen Dame auch hinreichend Gelegenheit, sich in ihrer schicken Garderobe zu präsentieren und die ledigen Herren zu beeindrucken. Doch dann musste sie ausgerechnet diesen »Hallodri« Lion Feuchtwanger kennenlernen!

Zunächst gestaltete sich die Beziehung der beiden eher etwas schleppend. Man telefonierte miteinander, ging hin und wieder spazieren, unternahm kleinere Ausflüge in die Münchner Umgebung – und ließ sich ansonsten Freiraum. Vor allem der unkonventionell denkende Lion hatte keine rechte Lust, sich vorzeitig zu binden – und es sich so mit den anderen Frauen zu verscherzen. Doch nach und nach kamen sich Marta und der junge Feuchtwanger immer näher.

Aber auch zwei Jahre später hatte Lion Feuchtwanger weder eine feste Anstellung gefunden noch als Schriftsteller reüssiert. Zwar schrieb er nach wie vor Theaterkritiken, vor allem für die Berliner »Schaubühne«, doch sein Romandebüt »Der tönerne Gott« kam beim Publikum überhaupt nicht gut an. Noch immer fehlten also eine berufliche Perspektive und die entsprechenden Einnahmen. Doch ausgerechnet jetzt, zu Beginn des Jahres 1912, stellte Marta Löffler plötzlich fest, dass sie schwanger war. Weder sie selbst noch Lion Feuchtwanger dürften darüber besonders erfreut gewesen sein, zumal den werdenden Eltern jetzt kaum etwas anderes übrig blieb, als zu heiraten. Denn natürlich bestanden ihre großbürgerlichen Familien auf einer baldigen Hochzeit. Das war so nicht geplant gewesen. *Geheiratet haben wir nur, weil wir es mussten,* erzählte Marta später. Weil sich beide jedoch ausdrücklich weigerten, sich nach jüdischem Ritus trauen zu lassen, was vor allem die Feuchtwangers gewünscht hätten, entschlossen sich die Familien, die Hochzeitsfeier lieber fern vom heimatlichen München stattfinden zu lassen. Am 10. Mai 1912 heirateten Marta Löffler und Lion Feuchtwanger auf dem Standesamt Überlingen am Bodensee. Gefeiert wurde auch nur im »kleinen Kreis«, wobei die Mitglieder der Feuchtwanger-Familie eindeutig in der Mehrzahl gewesen sein dürften.

## Wanderjahre

Nach den Feierlichkeiten gönnten sich Marta und Lion Feuchtwanger eine längere »Hochzeitsreise« der ganz besonderen Art, nämlich eine ausgiebige Wanderung durch die Schweizer Bergwelt. Hier wollten sie die Schönheit und Stille der Natur genießen, viel miteinander reden und vielleicht auch darüber nachdenken, wie es nach der Geburt des Kindes mit ihnen weitergehen sollte. Dass sie auch als Ehepaar möglichst frei von bürgerlichen Konventionen leben würden, schwebte zumindest Lion Feuchtwanger vor. Noch war das sowieso möglich, denn sie waren völlig ungebunden und besaßen nicht einmal eine eigene Wohnung.

Martas Schwangerschaft war inzwischen schon weit fortgeschritten und am 11. September 1912 brachte sie in Lausanne ihr Kind zur Welt. Über das Schicksal des kleinen Mädchens, das den Namen Elisabeth Marianne erhielt, ist leider kaum etwas bekannt. Schon bald nach der Geburt zog die junge Familie weiter in Richtung Italien, wo das Töchterchen am 17. November des Jahres vermutlich an den Folgen einer Durchfallerkrankung starb. Die Eltern beerdigten ihr Kind in Pietra Ligure, einem kleinen Dorf an der italienischen Riviera, irgendwo zwischen Menton und Genua. Leider hat Marta Feuchtwanger nie über diese traumatische Erfahrung gesprochen.

Der Tod des Kindes gab Marta und Lion ihre Unabhängigkeit zurück, zumindest mussten sie jetzt auf niemanden mehr Rücksicht nehmen und konnten weiterziehen. Die »Urlaubskasse« war inzwischen wieder halbwegs gefüllt, nachdem es Lion gelungen war, seine Dissertation über Heinrich Heine als Vorabdruck an eine Frankfurter Zeitung zu verkaufen. Und so beschlossen sie kurzerhand, ihre »Hochzeitsreise« auf unbestimmte Zeit fortzusetzen.

Das Leben auf Wanderschaft war nicht sonderlich teuer, denn Marta und Lion übernachteten nur in preiswerten Pensionszimmern oder einfachen Strandhütten. Außerdem steuerten Martas Eltern hin und wieder einen Obolus bei und als das Geld einmal wirklich knapp wurde, versuchte der spielfreudige Lion sein Glück im Casino von Monte Carlo – und gewann tatsächlich eine erkleckliche Summe. Von dem Gewinn konnten sie sogar eine Abtreibung bezahlen, um Martas zweite Schwangerschaft abzubrechen. Ein Kind hatte einfach keinen Platz in ihrem Leben, nicht jetzt und auch nicht später.

Marta und Lion genossen das sorgenfreie Leben ohne Termine und sonstige Verpflichtungen. In Südfrankreich wurde schließlich die Idee geboren, den Spuren von Goethes »Italienischer Reise« zu folgen und jene Stätten zu besuchen, an denen sich der »Dichterfürst« seinerzeit aufgehalten hatte. Ein ganzes Jahr lang reisten sie kreuz und quer durch Italien, besichtigten Florenz, Pisa, Perugia, Siena und Rom, machten Ausflüge in die Albaner Berge und wanderten schließlich weiter bis Neapel und Pompeji. Hin und wieder erhielt Lion ein Honorar für seine Artikel, aber erst die Auszahlung einer kleinen Erbschaft ermöglichte ihnen, die Reise noch länger auszudehnen. Weihnachten 1913 verbrachten Marta und Lion auf Sizilien.

Sie lebten in den Tag hinein, genossen es, täglich etwas Neues zu erleben und sich keiner Alltagsroutine unterwerfen zu müssen. Was derweil in der Welt vor sich ging, interessierte sie nicht im Geringsten. Erst als sie im Sommer 1914 nach Marokko und später nach Tunis weiterreisten und dort plötzlich als »feindliche Ausländer« galten, nahmen sie überrascht vom Ausbruch des Ersten Weltkriegs Kenntnis. Damit war ihre zweijährige »Hochzeitsreise« unwiderruflich zu Ende, denn jetzt drohte ihnen die Internierung. Doch mit viel Glück ergatterten Marta und Lion gerade noch zwei Plätze auf einem Schiff, das sie zurück nach Italien brachte. Von dort aus ging es unverzüglich weiter nach München.

## Heimisch in Künstlerkreisen

Zu Hause angekommen, ging das provisorische Leben vorerst weiter. Marta und Lion suchten sich keine feste Bleibe, sondern lebten in einem Münchner Pensionszimmer. In Kriegszeiten sind Zukunftsplanungen bekanntlich besonders schwierig. Im Oktober 1914 wurde Lion Feuchtwanger als Soldat eingezogen. Als sich herausstellte, dass er aufgrund seines schlechten Gesundheitszustands nicht fronttauglich war, übertrug man ihm die Aufgabe, Theateraufführungen für Soldaten, die Fronturlaub hatten oder verletzt im Lazarett lagen, zu inszenieren. Diese Einberufung erwies sich tatsächlich als Glücksfall, denn sie stellte die Weichen für Lion Feuchtwangers spätere Karriere als Schriftsteller, ermöglichte ihm, wichtige Kontakte zu verschiedenen Theatern zu knüpfen und dort auch eigene Stücke anzubieten.

Nach Kriegsende stabilisierte sich die finanzielle Lage des Paares so weit, dass sich die Feuchtwangers eine eigene Wohnung in der Schwabinger Georgenstraße leisten und endlich wieder ihr Leben genießen konnten. Fast jeden Abend besuchten Marta und Lion die neuesten Theateraufführungen und gingen anschließend noch ins Café, wo sie mit anderen Literaten und Regisseuren ins Gespräch kamen, die sie dann zu einem geselligen Abend in die Georgenstraße einluden. So wurde das neue Heim der Feuchtwangers ein beliebter Treffpunkt der Münchner Literatur- und Theaterszene, sehr zu Martas Freude. Endlich fand sie in die Rolle zurück, die sie seit ihrer Hochzeit wohl heimlich vermisst hatte: die einer »Grande Dame« der Münchner Gesellschaft. Den großen Auftritt in eleganter Garderobe hatte sie schließlich seit frühester Jugend geprobt, mit der Zeit perfektioniert, dann aber lange darauf verzichten müssen. Jetzt konnte sie endlich die repräsentative Gastgeberin sein. Zu den Abendgesellschaften, bei denen Lion Feuchtwanger aus seinen neuen Texten las, kamen zahlreiche Freunde und Bekannte, darunter Kollegen wie der damals noch unbekannte Bertolt Brecht, Max Reinhardt, Alfred Polgar, Heinrich Mann oder Joachim Ringelnatz. Ein wirklich guter Freund der Feuchtwangers aber wurde Bruno Frank (1887–1945), auch er ein Autor verschiedener Romane und Theaterstücke.

Neben ihren Pflichten als Gastgeberin wurde Marta jetzt auch zur wichtigsten Mitarbeiterin Lion Feuchtwangers. Sie tippte seine Manuskripte ab und hörte aufmerksam zu, wenn er ihr, wie üblich, das Geschriebene vorlas. Zunächst fand sie noch nicht den Mut, Kritik zu üben, doch im Laufe der Zeit traute sie sich – wesentlich selbstbewusster geworden – zu sagen, was ihr missfiel oder was sie vielleicht etwas anders sah.

Wenngleich Lion Feuchtwangers Schriftstellerkarriere allmählich in Schwung kam und Marta und er das gesellschaftliche Münchner Leben durchaus auskosteten, so fühlten sie sich doch in ihrer Heimatstadt zunehmend unwohl. Um eine berühmte Formulierung von Thomas Mann umzuwandeln: Das München der Weimarer Republik »leuchtete« nicht mehr, sondern mutierte von der heiteren und kunstsinnigen Bayernmetropole zur »Hauptstadt der Bewegung« des Nationalsozialismus. Seit 1921 stand Adolf Hitler an der Spitze der neu gegründeten NSDAP. Obwohl sein Putschversuch im Münchner Bürgerbräukeller im November 1923 scheiterte, Hitlers Partei verboten und er selbst zu fünfjähriger Festungshaft verurteilt worden war, so konnte der »braune Sumpf« bekanntlich nicht trockengelegt werden. Der heraufkommende Antisemitismus sollte Lion Feuchtwanger jedoch dazu veranlassen, seinen berühmtesten Roman zu schreiben …

Dass sich Marta und Lion Feuchtwanger letztlich entschlossen, die Stadt zu verlassen, hatte freilich nichts damit zu tun, dass sie sich aufgrund ihrer jüdischen Herkunft bedroht gefühlt hätten. Vielmehr folgten sie dem Beispiel anderer Autoren wie Bertolt Brecht oder Heinrich Mann, die bereits im neuen kulturellen Zentrum Deutschlands lebten: in der pulsierenden Reichshauptstadt Berlin.

Anfang 1925 zogen auch die Feuchtwangers an die Spree und mieteten eine Wohnung am Hohenzollerndamm im Stadtteil Wilmersdorf. Noch im gleichen Jahr erschien Lion Feuchtwangers berühmter Roman »Jud Süß«, der nicht nur das Leben des gleichnamigen historischen württembergischen Hofjuden thematisierte, sondern auch die judenfeindlichen Klischees der 1920er-Jahre aufgriff. In Deutschland wurde das Werk zunächst nur verhalten aufgenommen. Erst die englische Übersetzung und der Verkaufserfolg des Romans in den Vereinigten Staaten machten Lion Feuchtwanger auch in Deutschland populär – und wohlhabend.

Marta genoss derweil das privilegierte Leben an der Seite des zunehmend erfolgreichen Schriftstellers. Sie machte den Führerschein, kaufte ein Auto, unternahm mit ihrem Mann ausgiebige Urlaubsreisen nach Frankreich, Spanien oder Italien und entdeckte schließlich im österreichischen St. Anton, seit Anfang des 20. Jahrhunderts Zentrum des modernen Wintersports, ein neues Hobby: Skifahren. Seitdem stand sie jeden

Winter auf den Brettern und gehörte – wie auch Luis Trenker – viele Jahre lang zu den bekanntesten Stammgästen des noblen Ortes.

## »Jeder von uns hatte seine Freiheit.«

Inzwischen flossen die Tantiemen so reichlich, dass Lion Feuchtwanger Marta zu ihrem 40. Geburtstag am 21. Januar 1931 einen lang gehegten Wunsch erfüllen konnte: ein eigenes Haus. Es stand in der Mahlerstraße (heute Regerstraße) am nördlichen Rand des Berliner Grunewalds und bot jeden erdenklichen Komfort. Von der großen Terrasse aus führte eine Treppe in den weitläufigen Garten, in dem es sogar einen kleinen Teich gab. Es machte Marta ungemeine Freude, das Haus neu einzurichten und es mit hochwertigen Möbeln und kostbaren Teppichen in ein repräsentatives Ambiente zu verwandeln, in dem sich auch die vielen Besucher der Feuchtwangers wohlfühlen konnten.

Inzwischen waren Marta und Lion Feuchtwanger schon fast zwei Jahrzehnte lang verheiratet und schienen sich noch immer prächtig zu ergänzen. Sie führten eine »offene Ehe«, auch Seitensprünge waren erlaubt. *Jeder von uns hatte seine Freiheit,* erzählte Marta später. Doch waren beide tatsächlich völlig frei von gesellschaftlichen Konventionen und überhaupt nicht eifersüchtig?

Lion hat von seiner Freiheit jedenfalls regen Gebrauch gemacht. Seinen Hang zum »schönen Geschlecht« hat er auch in der Ehe nicht verloren. Bekannt ist unter anderem sein Verhältnis mit der Tänzerin Eva Boy (1905–1987), die er 1924 kennengelernt hatte und die ihm zuliebe von München nach Berlin umzog. Auch zu seiner langjährigen Mitarbeiterin Lola Sernau (1895–1990), die in Berlin einen literarischen Salon führte, unterhielt Lion Feuchtwanger eine längere Liebesbeziehung und ähnlich wie Heinrich Mann zog es auch Feuchtwanger immer wieder zu Prostituierten.

Und wie reagierte Marta? Tatsächlich sah es so aus, als billige sie das Verhalten ihres Mannes. So bewahrte sie trotz seiner zahlreichen Affären stoische Ruhe. Als ihr Marianne Zoff, Brechts erste Ehefrau, einmal im Gespräch offenbarte, dass sie die notorische Untreue ihres Mannes nicht mehr ertragen könne, riet Marta zu mehr Gelassenheit: *Ich weiß, dass Sie es nicht leicht haben, mit Brecht zu leben, all diese Affären mit anderen. Aber bedenken Sie, dass er ein Genie ist.* Worauf die wütende Marianne Zoff entgegnet haben soll: *Ich habe genug von einem Genie. Ich will einen Mann, der mich liebt.* Tatsächlich ließ sie sich von Brecht scheiden und heiratete wenig später den Schauspieler Theo Lingen.

Und Marta? Hat auch sie von ihrem Recht auf sexuelle Eskapaden Gebrauch gemacht? Gab es einen oder mehrere Liebhaber in ihrem Leben? Gerüchte wollen wissen, dass sie eine Affäre mit einem Skilehrer in St. Anton hatte. Auch Lions Freund Bruno Frank wird mit einer Liebschaft in Verbindung gebracht. Wirkliche Beweise gibt es jedoch nicht. Entweder war Marta tatsächlich die Diskretion in Person und hat hinsichtlich ihres außerehelichen Liebeslebens keinerlei Spuren hinterlassen. Ebenso möglich ist aber auch, dass es überhaupt keine Affären gegeben hat. Vielleicht hat sie diese diffusen Gerüchte über mögliche Liebschaften nicht dementiert, weil sie ihr wenigstens geholfen haben, sich nicht als Opfer zu fühlen, sondern zumindest nach außen als gleichberechtigte Partnerin dazustehen, die sich ebenso ihre Freiheiten nahm wie Lion Feuchtwanger.

Es blieb Marta wohl nichts anderes übrig, als gute Miene zum bösen Spiel zu machen und auf Wunsch ihres Mannes die »offene Ehe« zu akzeptieren. Ähnlich wie Bertolt Brecht hatte auch Lion Feuchtwanger lange Zeit »Nebenfrauen« an seiner Seite und nicht selten wohnten die betreffenden Damen mit dem Ehepaar sogar unter einem Dach. Im Haus der Feuchtwangers im Grunewald gab es getrennte Schlafzimmer, damit Lion das Bett ungestört mit seinen diversen Geliebten teilen konnte. Mitunter nahm er sich auch das Recht heraus, in Begleitung seiner Freundinnen wochenlang zu verreisen, wie beispielsweise 1931, als er zu Martas großem Ärger mit Eva Boy nach Italien fuhr.

Dass Marta ihren Mann trotz allem geliebt hat, steht außer Frage: *Mein Leben begann an dem Tag, an dem ich Lion das erste Mal sah.* Tatsächlich: Alles, was Marta war, war sie durch Lion Feuchtwanger. Sie selbst hatte keine Ausbildung, keinen Beruf, keine eigenständige gesellschaftliche Stellung. Eine mögliche Trennung von ihrem Mann hätte für sie nicht nur das gesellschaftliche Aus bedeutet, sondern auch ein Leben ohne jede Perspektive. Marta war schlichtweg von Lion Feuchtwanger abhängig, auch wenn sie das niemals offen zugegeben hätte.

### Lion Feuchtwangers »Nebenfrau«

Noch ahnten weder Marta noch Lion Feuchtwanger, dass sie Deutschland in nicht allzu langer Zeit würden verlassen müssen. Dabei scheint Marta das »Phänomen Hitler« wesentlich ernster genommen zu haben als ihr Mann. Bei den Neuwahlen des Reichstags Ende Juli 1932 wurde die NSDAP mit 37,3 Prozent stärkste Fraktion. Reichskanzler Franz von Papen fand keine parlamentarische Mehrheit, doch Hitler lehnte die Teilnahme an einer Regierungskoalition ab. Stattdessen forderte er *die gesamte Staatsgewalt in vollem Umfange.* Abermals wurde der Reichstag aufgelöst und neu gewählt. Nachdem auch das Kabinett von Schleicher nur von kurzer Dauer gewesen war, ernannte Hindenburg am 30. Januar 1933 schließlich Adolf Hitler zum Kanzler eines nationalen Koalitionskabinetts. Am nächsten Tag schickte Marta ein Telegramm an Lion Feuchtwanger, der sich damals zu einer längeren Lese- und Vortragsreise in den USA aufhielt: *Also Hitler. Du hast Dich ganz schön blamiert mit Deinem Hitler is over…*

Trotzdem lag der Gedanke an ein mögliches Exil noch fern. Marta gönnte sich zunächst einmal ihren jährlichen Skiurlaub in St. Anton und wartete dort auf die Rückkehr ihres Mannes. Erst als Lion Feuchtwanger im März 1933 in Österreich eintraf, nahm der Plan, ins Ausland zu gehen, konkrete Formen an. Deutsche Zeitungen, die auch in St. Anton erhältlich waren, hetzten nicht nur über die Juden im Allgemeinen, sie verbreiteten auch wüste Angriffe gegen Lion Feuchtwanger selbst. Der glaubte zwar nach wie vor, dass sich Hitler nicht lange halten würde, hielt es jedoch für ratsam, Deutschland eine Zeit lang zu meiden und in die Schweiz zu gehen, wo sich bereits etliche Emigranten versammelt hatten.

Um auch hier weiterarbeiten zu können, bat Feuchtwanger seine Assistentin Lola Sernau, unverzüglich nachzukommen, was Marta natürlich in Rage versetzte, denn diese Nebenfrau war für sie ein »rotes Tuch«.

Von Lola Sernau erfuhren die Feuchtwangers, was in der Zwischenzeit in Berlin passiert war: Dass die SA ihr schönes Haus im Grunewald besetzt hatte und dass man dabei war, auch den übrigen Besitz des Paares zu enteignen. Lion Feuchtwanger nahm deshalb umgehend Kontakt zu einem Zürcher Anwalt auf, dem es tatsächlich gelang, das inzwischen beachtliche Vermögen des Schriftstellers zu retten und in die Schweiz zu transferieren. Somit stand zumindest nicht zu befürchten, dass Marta und Lion ihren gewohnten Lebensstil spürbar einschränken mussten. Nach Deutschland, das war inzwischen klar, würden sie in absehbarer Zeit nicht zurückkehren können.

Deshalb entschlossen sie sich nur wenig später, dem Beispiel anderer deutschsprachiger Schriftsteller zu folgen und nach Südfrankreich zu gehen, wo sich das kleine Sanary-sur-Mer an der Côte d'Azur inzwischen zur »Hauptstadt der deutschen Literatur im Exil« entwickelt hatte. Hier kauften sie sich eine hübsche Villa, die schon bald zum neuen »Szenetreff« wurde. Bertolt Brecht kam zu Besuch vorbei, auch Heinrich Mann mit Nelly Kröger oder Arnold Zweig und seine Frau waren häufiger zu Gast.

Doch trotz der komfortablen Umgebung und der Wiederaufnahme des gesellschaftlichen Lebens, bei dem Marta wieder als perfekte Gastgeberin brillierte, war sie nicht wirklich glücklich. Sie konnte es einfach nicht ertragen, dass Lions Nebenfrau Lola Sernau mit nach Sanary gekommen war und sogar im gleichen Haus lebte. Wie verletzt Marta gewesen sein muss, lässt sich anhand von Lions Tagebucheintragungen recht gut nachvollziehen. Im ersten Sommer in Südfrankreich gab es ständig Krach mit der Nebenbuhlerin, was Lion Feuchtwanger auch regelmäßig notierte: *Marta. Außerordentliche Abneigung gegen die Sernau*, hieß es am 1. Juni 1933 und wenig später, am 1. Juli: *Furchtbarer Krach zwischen Marta und Lola. Wie mir Lola Schokolade anbietet, erklärt Marta, Lion kann sich seine Schokolade allein kaufen. Ich erkläre Lola, sie möge sich woanders einmieten. Vertreibung der Hagar…* Oder am 18. Juli: *Marta macht jede vernünftige Diskussion durch hysterische Anfälle unmöglich. Lola gevögelt.* Unter dem Datum des 18. Juli heißt es erneut in Feuchtwangers Tagebuch: *Marta hat wieder albernen Krach mit Lola wegen Läppereien. Ich ärgere mich wahnsinnig über ihren kleinbürgerlichen Geist und ihren Hochmut und ihre Rechthaberei.* Für die Szenen, die ihm seine Frau machte, fand Lion Feuchtwanger sogar eine eigene, literarisch inspirierte Umschreibung: *Marta strindbergelt wieder* – dieser Eintrag ist häufiger in seinem Tagebuch zu lesen.

Eine »offene Ehe« zu führen war also gar nicht so einfach, wie Marta nach außen hin vorgab. Dabei schien sie anderen Frauen, die sich in ähnlicher Situation befanden, sogar ein Vorbild zu sein, ein Musterbeispiel an Toleranz und Großzügigkeit. Helene Weigel, Brechts zweite Ehefrau, soll Marta einmal gestanden haben, sie könne das Leben mit dem polygamen Brecht manchmal nicht mehr ertragen. Aber dann würde sie immer an sie, Marta Feuchtwanger, denken, und das würde ihr helfen, trotz allem durchzuhalten. Auch Marta hielt durch: *Ich wusste, dass ich bei Lion bleiben musste, was immer er tat,* sagte sie 1975 in einem Interview, *ich konnte an niemand anders mehr denken.* Gewiss war Marta stolz, die Ehefrau eines charismatischen Schriftstellers zu sein. Aber reichte das aus, um alles hinzunehmen?

In Wirklichkeit hat Marta wohl all ihre Probleme »unter den Teppich gekehrt« und es so geschafft, den Schein einer glatten Fassade und das Bild einer »starken Frau« aufrecht zu erhalten. Erst im Alter gab sie zu, dass ihre Ehe mehrfach ernsthaft gefährdet gewesen wäre und dass sie sich in ihrem Leben manches anders gewünscht hätte: *Ich musste kochen, tat so, als ob ich es gern täte, aber ich mochte es nicht, obwohl mein Mann gern aß, was ich kochte. Ich hätte viel lieber Bücher gelesen oder wäre wie er in die Bibliothek gegangen.*

## Einsam in Sanary

Abgesehen vom Ärger mit den Nebenfrauen verlief Martas Leben in Sanary-sur-Mer aber ohne nennenswerte Störungen. Nach dem Umzug in eine (noch) größere Villa im Mai 1934 bestand Martas Hauptaufgabe darin, Haus und Garten in Ordnung zu halten, auch wenn ihr dabei allerlei dienstbare Geister zur Hilfe standen. *Der Garten ist groß, mit vielen Terrassen und macht uns Freude,* schrieb sie in einem Brief an Arnold Zweig. Die Gartenarbeit kam auch dem Bewegungsdrang der sportlichen Marta entgegen. Zu ihrem täglichen »Fitnessprogramm« gehörten nach wie vor verschiedene gymnastische Übungen, aber auch ein ausgiebiges Bad im Meer. Auf den jährlichen Skiurlaub musste sie jedoch eine Weile verzichten, nachdem sie sich bei einem schweren Autounfall Anfang 1934 einen komplizierten Knöchel- und Schienbeinbruch zugezogen hatte, der nur durch mehrere Operationen wieder gerichtet werden konnte. Erst im März 1936 war Marta wieder so weit hergestellt, dass sie sich in den französischen Alpen nahe Chamonix wieder auf die Bretter wagen konnte.

Inzwischen hatte sie durch eine weitere Nebenfrau neue Konkurrenz bekommen. 1935 lernte Lion Feuchtwanger die Zeichnerin und Karikaturistin Eva Hermann (1901–1978) kennen, die bis 1940 die wichtigste Frau an seiner Seite blieb. Die beiden verband nicht nur gegenseitige Zuneigung, sie standen auch politisch im gleichen Lager. Eva Hermann war Kommunistin mit engen Beziehungen zur KPdSU in Moskau und auch Feuchtwanger hatte sich angesichts des immer bedrohlicher werdenden Nationalsozialismus entschlossen, seine bislang eher lose Bindung an die Kommunisten zu intensivieren. Im Winter 1936/37 reiste er gemeinsam mit Eva nach Moskau, um an einer Veranstaltung der Komintern, dem internationalen Zusammenschluss kommunistischer Parteien, teilzunehmen. Marta blieb derweil allein zurück in Sanary, wo sich Lola Sernau zum Glück inzwischen eine eigene Wohnung gemietet hatte.

Es waren einsame und triste Wochen. Weihnachten 1936 verbrachte Marta mutterseelenallein in der riesigen Villa und verfolgte im Radio die Messe in Bethlehem. Sie hatte viel Zeit zum Nachdenken, auch darüber, ob es überhaupt noch einen Sinn hatte, die Ehe mit Lion fortzusetzen. Doch dann riss sie vielleicht ein Brief ihres Mannes, den er am 10. Januar 1937 in Moskau geschrieben hatte, aus ihren trüben Gedanken: *Es ist ein ungeheurer Fehler, dass ich dich nicht mitgenommen habe. Ich hätte mich zwar schrecklich über Dich geärgert, über ständige Bemutterung und Rechthaberei, aber Du hättest an vielem gewaltige Freude gehabt, und meine Freude wäre viel größer gewesen, wenn Du dabei gewesen wärest, und zahllose Kleinigkeiten, die einem die Stimmung verderben, hättest Du mir abgenommen, und überhaupt bist Du, meine Arbeit einmal ausgenommen, das Beste, was ich habe.*

Die Anerkennung, die aus diesem Schreiben spricht, wird Marta sicherlich mit Genugtuung erfüllt haben. Sie mochte vielleicht keine Muse im üblichen Sinn sein, doch ohne seine Frau wäre der schöngeistige Lion Feuchtwanger wohl kaum in der Lage gewesen, die Tücken des Alltags zu bewältigen. Mit ihren praktischen Fähigkeiten – zur Not konnte sie auch einen Autoreifen wechseln – war Marta einfach unverzichtbar. Am 20. Februar 1937 kehrte Lion Feuchtwanger allein nach Sanary zurück. Auch wenn die Beziehung zu seiner Nebenfrau noch nicht beendet war, so hatte sich Eva Hermann doch entschlossen, vorerst in Paris zu leben.

So nahm zumindest das Leben an der Côte d'Azur seinen gewohnten Gang, während die Nachrichten aus Deutschland immer mehr Anlass zu größter Sorge gaben. Dem »Anschluss« Österreichs folgte im November 1938 die Reichspogromnacht, am 1. September 1939 begann der Zweite Weltkrieg.

## In Lebensgefahr

Noch bevor die Wehrmacht in Frankreich einmarschierte, erließ die französische Regierung im Mai 1940 ein Dekret, dass alle »feindlichen Ausländer« zu internieren seien. Marta und Lion Feuchtwanger erfuhren davon aus den Radionachrichten und wussten sofort, dass sie in größter Gefahr schwebten, wenn Frankreich die Deutschen möglicherweise in ihr Heimatland abschieben würde. Nur wenige Tage später wurde die Lage tatsächlich ernst. Lion Feuchtwanger musste schon Ende Mai ins Sammellager Les Milles, während Marta Anfang Juni nach Gurs gebracht wurde, einen kleinen Ort am Fuße der Pyrenäen, etwa 40 Kilometer westlich von Pau. In diesem Lager, in dem etwa 18 000 Menschen untergebracht waren, musste sich Marta eine Baracke mit zwei Dutzend anderen Frauen teilen. Die hygienischen Zustände müssen katastrophal gewesen sein. Doch irgendwie hat sie es geschafft, aus dem Lager zu fliehen. Jedenfalls schickte sie am 23. Juni ein Telegramm an ihre Haushaltshilfe in Sanary und teilte ihr mit, dass sie wieder in Freiheit war. Genaue Einzelheiten sind allerdings nicht bekannt. Auch Lion gelang es schließlich, das Sammellager zu verlassen. Nach zweimonatiger Trennung und quälender Ungewissheit sahen sich beide Ende Juli in Nîmes wieder.

Jetzt hatten sie nur noch den einen Wunsch, Frankreich so schnell wie möglich zu verlassen. Nach der Kapitulation des Landes am 17. Juni 1940 wurde im Waffenstillstandsabkommen verfügt, dass Frankreich alle von NS-Deutschland angeforderten Personen unverzüglich auszuliefern habe. Es war daher nur noch eine Frage der Zeit, bis auch Marta und Lion Feuchtwanger an die Reihe kamen. Doch ohne gültige Papiere war es kaum möglich, aus Frankreich herauszukommen und sich in Sicherheit zu bringen. Schon vor Ausbruch des Zweiten Weltkriegs hatte Lion Feuchtwanger mit dem Gedanken gespielt, in die USA zu gehen, damals allerdings ohne Marta. Vermutlich wollte er mit Eva Hermann, die im Oktober 1939 nach Amerika auswanderte, ein neues Leben beginnen. Doch die Pläne hatten sich zerschlagen. Jetzt aber gab es keine Alternative mehr, wirklich sicher waren die deutschen Flüchtlinge nur noch auf der anderen Seite des Atlantiks. Aber der Weg dorthin schien ihnen versperrt.

Vermutlich hätte es für die Feuchtwangers und andere deutsche Schriftsteller den sicheren Tod bedeutet, hätte sich nicht ein amerikanisches Hilfskomitee um die Ausreisewilligen gekümmert, das Emergency Rescue Comitee (ERC), vertreten durch den amerikanischen Journalisten Varian Fry. Das ERC verfügte über eine Liste, auf der rund 200 gefährdete Personen aufgeführt waren. Ganz oben standen die Feuchtwangers, die Werfels sowie Heinrich und Nelly Mann. Mit Frys Hilfe gelang allen im September 1940 die Flucht. Weil sie kein französisches Ausreisevisum besaßen, blieb ihnen nur der strapaziöse Fußweg über die Pyrenäen nach Spanien, dann mit dem Zug weiter nach Lissabon. Portugal wurde seit 1928 von Antonio Salazar und dessen faschistischer Partei diktatorisch beherrscht. Offiziell war das Land im Zweiten Weltkrieg zwar neutral, verhielt sich aber den Deutschen gegenüber recht wohlwollend. Deshalb konnten die Feuchtwangers erst aufatmen, als sie den Hafen von Lissabon verlassen hatten, wenn auch getrennt voneinander. Lion fand bereits im September 1940 Platz auf einem Schiff, Marta musste noch ein wenig warten, bis auch sie sich Ende Oktober an Bord der »MS Exeter« auf den Weg nach Amerika machen konnte, um nach ihrer Ankunft in New York zusammen mit Lion Feuchtwanger ein neues, freies Leben zu beginnen.

## Leben in der »Villa Aurora«

Schon der Neuanfang im »Land der unbegrenzten Möglich-keiten« war vielversprechend. Seit dem Erfolg seines Romans »Jud Süß« war Lion Feuchtwanger in den USA ein bekannter Schriftsteller, den man jubelnd empfing und zusammen mit seiner Frau zu zahllosen Partys und Empfängen einlud. Nach den Strapazen der Flucht müssen Marta diese ersten Wochen in New York wie ein einziger wunderbarer Traum erschienen sein. Endlich hatte sie wieder Gelegenheit, die große Bühne zu betreten und als gesellschaftlicher Mittelpunkt zu glän-zen. Doch die Stadt blieb nur eine Zwischenstation. Wie die anderen deutschen Exil-Schriftsteller wollten sich auch Marta und Lion Feuchtwanger in Los Angeles niederlassen – wo Eva Hermann bereits auf ihren Geliebten wartete. Doch dann konnte Marta erleichtert feststellen, dass sich Lion von seiner Nebenfrau sichtlich distanziert hatte.

Marta fühlte sich in Los Angeles sofort zuhause, zumal hier alles irgendwie an die Côte d'Azur erinnerte: die Landschaft, das Klima, das Meer. Hier wollte sie bis zu ihrem Lebensende bleiben.

Doch die Sicherheit in den USA war trügerisch. Als Amerika in den Zweiten Weltkrieg eintrat, nachdem die Japaner im Dezember 1941 Pearl Harbor bombardiert hatten, galten die Emigranten zum wiederholten Male als »feindliche Auslän-der« und ihre Zukunft war vorübergehend völlig ungewiss. Drohte womöglich eine erneute Internierung? Die Auswei-sung sogar? Plötzlich wurden ihre Konten eingefroren, nächt-liche Ausgangssperren verhängt, einmal im Monat mussten sie sich bei der Behörde melden. Dank ihrer Prominenz und guter Beziehungen hatten die deutschen Schriftsteller aber glück-licherweise nichts Ernsthaftes zu befürchten und konnten ihr

Emigrantenleben schon bald unbehelligt fortsetzen. Das heißt, ganz so unbehelligt dann doch nicht. Wie sein Kollege Bertolt Brecht wurde auch Lion Feuchtwanger wegen seiner kommunistischen Kontakte vom FBI überwacht und mehrmals verhört. Die Ausweisung aus den USA schwebte wie ein Damoklesschwert über ihm, zumal er sich bislang vergeblich um die amerikanische Staatsbürgerschaft bemüht hatte. Doch seine Prominenz schützte ihn auch in dieser Hinsicht.

Allmählich begannen die Sorgen zu verblassen, Marta und Lion hatten die berechtigte Hoffnung, dauerhaft in Los Angeles bleiben zu können. Jetzt fehlte nur noch ein möglichst repräsentatives Eigenheim. Marta, wieder ganz in ihrem Element, beauftragte daher einen Makler mit der Suche nach einer geeigneten »Traumvilla« mit Meerblick und großem Garten, vorzugsweise im Stadtteil Pacific Palisades, einem Hochplateau über dem Pazifik, das erst zwanzig Jahre zuvor erschlossen worden war.

Seit der ersten Wohnbebauung zu Beginn der zwanziger Jahre war Pacific Palisades schnell gewachsen. Bis 1940 zogen viele Künstler, Professoren, Schriftsteller, Architekten, Theater- und Kinoleute hierher und bauten sich ihre luxuriösen Domizile. Zu den spektakulärsten Bauten von Pacific Palisades zählte eine Villa am Paseo Miramar, die einem Schlösschen bei Sevilla nachempfunden war. Das in Hanglage gebaute Haus war zur Straße hin durch eine Mauer verdeckt und erstreckte sich zur Gartenseite in drei Etagen. Auf 600 Quadratmetern waren 14 Zimmer verteilt. Salon, Küche und Esszimmer befanden sich im Erdgeschoss, Wohn- und Schlafräume in der oberen Etage. Nach hinten heraus gab es zwei schöne Innenhöfe und vom großen Salon aus führte eine Fenstertür zur Terrasse, von der aus man den Sonnenaufgang beobachten konnte. Das erklärt auch den späteren Namen des Anwesens: Villa Aurora.

Die Villa hatte ursprünglich als Musterhaus und Vorzeige-objekt gedient und war nur wenige Jahre bewohnt gewe-sen. Inzwischen stand sie seit längerer Zeit leer und machte einen etwas heruntergekommenen Eindruck. Doch das konnte Marta und Lion Feuchtwanger nicht davon abhalten, dieses »Traumhaus« 1943 für 9000 Dollar zu erwerben. Knapp die Hälfte der Summe hatte Lion Feuchtwanger soeben für seinen neuen Roman erhalten, der bei einem amerikanischen Verlag erschienen war. Nach umfassenden Umbauarbeiten konnten sie noch im gleichen Jahr in die »Villa Aurora« einziehen. Erst jetzt waren die Feuchtwangers wirklich in ihrer neuen Heimat angekommen.

Nach München, Berlin und Sanary wurde das Haus Feucht-wanger nun zum vierten Mal gesellschaftlicher Treffpunkt für die alten Freunde. Doch der Kreis der Besucher begann zu schrumpfen. Nachdem sich seine Frau 1944 das Leben genom-men hatte, nahm Heinrich Mann kaum noch an geselligen Abenden teil. Bruno Frank und Franz Werfel, die Gefährten aus der Zeit in Sanary, starben 1945, Bert Brecht und Helene Weigel verließen das Land 1947 enttäuscht in Richtung Ost-Berlin. Natürlich kamen Katia und Thomas Mann, die ganz in der Nähe ein wundervolles Anwesen besaßen, hin und wieder vorbei, doch von echter Freundschaft konnte keine Rede sein. Dazu gingen die politischen Ansichten der beiden Schriftstel-ler viel zu weit auseinander.

Ansonsten pflegte Marta weitgehend den Lebensstil, den sie sich bereits im französischen Exil angewöhnt hatte. Noch immer schien die sportliche Betätigung ihr Jungbrunnen zu sein, neben regelmäßigen Spaziergängen war auch das tägliche Bad im Meer ein unbedingtes Muss. Wie früher nutzte sie die Wintermonate zum Skifahren und verbrachte den Urlaub im kalifornischen Nationalpark Yosemite Valley, während Lion in Pacific Palisades zurückblieb. Regelmäßig besuchten die

Feuchtwangers Lesungen und Konzerte, führten ansonsten aber ein recht ruhiges Leben. Finanzielle Sorgen kannten sie nicht, denn Lions literarischer Erfolg setzte sich in den USA auch weiterhin fort. 1951 erschien sein Roman »Goya oder der arge Weg der Erkenntnis«, vier Jahre später »Die Jüdin von Toledo«.

## Reisen nach Deutschland

Das sorgenfreie Leben in Pacific Palisades nahm ein jähes Ende, als Lion Feuchtwanger 1957 an Magenkrebs erkrankte und die Ärzte keine Möglichkeit sahen, sein Leben zu retten, zumal bereits andere Organe betroffen waren. In den nächsten Monaten ging es dem Schriftsteller zunehmend schlechter, bis der Tod den 74-Jährigen am 21. Dezember 1958 von seinem schweren Leiden erlöste. Auf dem Woodlawn Cemetery von Santa Monica fand er unweit des Grabes von Heinrich Mann seine letzte Ruhestätte. Nach 46-jähriger Ehe war Marta nun zum ersten Mal wieder allein. Jetzt musste sich zeigen, ob ihr Leben, das *mit Lion begonnen* hatte, auch ohne ihn weitergehen konnte.

Zunächst sah sie einer ungewissen Zukunft entgegen, denn sie wusste nicht, ob sie die kostspielige Villa Aurora überhaupt halten konnte. Doch dann fand sich eine überraschende Lösung: 1959 übernahm die University of South California das gesamte Anwesen einschließlich Feuchtwangers Archiv und seiner großen Bibliothek mit mehr als 30 000 Bänden. Ein Glücksfall, denn Marta erhielt nicht nur ein Wohnrecht auf Lebenszeit, sie sollte auch als Kuratorin tätig werden. Für diese Arbeit erhielt sie sogar ein kleines Gehalt, das erste Geld, das sie, die inzwischen 68-Jährige, in ihrem Leben verdiente. So wurde es ihre künftige Lebensaufgabe, das Andenken an

Lion Feuchtwanger zu bewahren. Die neue Tätigkeit machte ihr große Freude, zumal sie ihr viele Freiräume ließ. In den Nachmittagsstunden führte sie interessierte Besucher durch das Haus und gab bereitwillig Auskunft über Leben und Werk von Lion Feuchtwanger. Den Rest des Tages konnte sie nach eigenen Vorstellungen gestalten, schwimmen und spazieren gehen, die Korrespondenz erledigen, ein wenig im Garten arbeiten, abends oftmals Partys und vor allem Konzerte besuchen. Erst spät entdeckte Marta ihre Liebe zur Musik, genoss solche Abende aber umso mehr.

Auch im Alter war Marta Feuchtwanger noch eine attraktive und auffallende Erscheinung. Seit Anfang der sechziger Jahre begann sie, sich vorwiegend im »chinesischen Stil« zu kleiden, wobei sie schwarze oder goldene Brokat- und Seidenstoffe bevorzugte.

Inzwischen lebte Marta schon seit fast dreißig Jahren in Pacific Palisades, das ihr zur neuen Heimat geworden war. Seit 1959 besaß sie die amerikanische Staatsangehörigkeit und Deutschland war nur noch eine ferne Erinnerung. Doch dann erreichte sie Anfang 1969 eine Einladung der Westberliner Akademie der Künste, die gerade eine Ausstellung über das Werk Lion Feuchtwangers vorbereitete. Marta sollte zur Einweihung kommen. Sie entschloss sich tatsächlich, die Einladung anzunehmen, auch wenn sie das Flugzeug nach Deutschland mit durchaus gemischten Gefühlen bestieg. Sie hatte das Leben im Berliner Grunewald damals so genossen, bis die Nationalsozialisten alles auf brutale Weise zerstört hatten. Welche Erinnerungen mochten wohl wieder hochkommen? Und vor allem: Würde sie möglicherweise einem Nazi die Hände schütteln müssen? Doch als Marta im April 1969 tatsächlich in Berlin eintraf, zeigte sich bald, dass ihre Sorgen weitgehend umsonst gewesen waren, und sie fühlte sich zu ihrer eigenen Verwunderung schon fast wieder ein wenig zuhause. Ihr altes Haus aufzusuchen hat sie sich dann aber doch nicht getraut. Es wäre wohl zu schmerzlich gewesen.

Der Aufenthalt in Berlin verlief höchst angenehm, selbst der Senat organisierte einen Empfang für die »Heimkehrerin«. Die Zeitungen berichteten nicht nur über die Ausstellung, sie schrieben auch ausführlich über Marta selbst, über ihr Leben mit und ohne Lion Feuchtwanger.

Nach einem Abstecher nach Ostberlin, wo der Aufbau Verlag die Werke Lion Feuchtwangers herausgab, stand schon ein nächster Programmpunkt an, der Besuch einer Ausstellung zur Exilliteratur in Frankfurt am Main. Die letzte Station der Deutschland-Reise war ihre Heimatstadt München, wo Marta sogar vom Oberbürgermeister Hans-Jochen Vogel persönlich empfangen wurde. Auch hier ehrte man die *Münchnerin im Mao-Look,* wie eine Zeitung titelte, mit Einladungen, Banketten und Empfängen. Als sie wenige Wochen später zurück nach Los Angeles flog, konnte sie befriedigt feststellen: *Die Ereignisse haben meinem guten Gefühl recht gegeben. Es ist schön, dass ich diese Wandlung in Deutschland noch erleben durfte.*

Es blieb nicht bei dieser einen Reise nach Europa. Nur zwei Jahre später, kurz nach ihrem 80. Geburtstag, flog Marta erneut in die Bundesrepublik und folgte diesmal einer Einladung aus Mainz, nachdem Lion Feuchtwanger seinerzeit eine größere Summe für den Wiederaufbau des Gutenberg-Museums gespendet hatte. Marta genoss es, wieder einmal im Fokus der Aufmerksamkeit zu stehen. Deshalb reiste sie auch gleich weiter in die DDR, um an der Premiere des Films »Goya oder der arge Weg der Erkenntnis« teilzunehmen, den die DEFA 1971 nach einer Vorlage des gleichnamigen Feuchtwanger-Romans produziert hatte. Dann ging es weiter nach Moskau, wo Lion Feuchtwangers Werke, die in den vierziger und fünfziger Jahren in der Sowjetunion nicht mehr gedruckt worden waren, nun wieder neu aufgelegt wurden. Auch hier war Marta Ehrengast einer »Goya«-Filmpremiere, denn die DDR und die Sowjetunion hatten bei der Produktion des Streifens zusammengearbeitet. Mochte sie auch nur die Witwe des berühmten Schriftstellers sein, der tosende Applaus, den das Moskauer Premierenpublikum spendete, galt ihr, Marta Feuchtwanger.

## Letzte Jahre

Abgesehen von kleineren gesundheitlichen Problemen ging es Marta Feuchtwanger bis ins hohe Alter ausgesprochen gut. Sie blieb sowohl körperlich als auch geistig aktiv. Mit über 90 Jahren entschloss sie sich noch, ihre Memoiren zu schreiben, die 1983 unter dem Titel »Nur eine Frau« erschienen. Zwar war der kommerzielle Erfolg gewaltig, allein die erste Auflage des Buches wurde 40000 Mal verkauft, doch die meisten Leser reagierten eher zurückhaltend und zeigten sich enttäuscht, dass Marta Feuchtwanger so wenig von sich selbst preisgegeben hatte. Mit dieser Mischung aus geschwätzigem Klatsch und kleinen Anekdoten hat sich die alte Dame selbst keinen Gefallen getan.

Doch allmählich forderte das Alter seinen Tribut. Rheumatische Beschwerden und Schlaflosigkeit machten Marta Feuchtwanger schon seit Längerem zu schaffen. Als die Akademie der Künste 1984 eine größere Ausstellung zu Lion Feuchtwangers 100. Geburtstag veranstaltete, konnte sie aus gesundheitlichen Gründen nicht mehr daran teilnehmen. Ihr Bewegungsradius wurde immer kleiner, das Gehen zunehmend beschwerlich. Am 15. April 1984 stürzte sie so unglücklich, dass sie sich Arm und Hüfte brach. Nach einem längeren Krankenhausaufenthalt stand schließlich fest, dass Marta dringend auf Betreuung angewiesen war und nicht mehr in der Villa Aurora leben konnte. Sie hatte nicht nur ihre körperlichen Kräfte eingebüßt, sondern litt inzwischen auch an einer schweren Altersdemenz. Im Herbst 1984 kam Marta Feuchtwanger in ein Pflegeheim in Santa Monica, wo ihr langes Leben am 25. Oktober 1987 zu Ende ging.

Einem Glücksfall ist es zu verdanken, dass die Villa Aurora nach Martas Tod nicht in fremde Hände kam, so wie es die Universität mit dem geplanten Verkauf eigentlich vorgehabt hatte. Das Haus war inzwischen in die Jahre gekommen, der schöne Garten völlig verwildert, sodass kostspielige Sanierungsarbeiten anstanden. Als dann aber bekannte Persönlichkeiten der deutschen Literaturszene vom bevorstehenden Verkauf des Hauses erfuhren, beschlossen sie, die Feuchtwanger-Villa als *deutsches Kulturdenkmal des Exils* der Nachwelt zu erhalten. Sie gründeten 1988 den »Kreis der Freunde der Villa Aurora«. Es dauerte eine Weile, bis genügend Geld vorhanden war, um das marode Gebäude mit großem Aufwand zu modernisieren. Seit 1995 dient die Villa nach dem Vorbild der Villa Massimo in Rom als Künstlerresidenz und ermöglicht jungen Stipendiaten einen zehnmonatigen Aufenthalt, um in aller Ruhe zu arbeiten – vielleicht auch in Erinnerung an die früheren Besitzer, Marta und Lion Feuchtwanger.

# »Eigentlich ist sie meine Mutter«

Veza Taubner-Calderon (1897–1963)
und Elias Canetti

Ein Vortragsabend dieser Art war für das intellektuelle Wien ein wahrer »Leckerbissen«. Vermutlich wird sich auch Veza Taubner-Calderon den Termin rot in ihrem Kalender markiert haben. Es hatte sich nämlich längst herumgesprochen, dass man die Lesungen von Karl Kraus, dem österreichischen Schriftsteller und bissigen Satiriker, auf keinen Fall verpassen durfte. *Wer ihn gehört habe,* schrieb Vezas späterer Ehemann Elias Canetti 1982 in seinem autobiografischen Werk »Die Fackel im Ohr«, *der wolle nie wieder ins Theater gehen, denn Theater sei langweilig verglichen mit ihm.* Karl Kraus *sei allein ein ganzes Theater, aber besser … Wenn er aus den »Letzten Tagen der Menschheit« vorlese,* hatte man Canetti erzählt, *sei man wie erschlagen, da rühre sich nichts im Saal, man getraue sich kaum zu atmen …*

Als literaturbegeisterte »Leseratte« hatte Veza Taubner-Calderon schon an mehreren Karl-Kraus-Veranstaltungen teilgenommen und selbstverständlich saß sie auch am 17. April 1924 im Publikum. Ein junger Mann hingegen war an diesem Tag zum ersten Mal mit dabei, der 18-jährige Elias Canetti, der erst seit kurzer Zeit wieder in Wien lebte. Zwar studierte er Chemie, doch seine große Leidenschaft galt der Literatur, und am liebsten wollte er selbst Schriftsteller werden.

An diesem Abend sind sich Veza Taubner-Calderon und der acht Jahre jüngere Elias Canetti zum ersten Mal begegnet. Wie sie ins Gespräch kamen und worüber sie sich unterhalten haben, ist nicht bekannt. Vielleicht sprachen sie über Karl Kraus, der seinem Ruf als gnadenloser Satiriker auch diesmal wieder alle Ehre gemacht hatte. Möglich ist aber auch, dass Canetti seiner neuen Bekannten eine etwas indiskrete Frage stellte: Allem Anschein nach sei sie doch von Kraus' Vortrag sichtlich begeistert gewesen, das habe man schon an ihrem Gesicht gesehen. Warum aber habe sie dann zum Schluss nicht applaudiert? Ob sie ihm dieses Geheimnis vielleicht verraten könne…

## Das Geheimnis des schwarzen Handschuhs

Über ihr »Geheimnis« hat Veza Taubner-Calderon niemals gesprochen und auch Elias Canetti hat zu diesem Tabu ein Leben lang geschwiegen. Erst 1969 hat Vezas guter Freund, der österreichische Schriftsteller Ernst Fischer (1899–1972), das wohl gehütete Geheimnis gelüftet, indem er ganz offen beschrieb, was jedem aufgefallen sein musste, der Veza Taubner-Calderon kennenlernte: *Schwarzer Handschuh, mag es noch so heiß sein; denn ihr fehlt ein Arm. Statt einer Prothese trägt sie einen mit Bauschen ausgestopften Ärmel, der schlaff herabhängt. Man fragt nicht danach, man spricht nicht davon, doch dieser Defekt ist ein Bestandteil ihrer Persönlichkeit. Sie hat gelernt, sich so zu bewegen, mit solcher Souveränität, als fehle dieser Arm nicht …* Gleichwohl meinte Ernst Fischer, Veza sei *stolz und voller Scham* gewesen.

Viel mehr ist über dieses »Geheimnis«, Veza Taubner-Calderons Behinderung, bis heute nicht bekannt. Fest steht nur, dass ihr der linke Arm fehlte, ob das aber von Geburt an der Fall war oder erst später durch einen Unfall verursacht wurde, ist unklar.

Eine unbeschwerte Kindheit war unter diesen Umständen wohl kaum möglich, auch wenn man nur wenig über die ersten Lebensjahre der Venetiana Taubner-Calderon weiß, die am 21. November 1897 in Wien zur Welt kam. Ihre Eltern waren die aus Spanien stammende sephardische Jüdin Rachel Calderon (1864–1934) und der ungarische Kaufmann Hermann Taubner (1854–1904). Sie hatten zunächst in Serbien gelebt, das damals noch zur Habsburgermonarchie gehörte. Zu Vezas schlimmsten Erlebnissen gehörte sicherlich der Tod ihres Vaters, der starb, als sie noch ein kleines Mädchen war.

Sieben Jahre später heiratete die Mutter den ebenfalls verwitweten Menachem Alkalay (1850–?) aus Sarajewo, der zwar recht wohlhabend war, nach Aussagen seiner Mitmenschen aber ein ziemlich schrulliger Typ gewesen sein soll. Er konnte Vezas verstorbenen Vater jedenfalls in keiner Hinsicht ersetzen.

Die Familie lebte im traditionell jüdisch geprägten Wiener Bezirk Leopoldstadt, wo Veza auch die höhere Schule besuchte, die sie mit bestandener Matura abschloss. Anschließend widmete sie sich dem Studium verschiedener Fremdsprachen – lernte Englisch, Spanisch, Französisch und perfektionierte ihre diesbezüglichen Kenntnisse bei Verwandtenbesuchen in England. So sah sich die junge Frau schon bald imstande, durch Sprach- und Konversationsunterricht ihr eigenes Geld zu verdienen. In ihrer freien Zeit aber verschlang Veza wohl sämtliche Werke der Weltliteratur und war derart belesen, dass sich Elias Canetti (1905–1994) zutiefst beeindruckt zeigte, als er sie nach der ersten Begegnung bei Karl

Kraus schließlich näher kennenlernte: *Sie hat von der Literatur gelebt,* schrieb er später, *sie war davon so erfüllt wie niemand anderer, den ich je gekannt habe.* Am liebsten mochte Veza die französischen Autoren wie Molière und vor allem Balzac. Ob sie schon damals angefangen hat, sich selbst schriftstellerisch zu betätigen, ist allerdings nicht bekannt.

## Gemeinsame Erinnerungen

Zunächst trafen sich Veza Taubner-Calderon und Elias Canetti nach jenem ersten Abend nur gelegentlich, besuchten zusammen noch andere Lesungen von Karl Kraus oder gingen ins Theater. Erst im April 1925 kam Canetti zum ersten Mal in die Wiener Ferdinandstraße 29, wo Veza nach wie vor bei ihrer Mutter und dem Stiefvater wohnte. Vermutlich haben sie sich an diesem Tag erstmals nicht nur über Literatur unterhalten, sondern auch Privates ausgetauscht und festgestellt, dass sie so manches gemeinsam hatten.

Elias Canetti war 1905 als Kind einer jüdischen Kaufmannsfamilie in Bulgarien zur Welt gekommen, einem Land, das noch bis 1908 vom Osmanischen Reich abhängig gewesen war. Deshalb waren die Canettis auch zunächst türkische Staatsangehörige gewesen, bevor sie nach dem Ende des Ersten Weltkriegs und des Osmanischen Reiches zu Staatenlosen wurden. – Veza Taubner-Calderon hingegen besaß wegen der serbischen Herkunft ihrer Eltern inzwischen einen jugoslawischen Pass. – Als Elias Canetti sechs Jahre alt war, zogen seine Eltern Jacques (1881–1912) und Mathilde Canetti (1886–1937) mit ihm sowie den beiden jüngeren Brüdern, Nissim Jacques (1909–1997) und dem neu geborenen Georges (1911–1971), ins englische Manchester, wo bereits Teile der Verwandtschaft lebten. Man hoffte hier auf eine bessere

Zukunft, doch dann wurde alles durch den frühen Tod des Vaters zunichte gemacht, der 1912 im Alter von erst 31 Jahren völlig unerwartet einem Herzschlag erlag. Einen solch schweren Schicksalsschlag teilte Veza bekanntlich mit Elias Canetti. Und es gab noch eine weitere Gemeinsamkeit: Manchester, das Veza durch verschiedene Besuche bei ihren englischen Verwandten ebenfalls recht vertraut war. Sie hatte damals in der Burton Road gewohnt, *in unserer Straße*, wie sich Elias Canetti später erinnerte. *Ich hörte aus ihrem Munde dieselben Namen, die ich als die letzten Worte meines Vaters in Erinnerung hatte,* bevor er sich damals an den Frühstückstisch setzte, wo er tot zusammenbrach. Zudem stellte sich heraus, dass Vezas Onkel Jacques Calderon, den sie in Manchester besucht hatte, sogar an der Trauerfeier für Elias' Vater teilgenommen hatte, um sich von diesem zu verabschieden. Vermutlich waren es diese gemeinsamen Erinnerungen, die Veza und Elias mehr noch als die beiderseitige Liebe zur Literatur zusammenschweißten. Seit Sommer 1925 waren sie ein Paar, wenn auch eines der merkwürdigsten in der ganzen Literaturgeschichte.

## Anfänge als Schriftstellerin

Während Veza nach dem Tod ihres Vaters zumindest in der vertrauten Wiener Umgebung bleiben konnte, begab sich Mathilde Canetti nach dem Verlust ihres Mannes mit ihren Söhnen auf eine wahre Odyssee, die sie von England aus zunächst nach Wien, dann in die Schweiz und schließlich nach Deutschland führte, wo sie von 1921 bis 1924 lebten. Dann aber trennten sich ihre Wege. Mathilde Canetti zog mit den zwei jüngeren Söhnen nach Frankreich und Elias ging zurück nach Wien, um sich an der Universität für das Fach Chemie zu immatrikulieren.

Dieser Schritt war vermutlich notwendig, um sich zumindest räumlich von seiner schwierigen »Übermutter« zu trennen, die noch über das Leben des inzwischen erwachsenen Sohnes die vollständige Kontrolle beanspruchte. Dass sich Elias in eine acht Jahre ältere Frau verliebt hatte, passte ihr überhaupt nicht. Ohne sie wirklich zu kennen, entwickelte Mathilde Canetti einen regelrechten Hass auf Veza und schrieb ihrem Sohn aus Frankreich beleidigende Briefe, in denen sie dessen Freundin als *skrupellose Intrigantin* beschimpfte: *Mag sein, dass sie Dir viel gegeben hat, aber nicht mehr als jedes schöne »gebildete« Mädchen, das Deine erste wirkliche Liebe geworden wäre. Es ist zweifelhaft aber, ob jede so viel genommen hätte als sie. Denn sie hat Dir Deine Mutter genommen. Nicht so, wie jede Geliebte jede Mutter verdrängt, nein, sie hat sie Dir zerstört, planvoll, bewusst, systematisch, raffiniert hat sie Zug um Zug der echten verwischt und einen neuen hingemalt ... Ich hasse und verachte die Veza, ganz gleichgültig, ob das Deine Liebe zu ihr entfacht oder nicht.*

Aber Mathilde Canetti mochte so viel Gift verspritzen, wie sie wollte, sie konnte die beiden Verliebten nicht auseinanderbringen, im Gegenteil. Der unerklärliche Hass, den sie gegenüber Veza empfand, die gemeinen Unterstellungen, die junge Frau habe absichtlich einen Keil zwischen sie und ihren Sohn getrieben, führten letztlich nur dazu, dass Elias Canetti den endgültigen Bruch mit seiner dominanten Mutter vollzog und sich offen zu Veza bekannte.

In den nächsten Jahren setzte Canetti sein Chemiestudium fort – 1929 würde er es mit der Promotion beenden – und fing allmählich an, sich literarisch zu betätigen. Doch was er damals zu Papier brachte, hatte noch nicht genügend Qualität, um veröffentlicht zu werden. Stattdessen war es Veza, der es jetzt gelang, sich als Autorin einen Namen zu machen – nur leider nicht ihren eigenen, denn dazu fehlte ihr wohl der Mut. Unter verschiedenen Pseudonymen, hauptsächlich als »Veza Magd«, veröffentlichte die überzeugte Sozialistin seit Anfang der 1930er-Jahre etwa 15 Erzählungen in der Wiener »Arbeiter-Zeitung«, fünf davon hat sie später im Novellen-Zyklus »Die gelbe Straße« zusammengestellt. Darin thematisierte sie in erster Linie ihre Erlebnisse und Erfahrungen in der Leopoldstadt, schrieb von Menschen, mit denen es das Leben nicht gut meinte, von unterdrückten Arbeitern, aber auch von Frauen, die an einer unglücklichen Ehe zugrunde gingen. Ihre Texte bestechen durch eine genaue Beobachtungsgabe, auch durch teils bittere Ironie und, wie später bei Canetti, einen Sinn für das Groteske. 1933 erhielt Veza Taubner-Calderon in einem Autoren-Wettbewerb der »Arbeiter-Zeitung« den zweiten Preis für ihre Kurzgeschichte »Ein Kind rollt Gold«. Im Vorjahr war bereits ihre Erzählung »Geduld bringt Rosen« in der Anthologie »Dreißig neue Erzähler des neuen Deutschland« abgedruckt worden. Darin beschreibt sie den Ruin eines kleinen Wiener Büroboten, der den skrupellosen Machenschaften seines Chefs zum Opfer fällt. Diese Geschichte war Vezas erste Buchveröffentlichung – aber auch die einzige, die es zu ihren Lebzeiten gegeben hat. Mit der Durchsetzung des »Austrofaschismus« und dem zunehmenden Antisemitismus in Österreich wurde es für die sozialistisch eingestellte Jüdin zunehmend schwerer, ihre Texte zu publizieren. Aber immerhin gelang ihr zumindest vorübergehend das, was Elias Canetti lange Zeit versagt blieb: Er blieb auf die finanzielle Unterstützung seiner Familie angewiesen. Sie hingegen konnte als Schriftstellerin ein wenig Geld verdienen. Trotzdem lebte das Paar in Armut.

## »Dieser Brief ist der größte Beweis einer Liebe, die es je gegeben hat.«

Die Beziehung Canetti und Taubner-Calderon war keineswegs unkompliziert, denn beide waren zu heftigen Temperamentsausbrüchen fähig: *Ihre Güte war das Destillat einer dunkel glühenden Leidenschaft,* schrieb Ernst Fischer über Veza. *Schönes weißes Gesicht. Schnee bedeckt den Vulkan.* Tatsächlich blieben Spannungen nicht aus, auch wenn sich das Paar immer wieder zusammenraufte. Lange Zeit war Veza die Überlegene, die Canetti mütterliche Ratschläge erteilte, ihm Tipps für die Lektüre gab und seine ersten Versuche als Schriftsteller kommentierte, nicht selten gegen seinen Willen. Dass es ihn immer wieder zu anderen Frauen hinzog, scheint sie billigend in Kauf genommen zu haben, auch wenn es sie kränkte, ständig betrogen zu werden. Streit war also in vielfacher Hinsicht vorprogrammiert. Trotzdem unterschieden sich Veza und Canetti zunächst nur unwesentlich von anderen Liebenden. Das änderte sich jedoch im Sommer 1932 auf dramatische Weise.

Damals erlitt Veza eine Fehlgeburt, vielleicht nicht die erste, und dieses traumatische Erlebnis veranlasste sie, ihre Beziehung zu Elias Canetti völlig neu zu definieren. Sex hatte ihr noch nie viel bedeutet, war aufgrund ihrer körperlichen Behinderung möglicherweise sogar mit einer gewissen Scham verbunden gewesen. Und der Preis, den sie dafür gezahlt hatte, das verlorene Kind, erschien ihr viel zu hoch. Im November 1932 schrieb Veza ihrem Geliebten einen längeren Brief, in dem sie zunächst einmal betonte, wie unauflöslich eng sie miteinander verbunden waren: *Dein Atem ist mir notwendig wie Dir meiner. Nichts kann uns trennen und niemand. Du bist für mich nicht nur der größte heute lebende Mensch, sondern*

*Du bist auch der gütigste in meinen Augen ... Denn was mich oft bedrückt ist die Verbindung Deiner Frische mit meiner Reife und was ich Dir oft wünsche ist Erquickung. Ich stehe wie die beste Mutter zu Dir und nichts kann Dich uns rauben. Nur eines musst Du beachten. Dass das letzte, das dürrste in unserer Beziehung getrennt werden muss.* Die Beziehung sollte also auf einer völlig neuen Ebene fortgesetzt werden: Veza beendete das sexuelle Verhältnis mit Elias Canetti, nach ihren eigenen Worten das *dürrste* in dieser Verbindung, und wollte künftig eine eher mütterlich-schwesterliche Position einnehmen. Damit gab sie ihn für andere Frauen frei, allerdings mit gewissen Einschränkungen: *Ich sehe durchaus, dass Du Deine Freiheit, Deine Abenteuer und Geheimnisse haben musst. Doch ich sehe nicht ein, warum ich mich dabei erniedrigt fühlten soll! Wüsste ich nicht, dass sich seit der großen Umwälzung in diesem Sommer bei mir alles in geistige und menschliche Bahnen gelenkt hat, ich hätte nicht die Überlegenheit, so mit Dir zu sprechen. Ich bin selbst beruhigt über Dich. Ich finde, Du wirst schon rechtzeitig kotzen und auch volle Freiheit wird Dir nicht schaden. Ich will auch keine Ausbrüche mehr an mir erleben, sie quälen mich weit mehr als Dich. Dieser Brief ist der größte Beweis einer Liebe, den es je gegeben hat, solltest Du auf irgendeine Weise versuchen, mit unehrlichen Mitteln auf mich Einfluss zu nehmen – ist sie es gewesen. Ich weiß, dass Du nicht in Enge leben kannst.* Veza gab Elias Canetti alle Freiheiten, die er brauchte, und erklärte, dieses Recht für sich selbst nicht in Anspruch nehmen zu wollen. Sie hatte mit der Sexualität endgültig abgeschlossen, aber nicht mit der Liebe zu ihm. Alles, was sie von Canetti forderte, war, dass er sie in seine Verhältnisse zu anderen Frauen einweihte und dass sie die betreffenden Damen nach Möglichkeit auch kennenlernen konnte. Ansonsten sollte ihre Beziehung so weitergehen wie bisher. Gegen dieses merkwürdige Arrangement hatte Elias Canetti offenbar nichts einzuwenden, denn ohne Veza konnte er nicht leben.

Nur gut ein Jahr später, am 28. Februar 1934, heiratete er Veza Taubner-Calderon sogar in einer Wiener Synagoge, wenn auch nicht unbedingt aus Liebe. Seinem in Paris lebenden Bruder Georges, der die Eheschließung schlicht als *Dummheit* bezeichnet hatte, erklärte Canetti ganz sachlich-nüchtern: *Veza hat sehr böse Monate hinter sich. Sie war bereits im Januar, als Mitarbeiterin einer hiesigen Zeitung und jugoslawische Staatsbürgerin von einer Abschiebung nach Jugoslawien bedroht ... Ich kam also auf die ausgezeichnete Idee, sie zu heiraten. Da ich als staatenlos gelte, verliert sie durch die Ehe ihre Staatsbürgerschaft und kann sich, im Falle einer Abschiebung, das Land selber aussuchen.* Auf die Art ihrer Beziehung sollte die Hochzeit freilich keinen Einfluss haben. Veza sei auch weiterhin sein *wärmster und selbstlosester Freund,* schrieb Canetti. *Ja, eigentlich ist sie meine Mutter. Falls ich je wirklich heiraten wollte, was kaum der Fall sein wird, würde sie natürlich sofort in eine äußerliche Scheidung einwilligen. Unter den Künstlern galt Veza immer als meine Frau, und in dem schönen geistigen und seelischen Sinn, den diese Leute meinen, ist sie es ja auch.*

Veza hatte natürlich allen Grund zur Dankbarkeit, dass Canetti sie geheiratet und so womöglich vor einer Abschiebung gerettet hatte. Dass sie aber auch künftig immer wieder von seiner *grenzenlosen Güte* sprach, lässt sich von Außenstehenden nicht unbedingt nachvollziehen.

## Zwischen Wahnsinn und Selbstmord

Während es Veza jetzt kaum noch gelang, ihre eigenen Erzählungen zu veröffentlichen, hatte Elias Canetti mit seinem
Roman »Die Blendung«, der 1935 in Österreich erschien, endlich einen ersten Erfolg als Schriftsteller. Dank der Tantiemen
konnte das Paar noch im gleichen Jahr eine schöne Wohnung
im Stadtteil Grinzing beziehen, wie Veza im Januar 1936 an
ihren Schwager Georges nach Paris schrieb: *Wir wohnen jetzt
herrlich schön. Sie können bei uns ein Südzimmer mit Balkon
und herrlicher Luft haben.* Doch so heiter klangen ihre Schreiben an Georges nur selten. Die meisten Briefe aus dieser Zeit
geben vielmehr einen bestürzenden Einblick in das, was Veza
als ihr *Höllenleben* bezeichnete. Der in Paris lebende Schwager, ein studierter Mediziner, sollte in den nächsten Jahren
ihr wichtigster Briefpartner, ihr Rückhalt und unverzichtbarer
Ratgeber werden.[17] Veza brauchte dringend Trost und Zu-
spruch, denn die Ehe mit Elias Canetti, den sie zärtlich
»Murkl« nannte, nahm immer bizarrere Züge an.

Schon am 20. Dezember 1934 hatte Veza geschrieben:…
*und so denke ich oft an den Gashahn. Denn niemand ist zärt-
lich zu mir, Georg, niemand.* Doch mehr als die Einsamkeit
bedrückten Veza die unerklärlichen Stimmungsschwankungen
ihres Mannes und vor allem Canettis immer häufiger auf-
tretende Wahnvorstellungen: *Herumfahren kann ich nicht,
wegen dem Murkl, er ist in einer schrecklichen Depression,*
teilte sie Georges am 16. Mai 1936 mit. *Ich weiss nicht, wie wir
beide darüber hinwegkommen. Manchmal glaub ich, ich fall tot*

---

[17] Später jedoch änderte sich der Charakter ihrer Briefe und sie drückten eine
geradezu schwärmerische Bewunderung für den (tatsächlich homosexuellen)
Georges aus. Sie vermitteln fast den Eindruck, bei den Briefpartnern habe es
sich um ein Liebespaar gehandelt.

*um... Der Murkl wollte sich gestern mit einer Feile beide Augen ausstechen. Sie halten mich wohl für verrückt. Trotz allem bin ichs leider nicht. Nur mein Herz will nicht recht schlagen. Es ist so gescheit.* Auch wenn sich Canettis Zustand wieder stabilisierte, so wiederholten sich diese Anfälle noch mehrmals. Verzweifelt schilderte Veza am 16. August 1937 die Symptome eines Verfolgungswahns, die Canetti aufwies: *Den letzten großen Anfall hatte er im vorigen Sommer, als das Filmprojekt misslang. Er tastete damals mit zuckenden Lidern durchs Zimmer, er war blind und sagte, ich wolle ihn erdolchen. Als er zu sich kam, erklärte er mir sein Tasten mit dem Wunsch, einen Ausgang zu finden, um vor mir zu fliehen, die ich ihn erdolchen wollte.*

*Was mein Leben mit ihm anbelangt, so möchte ich... sagen, dass ich zwischen Wahnsinn und Selbstmord hin- und herpendle. Meine beständige Rücksicht auf seine Schrullen und Neigungen erfordert eine Selbstkontrolle, die mich schwer gefährdet. Meine Verzweiflung über sein Hölderlin-Schicksal*[18] *zeigt mir den Selbstmord als einzigen Ausweg. Wenn er auf Reisen ist, finde ich mich selbst allmählich, werde weit und glänzend und mich packt die Sehnsucht nach einem freien, gesunden und unbeschwerten Leben – weg von ihm. Wenn er zurückkommt überfällt mich Mitleid und solche Bewunderung seines Genies und seiner grenzenlosen Güte, dass ich wieder ins Alte verfalle. Ich schreibe Ihnen dieses alles, damit Sie zu Hilfe kommen...*

Dabei fühlte sich Veza in der Ehe mit Canetti zunehmend gefangen. Zeitweise kontrollierte er jeden ihrer Schritte und nahm ihr sogar den Briefkastenschlüssel weg, damit sie nichts vor ihm geheim halten konnte. *Er möchte selbst meine Träume*

---

[18] Der Dichter Friedrich Hölderlin (1770–1843) litt an einer psychischen Erkrankung, die von den Zeitgenossen als Wahnsinn angesehen wurde.

*einpanzern,* klagte Veza am 18. August 1937. Warum blieb sie trotzdem bei ihm? Aus Dankbarkeit?

Schon wenige Tage später folgte die nächste Schreckensmeldung über jene Krankheit, die Canetti selbst als Paranoia bezeichnete: *Gestern hatte Canetti den ersten großen Wahnsinnsausbruch,* heißt es in Vezas Schreiben an Georges vom 22. August 1937. *Den Anstoß dazu gab ich, weil ich selbst die Nerven verlor … Zu Hause begann er fürchterlich zu lachen, ich erschrak sehr, aber er sagte uns, Sie hätten beim Tode Ihrer Mutter[19] auf diese Weise gelacht und so dachte ich, es wäre ein Nervenkrampf und würde vorübergehen. Er verlangte Tee und ich reichte ihm ruhig eine Schale. Die aber musste ich mit meiner vertauschen, weil seine vergiftet war. Dies kenne ich seit 12 Jahren und es machte keinen Eindruck, wiewohl sein Gesichtsausdruck mich entsetzte. Ich trank seinen vergifteten Tee und er legte sich nieder. Sein Kopf war sehr rot, und jetzt phantasierte er, er sei im Irrenhaus … Dieser Zustand dauerte eine Stunde. Er meint, ich sei sein Unglück. Denn er kann ohne mich nicht leben und mit mir auch nicht. Ich glaube, da hat er ganz recht. Ich bin nicht mehr dieser gute, feine Mensch, der ich war. Ich bin verstört, herrisch, hart … Denn auch ich lebe in einem Wahn, ist es etwa nicht ein Wahn, wenn ich, eine gefeierte viel beneidete Frau, für mich seit Jahren keinen anderen Ausweg sehe als den Selbstmord … Zur Trennung bin ich sofort bereit, wenn es gut für ihn ist. Aber er versichert mir, dass er ohne mich nicht leben kann und verloren ist. Was soll ich tun?*

---

[19] Mathilde Canetti war am 15. Juni 1937 im Alter von 51 Jahren in Paris gestorben.

## Exil in London

*Was soll ich tun?* – Veza tat, was sie offenbar tun musste: Sie blieb als platonische Freundin und Mutterersatz an Canettis Seite. Doch die Beziehung stand auch weiterhin unter Spannung, wenngleich der Verfolgungswahn des Dichters allmählich nachließ. Umso mehr waren es finanzielle Probleme, die Veza und Elias Canetti plagten. Die Tantiemen für »Die Blendung« waren längst verbraucht und die Veröffentlichung eines neuen Buchs war bislang nicht in Sicht. Immer wieder musste Canetti seinen Bruder Georges bitten, bei der Familie in Frankreich Geld für den Lebensunterhalt zu besorgen. Den Ernst der politischen Lage in Österreich vermochten die Canettis noch nicht so recht einzuschätzen, doch sie wussten, dass sie allen Grund zur Sorge hatten. So schrieb auch Veza am 2. März 1938 an Georges: *Wir hatten hier eine aufregende Zeit, weil wir doch Juden sind und es so aussah, als würde Hitler seine schwere Hand auf Österreich legen, wie es in den Zeitungen steht. Sie haben sicher auch darüber gelesen. Wir fürchten das sehr. Wir glauben nur an einen Aufschub. Wir haben einen braven Kanzler, aber bekanntlich haben die Wahnsinnigen Riesenkräfte.* Mit Galgenhumor fügte sie hinzu: *In Grinzing lebt man im Schlaraffenland und den Hitler mag man hier auch nicht, wegen des Fremdenverkehrs. Der Seis-Inquart (!) heißt in Grinzing Scheiß-Inquart.*

Vezas Befürchtungen waren berechtigt, denn die *Wahnsinnigen* verfügten tatsächlich über *Riesenkräfte.* Nur wenige Tage später, nach dem »Anschluss« Österreichs an das Deutsche Reich, bekamen Veza und Elias Canetti die drückenden Repressionen zu spüren, denen damals alle deutschen Juden ausgesetzt waren. Am 12. März 1938 mussten sie ihre schöne Wohnung in Grinzing räumen und die nächsten Monate in einer billigen Pension in Döbling am Rand des Wienerwalds verbringen. Noch hatten beide keine konkreten Vorstellungen davon, wie es in Zukunft mit ihnen weitergehen sollte. Erst die Pogromnacht vom 9. zum 10. November 1938 scheint ihnen die Augen für die Gefahr geöffnet zu haben, in der sie sich tatsächlich befanden. In dieser Nacht gingen nicht nur die Wiener Synagogen und Bethäuser in Flammen auf. Jüdische Geschäfte und Wohnungen wurden geplündert, 27 Juden fanden bei den Gewaltaktionen den Tod, mehr als 6000 wurden verhaftet, viele von ihnen ins Konzentrationslager Dachau verschleppt. Bis Mai 1939 flohen 120 000 Wiener Juden aus der Stadt und versuchten, sich im Ausland in Sicherheit zu bringen.

Zu ihnen gehörten bald auch Veza und Elias Canetti. Dank der verwandtschaftlichen Beziehungen gelang ihnen noch Ende 1938 die Flucht nach Paris, bevor sie im Januar 1939 endgültig ins Londoner Exil gingen. Über die ersten Jahre in England ist nur wenig bekannt. Eine dauerhafte Bleibe fanden die Canettis hier allerdings nicht, mehr als zwei Dutzend Mal mussten sie in dieser Zeit umziehen, wobei sie künftig meist in getrennten Zimmern lebten. Das Geld war auch weiterhin knapp, aber weil Veza und Elias Canetti beide perfekt Englisch sprachen, bestand zumindest die Hoffnung, durch Schreiben oder Übersetzen Geld zu verdienen.

## Zerstörte Hoffnungen

In London kam Veza allmählich wieder zur Ruhe, auch wenn sie, wie sie im April 1939 an Georges schrieb, das Gefühl hatte, im vergangenen Jahr um zehn Jahre gealtert zu sein. Allem Anschein nach hat sie aber schon bald nach ihrer Ankunft mit der Niederschrift des Romans »Die Schildkröten« begonnen, in dem sie ihre eigenen Erlebnisse im nationalsozialistischen Wien verarbeitete. Die Geschichte handelt von einem jüdischen Dichter, der mit seiner Frau in einer schmucken Villa am Stadtrand lebt und zunehmenden Repressionen der neuen Machthaber ausgesetzt ist. Wie Schildkröten, die sich in ihren Panzer zurückziehen, versucht das Paar der Gefahr zu entgehen, sieht aber schließlich keine andere Möglichkeit als die Flucht nach England.

Veza hatte auch bereits Kontakt zu einem Londoner Verlag aufgenommen, der das Buch eigentlich herausbringen wollte. Doch sie wartete vergeblich auf eine Zusage. Vermutlich war es der Ausbruch des Zweiten Weltkriegs, der die Veröffentlichung des Romans verhindert hat. Doch Veza ließ sich nicht entmutigen, versuchte sich sogar sprachlich umzustellen und schrieb mehrere Erzählung auf Englisch. Aber sie fand keinen Verlag, der ihre Texte veröffentlichen wollte. Allerdings nahm sie verschiedene Übersetzungsaufträge an, sodass wenigstens ein bisschen Geld in die Haushaltskasse kam.

Elias Canetti lebte unterdessen sein eigenes Leben. Wie nicht anders zu erwarten, hatte er mehrere Geliebte, über die Veza jedoch Bescheid wusste. Die wichtigsten Frauen waren die österreichische Schriftstellerin Friedl Benedikt (1916–1953), die unter dem Pseudonym Anna Sebastian mit Canettis Hilfe mehrere Romane veröffentlichte, die wohlhabende Malerin Marie Louise von Motesiczky (1906–1996) sowie die anglo-irische Schriftstellerin Iris Murdoch (1919–1999). In einem ihrer Briefe an Georges schrieb Veza spöttisch vom *Hof des Herzogs Canetti und seinen Kurtisanen*. Trotzdem blieb Veza Canetti bis zu ihrem Tod der wichtigste Mensch im Leben ihres Mannes. Mochten es die beiden auf Dauer auch nicht miteinander aushalten, so war eine vollständige Trennung doch undenkbar. Man blieb in engem Kontakt, selbst wenn man sich nur ein, zwei Stunden am Tag zum Tee traf.

Veza begleitete Canettis schriftstellerische Tätigkeit auch weiterhin, spornte ihn an und ermutigte ihn, wenn ihn wieder einmal die Verzweiflung überkam. Sie war ihm Mutter und Muse gleichzeitig. *Dein Bruder hat gute Arbeit geleistet,* heißt es in Vezas Brief an Georges[20] vom 27. Januar 1945, *und sein Verleger wartet begierig darauf, daß er seine Psychologie der Macht fertigstellt, von der sich schon ein großer Teil auf seinem Schreibtisch türmt.* Doch es sollte noch Jahre dauern, bis das Buch tatsächlich erschien. Erst 1960 wurde das Werk »Masse und Macht« veröffentlicht, in dem sich Canetti mit dem Mechanismus von Befehl und Gehorsam auseinandersetzte, einem Thema, das ihn seit der Zeit des Nationalsozialismus beschäftigt hatte.

Als der Zweite Weltkrieg England erreichte und deutsche Bomben auf London fielen, entschlossen sich Veza und Elias Canetti, aus Sicherheitsgründen an den Stadtrand zu ziehen. Vorübergehend lebten sie sogar zusammen in einer Wohnung, was für Veza jedoch zum Desaster wurde. Im Gegensatz zu Canetti, der seine Texte nach wie vor handschriftlich verfaßte, tippte Veza ihre Geschichten in die Schreibmaschine. Weil sich ihr Mann aber von dem Geklapper gestört fühlte, konnte sie monatelang nicht arbeiten und war schließlich froh, endlich wieder in ihren eigenen »vier Wänden« zu wohnen, mochte das Zimmer auch noch so winzig sein.

Nach Kriegsende schöpfte Veza neue Hoffnung, sich endlich als Schriftstellerin etablieren zu können: *Mein zweites Stück, das ich auf Englisch geschrieben hab, ist beinahe fertig,* teilte sie am 22. Juli 1945 ihrem Schwager Georges mit, *doch es wird ein paar Monate dauern, bis es in die rechten Hände gelangt und ernsthaft geprüft wird. Es ist eine reizende Komö-*

---

[20] Während der Kriegsjahre war die Korrespondenz zwischen Veza und Georges weitgehend unterbrochen.

*die, geistreich und scharf.* Doch der Optimismus war verfrüht, letztlich fand auch diese *reizende Komödie* keinen Verleger, sodass Veza zunehmend mutloser wurde. Nach wie vor hielt sie sich mit verschiedenen Übersetzungsaufträgen über Wasser. 1947 erschien im Londoner Verlag Heinemann & Zsolnay Graham Greenes Roman »Die Kraft und die Herrlichkeit« (»The Power and the Glory«), den sie ins Deutsche übertragen hatte. Doch ihre eigenen Manuskripte blieben in der Schublade. An den befreundeten Verleger Wieland Herzfelde (1896–1988), der damals noch im Exil in New York lebte, schrieb sie hellsichtig: *Buch ist von mir keines erschienen, denn meinen Wiener Roman*[21] *wollten die Verleger nicht zur Übersetzung riskieren, weil auch Nazis vorkommen, und ich schreibe leider Theaterstücke und kenne keine Theaterdirektoren.* Inzwischen hatte Veza Canetti ihre frühe Erzählung »Die gelbe Straße« zu einem Theaterstück umgearbeitet, dem sie den Titel »Der Oger« gab. Wohl auf Herzfeldes Empfehlung hin nahm sie 1948 Kontakt mit dem Schauspielhaus Zürich auf, doch hier zeigte man an einer Aufführung kein Interesse. Noch nicht…

Ein paar Jahre schrieb Veza unermüdlich weiter – bis ein Verlag 1956 wieder einen ihrer Romane ablehnte. Jetzt verlor sie vollends den Mut. In einer Verzweiflungsaktion vernichtete sie zahlreiche ihrer Manuskripte, um künftig nichts mehr zu schreiben, weil sie *unzählige Male enttäuscht* worden war. Stattdessen sah sie es als ihre zukünftige Hauptaufgabe an, das literarische Schaffen von Elias Canetti zu fördern, den sie nach wie vor für ein großes Genie hielt.

---

[21] Gemeint ist der Roman »Die Schildkröten«

## »Veza wird immer kleiner.« – Tod in London

Inzwischen war die Beziehung der beiden in ein ruhigeres Fahrwasser geraten. In den letzten Jahren unternahmen Veza und Elias Canetti noch eine Reihe gemeinsamer Reisen, die sie in die Provence, nach Venedig, Innsbruck, Zürich, Paris und Griechenland führten. Doch Vezas Gesundheitszustand war schon äußerst labil. Jetzt nämlich war sie es, die immer wieder mit schweren Depressionen zu kämpfen hatte, unter Angstzuständen und Todesahnungen litt oder bisweilen scheinbar grundlos stundenlang weinte. Auch körperlich litt die inzwischen über 60-Jährige unter zahlreichen Beschwerden, wobei allerdings nicht klar ist, um welche Krankheit es sich handelte. Stets war nur von »Schwäche« die Rede, möglicherweise eine Umschreibung für Herzprobleme, die sie wohl schon seit Jahren quälten. Bereits 1936 hatte sie an ihren Schwager Georges geschrieben: *Nur mein Herz will nicht recht schlagen.* Es ist aber auch nicht auszuschließen, dass es sich bei Vezas Leiden tatsächlich um eine Krebserkrankung gehandelt hat. Darauf könnte zumindest Canettis Beobachtung hindeuten, dass Veza *immer kleiner* werde: *Bald werde ich sie in einem Beutel mit mir herumtragen können. Umkehrung der Mutter, die wieder zum Embryo ihres Sohnes wird.*

Veza wusste, dass sie nicht mehr lange leben würde. Als sie am 26. April 1963 in ein Londoner Krankenhaus eingeliefert wurde, verfasste sie eine Art »Abschiedsbrief« für Elias Canetti, der ihrem Mann später ausgehändigt wurde: *Canetti sei gesegnet. Leb für Deine Werke. Ich bete Dich an, ich danke Dir, ewig dankbar, Veza*

Nur wenige Tage später war sie tot. Veza Canetti starb am 1. Mai 1963 im Alter von 65 Jahren vermutlich an einer Lungenembolie. Weil sie so oft von Selbstmord gesprochen hatte, gab es natürlich Vermutungen, sie habe sich das Leben genommen. Beweise gibt es dafür freilich nicht. Am 6. Mai 1963 nahmen Elias Canetti und wenige Freunde mit einer kleinen Trauerfeier Abschied von einer großartigen Frau und talentierten Schriftstellerin, die ein Leben lang verkannt worden war. Sie hatte nie wirklich an sich geglaubt, sondern immer nur an Elias Canetti.

## Posthumer Erfolg

Die großen Erfolge ihres Mannes, der 1981 mit dem Nobelpreis für Literatur ausgezeichnet wurde, hat Veza Canetti nicht mehr erlebt. Die Bücher, mit denen er schließlich weltberühmt wurde, erschienen lange nach ihrem Tod, so die autobiografischen Werke »Die gerettete Zunge« (1977) und »Die Fackel im Ohr« (1980). Seltsamerweise enthält seine Lebensgeschichte keinen einzigen Hinweis darauf, dass auch Veza Canetti über viele Jahre hinweg schriftstellerisch tätig war. Weshalb hat er das bloß verschwiegen? War es tatsächlich so, dass er nur auf einen Anstoß von außen gewartet hat, weil er seine zunehmende Bekanntheit nicht ausnutzen wollte, um die literarische Arbeit seiner Frau ins Gespräch zu bringen? Diesen »Anstoß« gab es tatsächlich, allerdings erst Anfang der 1990er-Jahre. Damals fand der Literaturwissenschaftler Helmut Göbel von der Universität Göttingen heraus, welche Frau sich tatsächlich hinter dem Pseudonym »Veza Magd« versteckte: die Ehefrau des berühmten Nobelpreisträgers. Endlich fand sich jetzt ein Verlag, der bereit war, Vezas Romane zu veröffentlichen, diesmal unter ihrem richtigen Namen: »Die gelbe Straße« (1990), »Geduld bringt Rosen« (1992) sowie »Die Schildkröten« (1999). Auch ihr Theaterstück »Der Oger« wurde 1992 am Zürcher Schauspielhaus uraufgeführt.

Elias Canetti hat sich über den posthumen Erfolg seiner Frau nicht öffentlich geäußert. Er lebte zu dieser Zeit auch nicht mehr in London, sondern völlig zurückgezogen in Zürich. Acht Jahre nach Vezas Tod hatte er die Schweizer Restauratorin Hera Buschor (1933–1988) geheiratet, mit der er im fortgeschrittenen Alter noch eine kleine Familie gründete: 1972 wurde Tochter Johanna geboren.

Elias Canetti starb am 14. August 1994 im Alter von 89 Jahren in Zürich. Sein privater Nachlass bleibt noch bis 2024 gesperrt. Bleibt abzuwarten, ob man vielleicht dann noch etwas mehr über die seltsame Ehe mit Veza Taubner-Calderon erfahren wird.

# »Du weißt, wir haben nur einander…«

Nelly Kröger (1898–1944)
und Heinrich Mann

Gedämpftes Licht, hochprozentige Getränke, im Hintergrund Jazzmusik, ein paar einsame Herren an der Bar, neben ihnen attraktive junge Damen mit tiefem Dekolleté. Vielleicht lernten sie sich in der Kakadu-Bar am Kurfürstendamm kennen, einem beliebten Treffpunkt der Berliner Künstlerszene, möglicherweise aber auch in der Bar Bajadere in der Kleiststraße. Oder anderswo. In einem dieser Etablissements arbeitete jedenfalls die junge Nelly Kröger als Bar- und Animierdame. Es gehörte zu ihrer Aufgabe, einsame männliche Gäste ein wenig aufzuheitern, sie zu einem weiteren Gläschen Schampus zu verführen, vielleicht auch zu anderen verlockenden Dingen. An einem solchen Abend, wohl 1928 oder 1929, befand sich unter den Gästen ein etwas älterer Herr, der so aussah, als könne er ein wenig Aufmunterung ganz gut gebrauchen. Ein klarer Fall für Nelly Kröger. Sie setzte sich zu ihm, er spendierte einen Drink, man kam ins Plaudern. Hat sich Heinrich Mann an diesem Abend mit seinem vollen Namen vorgestellt? Selbst wenn: Der berühmte Autor der Romane »Professor Unrat« und »Der Untertan«, Bruder des noch berühmteren

Thomas Mann, wird für Nelly Kröger ein unbeschriebenes Blatt gewesen sein. Die Beschäftigung mit Literatur zählte nicht gerade zu ihren Hobbys. Vermutlich hat ihr der Schriftsteller an diesem Abend ganz einfach nur sein Herz ausgeschüttet: Ärger und Liebeskummer; gescheiterte Ehe; Trennung von Frau und Kind, die in München zurückblieben, während er selbst an der Spree einen neuen Anfang machen wollte. Man kann aber davon ausgehen, dass Heinrich Mann an der drallen blonden Bardame Nelly gleich großen Gefallen fand, denn während sein kultivierter großbürgerlicher Bruder Thomas nur unter seinesgleichen verkehrte, fühlte sich der Ältere eher von Frauen aus dem »Milieu« angezogen – von Schauspielerinnen, Bardamen, mitunter auch Prostituierten. Noch etwas anderes kam hinzu: Man hörte gleich am Klang ihrer Sprache, dass Nelly Kröger nicht in Berlin zu Hause war. Ihr Dialekt war eindeutig norddeutsch gefärbt und erinnerte den Lübecker Senatorensohn gleich an Heimat und Jugendzeit.

## Von der Ostsee an die Spree

Anders als Heinrich Mann (1871–1950) stammte Nelly Kröger aus recht einfachen Verhältnissen. Als uneheliches Kind kam sie am 15. Februar 1898 im ostholsteinischen Ahrensbök an der Lübecker Bucht zur Welt. Über ihren Vater ist nichts weiter bekannt. Im Dorf munkelte man jedoch, es sei der gut aussehende Briefträger gewesen, der der 26-jährigen Dienstmagd Bertha Westphal angeblich nicht nur die Post gebracht hatte. Das mag tatsächlich so gewesen sein. Doch Klatsch und Tratsch scheinen sich in Ahrensbök recht bald gelegt zu haben, zumal nicht eheliche Kinder in dem kleinen Ort keine Seltenheit waren. Auch Bertha Westphal hatte bereits eine dreijährige Tochter, Elsa Emma. Darüber hinaus weiß man nur wenig über die Kindheit von Nelly, die tatsächlich auf den Namen Emmy Johanna getauft worden war und sich erst später denjenigen Vornamen zulegte, der, wie sie wohl meinte, eher ihrem Typ entsprach.

Letztlich hatten Nelly und ihre Schwester das Glück, doch noch in einer »richtigen« Familie aufzuwachsen. Wenige Jahre nach Nellys Geburt heiratete Bertha Westphal den Niendorfer Fischer Nicolaus Heinrich Kröger, mit dem sie zusammen noch vier weitere Kinder bekam. Es spricht alles dafür, dass Nelly zu ihrem Stiefvater ein gutes Verhältnis hatte und sich im Kreis ihrer Halbgeschwister ausgesprochen wohlfühlte. 1920 nahm auch sie den Familiennamen Kröger an.

Nach dem Besuch der Niendorfer Volksschule verlieren sich Nellys Spuren für einige Zeit. Vielleicht in Lübeck, möglicherweise auch in Hamburg, erlernte sie den Beruf der Näherin oder Schneiderin, was sie jedoch nicht wirklich glücklich machte. Nelly, die inzwischen zur recht üppigen blonden Schönheit erblüht war, stand der Sinn nach Höherem. Anfang der zwanziger Jahre beschloss sie, zusammen mit einer Freundin, ihr Glück in der Reichshauptstadt Berlin zu suchen. Allem Anschein nach war sie damals ein fröhliches und lebenslustiges junges Mädchen, aber etwas haltlos, ohne klare Vorstellungen von der Zukunft. Als Schneiderin konnte Nelly in Berlin allerdings nicht richtig Fuß fassen. Hals über Kopf stürzte sie sich in eine unglückliche Ehe, über die nichts weiter bekannt ist, als dass sie schon nach kurzer Zeit scheiterte.

Um ihren Lebensunterhalt zu verdienen, begann Nelly Kröger, irgendwo in der Gegend des Kurfürstendamms als Bar- und Animierdame zu arbeiten. In der Hauptstadt an der Spree wimmelte es inzwischen von Kabaretts, Bars und Varietés – Treffpunkt all jener, die ihr Leben nach den entbehrungsreichen Kriegs- und Krisenzeiten endlich wieder so richtig genießen wollten. In einer dieser Bars lernte Nelly Kröger schließlich Heinrich Mann kennen. Der bekannte Schriftsteller, der inzwischen schon auf die 60 zuging, hatte zahlreiche flüchtige Affären sowie eine gescheiterte Ehe hinter sich. Seit 1914 war er mit der Prager Schauspielerin Maria »Mimi« Kanová (1886–1947) verheiratet, mit der er die gemeinsame Tochter Leonie (1916–1986) hatte, im Familienkreis »Goschi« genannt. Mimi war stets eine charmante Gastgeberin gewesen, sodass sich das Haus der Manns in München zum Treffpunkt der literarischen Szene entwickelt hatte, wo Autoren wie Lion Feuchtwanger, Wilhelm Herzog oder Frank Wedekind ein- und ausgingen. Doch die Ehe scheiterte und spätestens ab 1928 gingen Maria Kanová und Heinrich Mann getrennte Wege.

Als sich Heinrich Mann und Nelly Kröger wenig später in Berlin kennenlernten, war der Schriftsteller schon wieder in eine andere unglückliche Liebesaffäre verstrickt. Kurz zuvor hatte ihm die UFA das verlockende Angebot gemacht, seinen 1905 erschienenen Roman »Professor Unrat« unter der Regie von Josef von Sternberg zu verfilmen. Heinrich Mann, der zu diesem Zeitpunkt gerade mit der Schauspielerin Trude Hesterberg (1892–1967) liiert war, wollte die Hauptrolle der »Künstlerin Rosa Fröhlich« eigentlich mit ihr besetzen. Doch dann entschied sich Sternberg überraschenderweise für die damals noch recht unbekannte Marlene Dietrich. Das bedeutete auch das Ende der Liebesbeziehung mit Heinrich Mann; wütend rauschte Trude Hesterberg davon. Der Spielfilm »Der blaue Engel«, der 1930 in die Kinos kam, machte nicht nur Marlene Dietrich zum Star, auch Heinrich Mann wurde auf einen Schlag weltberühmt.

## Flucht ins französische Exil

Zu diesem Zeitpunkt waren Heinrich Mann und Nelly Kröger bereits ein Paar, sodass Nelly in den Genuss jener Annehmlichkeiten kam, die das Zusammenleben mit einem erfolgreichen und finanziell abgesicherten Schriftsteller bieten konnte. So war es Heinrich Mann inzwischen gewohnt, die kalte Jahreszeit im sonnigen Süden zu verbringen. Auch 1930 zog es ihn wieder an die Côte d'Azur, wo er, wie üblich, in einem Hotel in Nizza logierte, diesmal mit Nelly Kröger an seiner Seite. Hier traf sich das Paar mit Heinrich Manns Schriftstellerkollegen und Münchner Freund Wilhelm Herzog (1884–1960). Man verbrachte viel Zeit miteinander, ging meist gemeinsam zum Abendessen und unternahm längere Spaziergänge. Herzog war von der Frau an Heinrichs Seite sichtlich überrascht. Am 26. März 1930 notierte er in sein Tagebuch: *Seltsames Zusammenleben. Aber so ist dieses Dasein. Derselbe Typ wie Mimi und T.H. Nur noch ordinärer, ungebildeter. Aber vielleicht begehrlicher. Schon längere Zeit in Berlin mit ihm zusammen. Köstlich, ihre Lebensauffassung, ihre Konversation, der er ernst u. interessiert lauscht.* Es hat also nicht den Anschein, als habe Nelly allzu großen Respekt vor der Welt der Intellektuellen gehabt, anscheinend redete sie völlig unbefangen und amüsierte Wilhelm Herzog mit ihrem harmlosen Geplapper.

Dabei hatte das ungleiche Paar durchaus einige Gemeinsamkeiten. Auch wenn Nelly Kröger Heinrich Manns Bücher nicht gelesen haben wird, so kannte sie doch die politische Einstellung ihres Geliebten. Anders als sein Bruder stand Heinrich Mann den Sozialdemokraten nahe und hatte durchaus Sympathien für den Kommunismus. Hier kreuzten sich seine Ansichten mit denen von Nelly Kröger, die nicht nur Kontakte zur linken Szene unterhielt, sondern auch mit dem

Kommunisten Rudi Carius (1907–1971) ein – wenn auch loses – Verhältnis pflegte. Heinrich Mann wusste darüber Bescheid, hatte aber ganz offensichtlich nichts gegen seinen Nebenbuhler einzuwenden, im Gegenteil. Die beiden Männer trafen sich häufiger in Nellys Charlottenburger Wohnung in der Kantstraße 156, verstanden sich ausgezeichnet und waren vereint in ihrer Sorge wegen des immer bedrohlicher auftretenden Nationalsozialismus. Die Abneigung gegen Hitler und seine Unterstützer schweißte die drei fest zusammen.

Aber was zog Nelly Kröger an dem fast 30 Jahre älteren Heinrich Mann wirklich an? Hat sie ihn tatsächlich geliebt? Vermutlich sah sie in dem bekannten Schriftsteller eher so etwas wie den »Fels in der Brandung«, Fixpunkt ihres doch recht unsteten und unbehausten Daseins und vielleicht auch denjenigen, der ihr endlich finanzielle Sicherheit und eine Zukunftsperspektive bieten konnte.

Als Nelly Kröger und Heinrich Mann im Dezember 1932 eine erste gemeinsame Wohnung in der Berliner Fasanenstraße nahmen, konnten sie freilich nicht ahnen, wie schnell sie ihr Heim wieder verlieren würden. Nach der Machtübernahme der Nationalsozialisten am 30. Januar 1933 geriet Heinrich Mann als bekannter »Linker« sofort in den Fokus des NS-Regimes. Schon wenige Tage später, am 15. Februar, wurde er genötigt, sein Amt als Präsident der Preußischen Akademie der Künste niederzulegen, das er seit 1930 innegehabt hatte, und aus der Vereinigung auszutreten. Um der drohenden Verhaftung zu entgehen, entschloss sich Heinrich Mann, Deutschland umgehend zu verlassen und ins französische Exil nach Sanary-sur-Mer und später Nizza zu fliehen. Um diese Flucht aber nicht also solche erscheinen zu lassen, sollte Nelly vorübergehend noch in Berlin bleiben und ihm erst später an die Côte d'Azur folgen. So würde es zunächst so aussehen, als sei er nur auf Reisen und käme in absehbarer Zeit zurück nach

Deutschland. Auf diese Weise würden seine Bankkonten unangetastet bleiben. Das jedenfalls war seine Begründung gegenüber Nelly Kröger.

Tatsächlich hatte ihr Verbleib in Berlin noch einen ganz anderen Grund: Sie sollte in der Zwischenzeit die Wohnung in der Fasanenstraße auflösen, den Hausrat verkaufen und mit dem Erlös die ausstehenden Rechnungen bezahlen. Nelly Kröger, die sich nie um geschäftliche Dinge gekümmert hatte, fühlte sich regelrecht hereingelegt: *Ich sitze in dem ganzen Schlamassel drin, muss alles ausbaden, mich überall verantworten, werde schikaniert u. Sie sind da und hören und sehen nichts davon*, schrieb sie verärgert an Heinrich Mann nach Frankreich. Mit der Auflösung des Mietvertrages, der Konten, der Lebensversicherung und dem entsprechenden Briefverkehr war Nelly Kröger völlig überfordert. Hinzu kam, dass es ihr gesundheitlich überhaupt nicht gut ging. Seit einem unglücklichen Sturz im Dezember 1932 quälten sie immer wieder schreckliche Kopfschmerzen, die sie mit starken Medikamenten wie »Veronal« zu betäuben suchte. Doch Nelly Kröger hielt durch, im April 1933 war alles erledigt.

Eigentlich hätte auch sie sich jetzt unbesorgt in den Zug nach Frankreich setzen können. Aber was wäre dann aus ihrem kommunistischen Freund Rudi Carius geworden? Er konnte unmöglich in NS-Deutschland zurückbleiben. Gemeinsam mit ihrem Stiefvater und ihrer Halbschwester Käthe entwickelte Nelly einen raffinierten Fluchtplan, der sie zusammen mit Rudi Carius ins (noch) sichere Frankreich bringen sollte. Nur so viel ist davon bekannt: Nach einer Zwischenstation in Niendorf am Timmendorfer Strand versteckten sie sich im Hafen von Saßnitz auf Rügen vier Wochen lang im Fischkutter von Vater Kröger. Von dort aus ging es schließlich mit einem kleinen Segelboot weiter nach Dänemark. Auf welchen Wegen sich Nelly Kröger und Rudi Carius letztlich bis ins südfranzösische Bandol bei Toulon durchgeschlagen haben, ist leider nicht bekannt. Hier kamen sie jedenfalls wohlbehalten an. Heinrich Mann hatte bereits eine möblierte Wohnung gemietet, sich aber auch um ein preisgünstiges Hotelzimmer für Rudi Carius gekümmert, das für die nächste Zeit sein Zuhause werden sollte, bis sich der engagierte Kommunist im Juli 1936 entschloss, am Spanischen Bürgerkrieg (1936–1939) teilzunehmen und auf Seiten der Volksfront gegen den Faschismus zu kämpfen.

## Die Außenseiterin

Auch wenn Heinrich Mann für sich und Nelly ein recht komfortables Exil ausgesucht hatte, seit 1934 ein Appartement in Nizza, Promenade des Anglais 121, so fühlte sich Nelly Kröger in der Fremde doch irgendwie verloren. Gewiss, hier hatte sich die deutsche »Community« der Intellektuellen versammelt: Thomas Mann mit seiner Frau Katia, Lion und Marta Feuchtwanger, Joseph Roth, Hermann Kesten und andere. Doch gerade die Frauen der Dichter rümpften die Nase über die leicht ordinär wirkende Begleiterin Heinrich Manns, die obendrein auch noch ein eindeutiges Alkoholproblem hatte. Nelly spürte, dass sie eine ungeliebte Außenseiterin war und es auch bleiben würde. Sie schämte sich ihrer einfachen Herkunft und lückenhaften Bildung. Wohl zum ersten Mal in ihrem Leben begann sie unter Minderwertigkeitskomplexen zu leiden. Nur unter Alkoholeinfluss konnte Nelly noch zur Höchstform auflaufen und ausgesprochen unterhaltsam sein, wie der Schriftsteller Hermann Kesten (1900–1996) amüsiert notierte: *Frau Nelly Kröger [erzählte] Geschichten aus ihrer Mädchenzeit am Kurfürstendamm, berlinerisch ausgezogen, sozusagen splitternackte Geschichten, die mehr nach rotem*

*Wein schmeckten als nach Nachtigallenzungen. Sie erzählte,*
*wie sie mit einer Freundin, so blond und jung und füllig wie*
*sie selber, an linden Sommerabenden am Kurfürstendamm auf*
*und ab promenierte, zwei lustige, blutjunge abenteuerselige*
*verliebte Mädchen von der Nordsee (!), und wie sie zu zweien*
*oder allein mit irgendeinem hergewehten Jüngling tanzen gin-*
*gen, Geschichten voll Kichern, Kosen, Küssen.*

Aber solche heiteren Abende waren eher selten, und Nelly
fühlte sich oft allein. Heinrich Mann hatte nur wenig Zeit für
sie, er war damit beschäftigt, dem französischen König Heinrich IV. mit seinem Roman »Die Jugend des Königs Henri
Quatre« ein literarisches Denkmal zu setzen. Er konnte sich
auch keine längere Schreibpause erlauben, denn die Ein-
künfte, die in der Weimarer Zeit noch so munter gesprudelt
waren, schwanden ebenso dahin wie sein Publikum. Bei der
spektakulären Bücherverbrennung auf dem Berliner Opern-
platz am 10. Mai 1933 waren auch Heinrich Manns Werke per
Weisung des Propagandaministers Joseph Goebbels zu Asche
geworden: *Gegen Dekadenz und moralischen Verfall. Für*
*Zucht und Sitte in Familie und Staat! Ich übergebe der Flamme*
*die Schriften von Heinrich Mann...* Seitdem konnte Heinrich
Mann in Deutschland nicht mehr publizieren, seine Bücher
waren aus Buchhandlungen und Bibliotheken entfernt worden. Das aufregende Berlin der zwanziger Jahre, aus dem der
Schriftsteller seine Ideen bezogen hatte, existierte ohnehin
nicht mehr.

Neben seiner literarischen Arbeit war Heinrich Mann auch
viel unterwegs, mal in Paris, dann wieder in Prag. Hier lebte
inzwischen seine Ex-Frau Mimi mit der gemeinsamen Tochter, weil sich beide als Jüdinnen in Deutschland nicht mehr
sicher fühlen konnten. Das viele Alleinsein warf Nelly völlig
aus der Bahn, vor allem, als Heinrich Mann 1936 zusammen
mit Tochter Goschi eine längere Reise durch Frankreich

unternahm und dabei auch mit Thomas' Familie zusammen-traf, die Heinrichs Lebensgefährtin ausdrücklich nicht sehen wollte. War Heinrich Mann vielleicht der falsche Partner für sie? Auf jeden Fall fühlte sich Nelly im Stich gelassen. Hinzu kam, dass sie sich große Sorgen um Rudi Carius machte, von dem sie schon längere Zeit nichts mehr gehört hatte und den sie bereits tot glaubte – eine Befürchtung, die sich zum Glück als falsch erwies.[22] Es ist keineswegs auszuschließen, dass es die – letztlich unerwiderte – Liebe zu Carius war, die dazu bei-getragen hat, dass Nelly keinen Halt in ihrem Leben fand und sich von nun an stets am Rande des Abgrunds bewegte.

## Völliger Zusammenbruch

Zu diesem Zeitpunkt war Nelly Kröger längst tabletten- und alkoholabhängig. Dass sie im Januar 1937 im Schalterraum einer Bank zusammenbrach, war nur ein erstes Alarmzeichen, weitere folgten. Doch Heinrich Mann scheint überhaupt nicht bemerkt zu haben, wie schlecht es seiner Gefährtin in Wirk-lichkeit ging. Ganz naiv riet er zu Ruhe, Moorbädern und abendlichen Strandspaziergängen, um ihren Gesundheitszu-stand zu stabilisieren. Sein einziges Entgegenkommen: Seit ihrer Ankunft in Südfrankreich waren beide mehrmals umge-zogen, zunächst in eine eigene Wohnung, schließlich in wech-selnde Hotel- und Pensionszimmer. Doch Nelly brauchte dringend Stabilität, ein richtiges »Nest«, ein festes Zuhause, in dem sie sich wohl und sicher fühlen konnte. Im Oktober 1938 bezogen Heinrich Mann und sie daher ein Appartement, das sie ganz nach ihren eigenen Vorstellungen einrichten sollte.

---

[22] Rudi Carius überlebte den Spanischen Bürgerkrieg, kehrte nach Deutschland zurück und lebte später in der DDR.

Doch auch diese »Therapie« brachte keinen dauerhaften Erfolg, denn Nelly litt nach wie vor darunter, dass sich Heinrich Mann nicht wirklich zu ihr bekannte, während er mit Mimi und Goschi weiterhin engen Umgang pflegte. Sie fühlte sich ausgeschlossen und vernachlässigt, sehnte sich nach Liebe und Geborgenheit – dem Schutz und Zusammenhalt einer Familie, so wie sie es als Kind in Nienburg erlebt hatte.

Im Dezember 1938 wurde die 40-Jährige nach einem erneuten Zusammenbruch – möglicherweise sogar einem ersten Selbstmordversuch – in die Klinik eingewiesen. Hier wurde ihre Sucht offensichtlich. Nelly muss regelrecht durch die Hölle gegangen sein, denn mit Alkoholabhängigen wie ihr ging man nicht gerade zimperlich um. Im Vordergrund stand allein der körperliche Entzug, mit den teils unerträglichen Begleiterscheinungen mussten die Patienten schon selbst fertigwerden – oder auch nicht. Aus der Klinik schrieb Nelly verzweifelte Briefe an Heinrich Mann: *Lieber Heinrich, daß Du über mich schlecht denkst, macht nichts. Du hast mir oft Unrecht getan – ich will nicht darüber reden … Ich könnte Dich demütig erinnern, daß ich schon lange krank war, aber wir hatten nie Geld, mich gesund zu machen. Deine Damen mussten Entfettungskuren für sehr viel Geld machen … Gestern sagte man mir, Du hättest angerufen, ich glaube, es war gegen 6 U. – und kämest. Ich hoffte, Du holtest mich, denn hier ist es scheußlich. … Hast Du vergessen, dass Du mich so unglücklich und ohne Papiere gemacht und von meinen Eltern gelockt hast. … Jetzt bitte ich nur noch, lass mich schnell raus. Ich kann hier nicht aushalten … Und wenig später: Ich lag in Schmerzen u. habe drei Tage nicht geschlafen. Dazu kommt, dass ich in der Zeit von 4–7 Hunger habe, bis mir rot vor Augen wird. Ich weine oft vor Hunger. Alles tut einem weh … Das ist keine Medizin für nervöse Menschen und jeden Morgen wundere ich mich, dass ich noch nicht wahnsinnig bin. Ich will nicht wieder in eine Clinique, wo ich so hungern muss, wo ich kein warmes Kleidungsstück, nicht einmal einen Strumpf gegen die Kälte bekomme u. unter Sterbende u. Leichname, die man im Morgengrauen unter meinem Fenster auf einem Karren abholt, möchte ich auch nicht mehr sein. Lieber tot!* Nelly bat Heinrich, ihr Kleidung zu schicken, *nette Bücher*, und Dinge, die sie für die Körperpflege brauchte. Aber was sie dann tatsächlich erhielt, brachte sie schier zur Verzweiflung, wirft aber auch ein erhellendes Licht auf ihre Lebensumstände vor der Einweisung in die Klinik: *Lieber Heinrich, die Sachen sind hier teilweise angekommen – aber entschuldige, nichts kann ich brauchen. Die Blouse ist schierer Speck, der Hose ist eine Naht am Hintern geplatzt u. der ganze Umzugsdreck ist drauf. Der Morgenrock ist in demselben Zustand, auch die Sandalen. Nicht nur, dass ich vor Scham geborsten bin, solche Lumpen zu empfangen, so kann ich nichts weder reparieren noch säubern … Es ist nicht zu ertragen unter welchen Umständen ich hier lebe. Ich bin doch kein Schwein …*

Die gewünschten Wäschestücke und Kosmetikartikel scheint ihr Heinrich Mann doch noch gesendet zu haben, aber ihrem sehnlichsten Wunsch, sie aus der Klinik zu holen, kam er nicht nach. Vermutlich glaubte er, er würde sie so am besten vor sich selbst schützen, bis sie als geheilt entlassen werden würde.

Tatsächlich ließen die Entzugserscheinungen allmählich nach. Anfang Januar 1939 war Nelly Kröger wieder so weit hergestellt, dass sie die Klinik verlassen und ein Zimmer in einem Sanatorium, vielleicht in Vence, beziehen konnte. Jetzt klangen auch ihre Briefe wieder etwas optimistischer: *Ich schlafe mich wieder normal. Nachdem ich die erste Nacht Brechdurchfall und Leberkrämpfe hatte, bekomme ich jetzt alles in frischer Butter serviert und gut zubereitet. Es ist wenig aber sauber. Ich habe eine große Terrasse, auf die ich mein Bett stellen kann, aber ich mache davon keinen Gebrauch, weil ich gehen muss. Mein Gewicht ist 140 u. war 156. Muskeln u. Busen habe ich gar nicht mehr, nur Knochen u. Watte ... Die Aussicht hier ist himmlisch – und eine Ruhe ... Herrlich. Alles ist sehr sauber, jeden Morgen wird alles gefeudelt ... Hoffentlich kommst Du bald? Zu Lesen habe ich nicht mehr genug. Kannst Du mir noch schicken od. mitbringen: Maria Theresia, einen Nietsche (!), den Roosevelt u. das neue von Stefan Zweig ... Den Titel habe ich vergessen, aber es schien ganz nett zu sein ...*

Nelly Kröger schien das Schlimmste überstanden zu haben, doch diesem kurzen Hoch folgte unweigerlich eine neue Phase tiefster Niedergeschlagenheit. Ihr Brief vom 16. Januar 1939 zeigt, wie sehr sie noch immer unter den Nebenwirkungen des Alkoholentzugs litt. Sie hatte das Gefühl, *als ob manchmal mein Gedächtnis weg ist. Seit einigen Tagen habe ich Fieber, es steigt täglich, gestern 38,6. Natürlich bei meinem Zustand schwächt es mich sehr und macht mich nervös ...* Einige Tage später: *Das einzige Allheilmittel gegen alle Besonderheiten ist hier einschließen und das macht mich rasend.* Sie klagte darüber, dass man ihr nicht genug zu essen geben würde: *Ich liege hier krank u. soll gesund werden u. habe immer Hunger. Kann man bei trocken Brot gesund werden u. Kraft kriegen?* Erst jetzt schien Heinrich Mann erfasst zu haben, wie schlecht es seiner Nelly tatsächlich ging: *Meine Arme, Liebe, von Deinem Brief bin ich ganz erschüttert. Du kannst in allem auf mich zählen ... Wie gern hätte ich Dich wieder bei mir! Du weißt, wir haben nur einander ... Über das Essen spreche ich mit dem Doctor selbst. Sei guten Mutes, meine Liebe. ... Bald wird alles besser sein. Auf Wiedersehen. Von Herzen ...*

## Erneut auf der Flucht

Doch nichts wurde besser, selbst dann nicht, als Nelly Kröger das Sanatorium endlich wieder verlassen konnte. Heinrich Mann ahnte wohl, dass es nur eine Möglichkeit gab, seine labile Gefährtin zu stabilisieren: Er musste sich endlich voll und ganz zu ihr bekennen. *Meiner Frau kann ich helfen gesund zu werden, wenn ich mich mit ihr trauen lasse*, schrieb er am 25. Mai 1939 an seinen Bruder nach Princeton, wo Thomas Mann inzwischen mit seiner Familie lebte. Die Aussicht, dass ihr Verhältnis nun endlich legitimiert werden sollte, gab Nelly tatsächlich neuen Lebensmut und so stürzte sie sich mit Freude in jene Aufgabe, die durch den Klinikaufenthalt so jäh unterbrochen worden war: die Einrichtung ihrer neuen Nizzaer Wohnung in der Rue Alphonse Karr, die zum heimeligen Nest des Paares werden sollte. Es schien, als sei Nelly Kröger endlich in ihrem neuen Leben in Frankreich angekommen. Glücklich schrieb sie an Heinrich Mann, der sich wieder einmal in Paris aufhielt: *Wir schruppen, waschen und nähen. Alles wird schön und ich bin glücklich, wenn auch etwas kreuzlahm. Telegrafiere, wann Du kommst. Einen Kuss Deine treue Nell.*

Heinrich Manns Antwort ließ nicht lange auf sich warten. Am 15. Juni 1939 schrieb er voller Vorfreude aus Paris: *Du glaubst nicht, wie ich Dich lieb habe und an Dir hänge ... Weißt Du, was ich möchte? Mit Dir ins Bett, meine süße Frau. Behalten wir uns lieb. Ich küsse Dich. Der Deine.*

Inzwischen hatte Heinrich Mann dafür gesorgt, dass alle für die Hochzeit nötigen Papiere, auch die Scheidungsunterlagen, vollständig waren. Zu Nellys großer Freude heirateten sie am 9. September 1939 im Rathaus von Nizza. Endlich war sie das, wovon sie schon lange geträumt hatte: Frau Nelly Mann, die rechtmäßige Ehefrau des berühmten Schriftstellers, obendrein mit einer schönen Wohnung in einer besseren Gegend von Nizza. Ihre Position, so glaubte sie, würde sie auch in den Augen der intellektuellen deutschen »Community« erheblich aufwerten.

Doch just in dem Moment, in dem sich alles zum Besseren zu wenden schien, begann die scheinbar heile Welt auch schon wieder zusammenzubrechen. Am 1. September 1939 hatte Deutschland mit dem Überfall auf Polen den Zweiten Weltkrieg vom Zaun gebrochen. Am 3. September war die Kriegserklärung Frankreichs und Großbritanniens an Deutschland ergangen, ohne jedoch eine ernsthafte militärische Initiative folgen zu lassen. Stattdessen begann die Wehrmacht im Mai 1940 mit dem Westfeldzug und nur wenige Wochen später erlebte Frankreich ein militärisches Debakel. In kurzer Zeit fiel die nord- und westfranzösische Küste in deutsche Hand, Paris konnte kampflos eingenommen werden. Unter dem Eindruck der Niederlage trat Frankreichs Regierungschef Paul Reynaud zurück und übergab die Amtsgeschäfte am 16. Juni 1940 seinem Nachfolger Philippe Pétain, dem Sieger von Verdun. Der beendete die Kampfhandlungen nur einen Tag später und unterzeichnete am 22. Juni den Waffenstillstand mit dem Deutschen Reich, der drei Tage später in Kraft trat. Am 10. Juli übertrug die in Vichy einberufene Nationalversammlung Pétain sämtliche Vollmachten. Die Folgen für Frankreich waren verheerend: Ein großer Teil des Staatsgebiets wurde von deutschen Truppen besetzt. Ausnahme blieb die Zone mit der neuen »Hauptstadt« Vichy, deren Regierung mit den deutschen Besatzern eng kollaborierte. Für die deutschen Emigranten hatte das fatale Folgen, denn viele Franzosen hegten eine starke Abneigung gegen den Aggressor Deutschland und machten keinen Unterschied zwischen deutschen Regimeanhängern und Verfolgten. Für Heinrich und Nelly Mann bedeutete das konkret, dass sie schon wieder umziehen mussten.

Die komfortable und mit so viel Herzblut eingerichtete Wohnung in der Rue Alphonse Karr wurde ihnen gekündigt – vielleicht, weil sie Deutsche waren, vielleicht aber auch, weil sie die Miete nicht mehr zahlen konnten. Die finanzielle Situation des Paares wurde jedenfalls zunehmend prekärer. Die Kontakte, die Heinrich Mann über die Jahre geknüpft hatte, brachen ab, denn es schien nicht mehr opportun, den deutschen Schriftsteller zu unterstützen. Ohnehin hing die Auslieferung an die Deutschen jetzt wie ein Damoklesschwert über Nelly und Heinrich Mann. Wollten sie ihr Leben retten, mussten sie Frankreich so schnell wie möglich verlassen, ebenso wie die anderen deutschen Schriftsteller, die an der Côte d'Azur ein neues Zuhause gefunden hatten.

Weil sie keine gültigen Papiere besaßen, blieb ihnen – mit Unterstützung des Fluchthelfers Varian Fry, der für ein amerikanisches Hilfskomitee tätig war – nur die illegale Ausreise: zu Fuß über die Pyrenäen nach Spanien und von dort aus weiter ins neutrale Portugal, wo sich in Lissabon Europas letzter freier Überseehafen befand: das einzige Tor zur Freiheit und Treffpunkt zahlloser Flüchtlinge aus ganz Europa, die dem Joch des Nationalsozialismus entkommen wollten. Am 12. September 1940 machten sich Nelly und Heinrich Mann gemeinsam mit dem Ehepaar Werfel und Heinrichs Neffen Golo von Marseille aus auf den ebenso beschwerlichen wie gefährlichen Weg über die Berge. Nelly machte sich große Sorgen um ihren Mann und bezweifelte, ob der inzwischen 70-jährige Heinrich die Strapazen der Flucht über steinige Ziegenpfade überhaupt durchstehen würde. Doch alles ging gut, und die fünf deutschen Flüchtlinge kamen wenige Tage später erschöpft, aber wohlbehalten an der spanischen Grenze am Fuß der Pyrenäen an. Die Einreiseformalitäten konnten dank Schmiergeld und mehrerer Stangen Zigaretten problemlos über die Bühne gebracht werden. Von hier aus brachte sie ein von ihrem Fluchthelfer organisierter Pkw nach Barcelona, wo sie – ausgestattet mit falschen Papieren – ein Flugzeug bestiegen, das am 18. September 1940 sicher in Lissabon landete. In diesen Tagen wuchs Nelly über sich hinaus. Während Heinrich Mann, völlig apathisch und niedergedrückt, alles auf sich zukommen ließ, wurde Nelly überraschend aktiv, kümmerte sich in der völlig chaotischen und überlaufenen Stadt um einen Platz zum Übernachten, ums Essen und schließlich auch um die Überfahrt in die Vereinigten Staaten, wo die Flüchtlingsodyssee zu Ende gehen sollte. Dann war das Schlimmste überstanden: Am 4. Oktober 1940 konnten die Manns zusammen mit den Werfels an Bord der »Nea Hellas« gehen, die neun Tage später im Hafen von New York einlaufen sollte.

## Neubeginn in Beverly Hills

Wie mag sich Nelly Mann bei der Ankunft in New York gefühlt haben? War sie ängstlich, zuversichtlich oder vielleicht eine diffuse Mischung aus beidem? Heinrich und sie waren zwar in Sicherheit, doch welches Leben würde sie in den Vereinigten Staaten wohl erwarten? Würde der deutsche Schriftsteller auch hier Fuß fassen können? Bislang sah es zumindest recht gut aus. Inzwischen war es zwar schon zehn Jahre her, dass Heinrich Mann mit dem Film »Der blaue Engel« zu Weltruhm gelangt war, trotzdem hatte ihm Warner Brothers angeboten, für 100 Dollar pro Woche als Drehbuchautor in Los Angeles zu arbeiten. Finanziell schien die Zukunft des Ehepaares also abgesichert zu sein, wobei es eher zweitrangig war, dass es nicht das Filmstudio selbst war, das den Schriftsteller bezahlte. Der Lohn wurde aus Spenden des European Film Fund finanziert, einer 1938 gegründeten Hilfsorganisation zur Unterstützung aus Europa emigrierter Filmschaffender.

Nachdem Nelly und Heinrich vorübergehend bei Thomas Mann in Princeton untergekommen waren, reisten sie Anfang November 1940 weiter nach Los Angeles, wo sie sich im Stadtteil Beverly Hills eine großzügige Wohnung mieteten, günstig gelegen in der Nähe der Filmstudios. Trotzdem war ihre Zukunft in den USA völlig ungeklärt. Noch waren sie hier nur geduldet. Thomas Mann erklärte sich zwar bereit, für seinen Bruder zu bürgen, um ihm eine Aufenthaltsgenehmigung in den Vereinigten Staaten zu verschaffen. Doch nicht für Nelly, die, wenngleich mit Heinrich verheiratet, noch immer das »schwarze Schaf« der Familie war, eine peinliche, nicht öffentlich vorzeigbare Erscheinung, die man so weit wie möglich ignorierte: *Zum Tee bei Heinrich und Frau in Beverly Hills*, heißt es in Thomas Manns Tagebuch, *schreckliche Trulle*. Doch Nelly hatte Glück, dass sie nicht auf ihren überheblichen Schwager angewiesen war. Inzwischen lebte nämlich auch ihre drei Jahre ältere Schwester Elsa, verheiratete Bodenhagen, mit Mann und zwei Söhnen in Pennsylvania. Weil Wilhelm »Willy« Bodenhagen in der Stahlindustrie recht gut verdiente, erklärte sich die Familie bereit, die erforderliche Bürgschaftserklärung für Nelly abzugeben. Am 21. Mai 1941 erhielt auch Nelly Mann die Genehmigung, die sie zu einem unbefristeten Aufenthalt in den USA berechtigte.

Nelly war jetzt fest entschlossen, sich und Heinrich in Beverly Hills ein neues Leben aufzubauen und wieder ein gemütliches Zuhause zu schaffen. Heinrich sollte hier in Ruhe arbeiten können, während sie ihn als Hausfrau umsorgte, bekochte und, wenn nötig, auch chauffierte. Im Januar 1941 hatte Nelly extra den Führerschein gemacht und ein Fahrzeug gekauft, um in der Autostadt Los Angeles mobiler zu sein. Auch wenn sie es nie zugegeben hätte, aber Nelly folgte ganz dem Vorbild ihrer resoluten Schwägerin Katia Mann, der es stets scheinbar spielend leicht gelang, für ihren Mann ein schönes Heim mit optimalen Arbeitsbedingungen zu schaffen.

Doch nach nur einem Jahr war der »American Dream« bereits beendet, weil Heinrich Manns Vertrag bei Warner Brothers im November 1941 auslief und nicht verlängert wurde. Damals schrieb Nelly an ihre Freundin Salomea Rottenberg (1890–1988), die sie vermutlich im französischen Exil kennengelernt hatte: *Uns geht es einfach schlecht, aber ich bemühe mich weiter, etwas zu finden, was meinem Mann das Weiterarbeiten ermöglichen könnte ... Ich verzweifele bald. Hätte ich 5000 Dollar, könnte ich eine sehr gute Existenz kaufen und damit ermöglichen, dass Heinrich Mann arbeiten kann ... Jetzt ist es uns nicht möglich, das Essen für morgen zu beschaffen.* Und wenig später klagt Nelly: *Jetzt sind wir auf dem Gefrierpunkt. Wie habe ich mir Amerika anders gedacht.*

Die schöne Wohnung in Beverly Hills musste aufgegeben, die auf Pump gekauften Möbel verpfändet werden. Hätten Thomas und Katia Mann dem Bruder und seiner Frau nicht immer wieder finanziell unter die Arme gegriffen, wäre das finanzielle Desaster noch viel größer gewesen. Diese Abhängigkeit machte sowohl Heinrich als auch Nelly Mann schwer zu schaffen, doch sie hatten keine andere Wahl, wenn sie irgendwie überleben wollten. Mit Heinrich Manns schriftstellerischer Tätigkeit war das nicht mehr möglich. Dabei gestaltete sich die Beziehung zu Schwager und Schwägerin nach wie vor äußerst problematisch. Immer wieder finden sich in Thomas Manns Tagebuch Bemerkungen wie *grässliches Benehmen von Heinrichs Weib* oder *von dem Köchinnengewäsch und Miaunzen gequält.* Ganz offensichtlich hatte die verzweifelte Situation Nelly wieder dazu gebracht, exzessiv zu trinken. In ihrem Brief an Sohn Klaus vom 20. April 1942 bezeichnete Katia Mann Nelly als *vertrunkene Hure* und lästerte weiter: *Er [Heinrich] denkt nicht im Mindesten daran, sich von ihr tren-*

*nen zu wollen, sondern erzählt beständig, was für eine herrliche Frau sie sei, wie sie ihm alles abnehme (Ha Ha!) und treu bei ihm ausharre, obwohl sie es doch in Deutschland so schön haben könne, wo ihre Familie bedeutende Dampfboote besitze* ... Bald gehe *die Hölle ja wieder los, die sich bei uns in fortwährenden Anrufen manifestiert wegen des Missbetragens des Weibes, die in trunkenem Zustande überall randaliert* ... Am liebsten hätten Katia und Thomas Mann den verwandtschaftlichen Kontakt abgebrochen, doch die exponierte Stellung des Schriftstellers in der Emigrantengemeinde ließ es nicht zu, den glücklosen Bruder im Stich zu lassen. Etwa alle vier Wochen kam man zum Abendessen zusammen, zu dem auch andere Schriftsteller der deutschen »Community« geladen waren: *Heinrich und Frau zum Abendessen*, notierte Thomas Mann am 26. Juni 1942, *das Weib betrunken, laut und frech ... Machte mich krank. Ist das letzte Mal hier gewesen. Zog mich ohne Abschied zurück.* Auch Marta Feuchtwanger, zusammen mit Lion häufig zu Gast im Hause Mann, äußerte sich später in einem Interview über Nelly: *Sie trank viel zu viel.* Doch sie glaubte auch zu wissen, warum: *Sie hatte große Schwierigkeiten, sich hier einzuleben. Sie liebte Frankreich und es war furchtbar schwer für sie, das Land wieder zu verlassen.*

## Am Leben verzweifelt

Um ihre Selbstachtung nicht ganz zu verlieren und zumindest ein wenig Geld zu verdienen, suchte sich Nelly eine bezahlte Tätigkeit: Sie nahm vorübergehend eine Stelle in einer Wäscherei an, arbeitete später vermutlich als Näherin und fuhr zum Schluss Milch aus. Noch wollte sie sich nicht völlig entmutigen lassen. An Salomea Rottenberg schrieb sie nach New York: *Wenigstens die Sonne haben wir immer und umsonst.*

*Wenn Sie leben wie wir, kommen Sie mit 100 – 120 Dollar monatl. aus. Eine große Car haben wir. Ohne Auto kann man nicht leben hier.* Doch ihr Brief vom 3. September 1942 klang schon wieder weitaus pessimistischer: *Ich zahle mich tot an Schulden. Fast 50 Dollar gehen jeden Monat für Schulden Arzt weg, und dann können wir erst an uns denken. Die Miete ist Gott sei Dank niedrig (40 Dollar). Bis jetzt schlief ich auf dem Fussboden; seit zwei Wochen habe ich ein Schlafsofa für 50 Dollar gekauft. Ich konnte es nicht mehr aushalten.*

Mehr und mehr war es nun der Alkohol, der Nelly Manns Leben bestimmte und mit dem sie alle Ängste, Demütigungen, ihre Verzweiflung und Hoffnungslosigkeit zu betäuben suchte. Es kam, wie es kommen musste: Als sie bei einer Polizeikontrolle alkoholisiert am Steuer erwischt wurde, war sie ihren Führerschein los, zumindest für einige Wochen. Das wäre nicht ganz so schlimm gewesen, wäre die peinliche Geschichte nicht auch Thomas und Katia Mann zu Ohren gekommen: *Schlimme Nachrichten über Heinrichs Ehefrau, der wegen Trunkenheit die Fahrlizenz entzogen, nachdem sie eine Nacht auf der Polizei verbracht,* lautete der entsprechende Tagebucheintrag vom 8. März 1943. Um die Kaution für ihre Freilassung zahlen zu können, musste Nelly Mann erneut einen Teil ihrer Möbel verpfänden: Teppich, zwei Schlafsofas, Schreibtisch, Radioapparat, Lampe und andere Gegenstände. Dafür gab es genau 250 Dollar, exakt die Summe, die Nelly Mann brauchte, um die Kaution begleichen zu können.

Doch es blieb nicht bei einem Verkehrsdelikt unter Alkoholeinfluss. Nachdem Nelly im November 1943 ein anderes Fahrzeug beschädigt hatte, sollte sie am 7. Januar 1944 zu einer Anhörung vor Gericht erscheinen. Nelly wusste, was das zu bedeuten hatte: Sollte nachgewiesen werden, dass sie schon wieder getrunken hatte, dann war ihr die Gefängnisstrafe sicher, die eigentlich schon nach dem ersten Unfall fällig gewesen wäre, durch die Zahlung der Kaution aber noch abgewendet werden konnte. Die Vorstellung, in einem amerikanischen Gefängnis eingesperrt zu sein, war mehr, als Nelly Mann verkraften konnte.

Am 5. Januar 1944 versuchte sie, sich mit einer Überdosis Schlaftabletten das Leben zu nehmen. Es sollte nicht ihr einziger Selbstmordversuch bleiben. Dieses Mal wurde sie noch rechtzeitig gefunden und bewusstlos ins Krankenhaus eingeliefert. Hier versuchte man vielleicht, sie aus irgendeinem Grund für schuldunfähig zu erklären, möglicherweise hatte man aber auch vor, sie zu entmündigen. An Heinrich Mann schrieb Nelly am 20. Januar 1944: *Am Sonntag verlasse ich dieses Haus. Heute war Dr. Nielsen bei mir. Nachdem ich in den letzten Wochen von ca. 30 Ärzten untersucht worden bin, nachdem drei Aufnahmen meines Schädels gemacht worden sind und nichts, was anormal oder krank wäre, hat mir eben D. N. erklärt, dass in meinem Gehirn irgendeine ganz kleine Verdickung ist, die mich zu meinen Depressionen, Impulsivitäten, Trunkenheit u.s.w. veranlasst haben sollte.* Was es mit dieser *kleinen Verdickung* auf sich hatte, ist nicht geklärt. Womöglich hatte sie etwas mit Nellys unglücklichem Sturz aus dem Jahr 1932 zu tun, der dazu geführt hatte, dass sie lange unter heftigen Kopfschmerzen litt. Nelly warf Heinrich Mann vor, dass er kein Gespräch mit dem behandelnden Arzt suchte, um sie zu unterstützen: *Ein Ehemann, dem an dem Wohl seiner Frau nach so viel traurigen Aufregungen nicht einmal soviel liegt, dass er den Arzt eines Besuches würdigt --- das Resultat ist, dass er mir erklärte, ich dürfe mit meinem verkrüppelten Gehirn nie wieder Auto fahren ... Ich bin eine notorische Trinkerin, ich bin irrsinnig, ich kann nie wieder Auto fahren.* In ihrer Verzweiflung kündigte sie an, nicht mehr zu ihrem Ehemann zurückkehren zu wollen, doch diese Ankündigung hat sie dann doch nicht wahr gemacht.

## »Die Neigung, das Leben abzulegen« –
## Nelly Manns Selbstmord

Aber von einer wirklichen Ehe konnte schon längst keine Rede mehr sein, bestenfalls von einer Notgemeinschaft zweier hilfloser Menschen, die nicht mehr miteinander, aber auch nicht allein sein konnten, wobei sich Heinrich Mann, unter schwerem Bronchialasthma leidend, trotz allem als der Stärkere erwies: *Die Reserven, um wenigstens am Leben zu bleiben, hatte nur ich. Sie selbst war seit früher Jugend bedroht von ihrer Neigung, das Leben abzulegen und zu schlafen, wie sie meinte. Sogar in glücklichen Zeiten überkam es sie. Ich hatte sie immer zurückgehalten …* Am 17. Dezember 1944 ist es ihm aber nicht mehr gelungen, Nelly *zurückzuhalten*. Obwohl er zu Hause war, merkte Heinrich Mann nicht, dass seine Frau erneut eine Überdosis Schlaftabletten genommen hatte. Als er sie irgendwann, vielleicht am nächsten Morgen, bewusstlos im Schlafzimmer fand, war es bereits zu spät. Nachdem es dem herbeigerufenen Arzt nicht gelungen war, Nelly Mann wiederzubeleben, brachte man sie ins General Hospital von Los Angeles, wo sie mittags um zwölf Uhr an einer Atemlähmung starb. Erschüttert schrieb Heinrich Mann: *Ich habe nie eine Seligkeit gesehen wie auf diesem schlafenden Gesicht.* Nelly hatte ihr Leben überstanden.

Wie nicht anders zu erwarten, reagierten Katia und Thomas Mann auf den Tod ihrer Schwägerin mit wenig Mitgefühl: *Die wichtigste Nachricht ist ja wohl, dass deine Tante Nelly nach vier vorangegangenen Fehlschlägen, nun vermittels Schlafmittel endgültig dahingegangen ist,* schrieb Katia Mann am 19. Dezember an ihren Sohn Klaus. *Es wurde ja immer katastrophaler mit ihr, neuerliche, diesmal bestimmt ins Gefängnis führende Auto-Prozesse standen bevor, und es musste wohl schließlich so kommen. Auch mag es für den armen alten Ohm à la longue eine Erleichterung sein, aber zunächst ist er natürlich, gänzlich vereinsamt wie er ist, schwer betroffen... Ein arges Problem ist natürlich, was aus ihm werden soll... Anfang Januar... wollen wir ihn auf eine Weile zu uns nehmen, unter gar keinen Umständen aber darf dies definitiv sein.*

Einen Tag später, am 20. Dezember 1944, wurde Nelly Mann auf dem Friedhof von Santa Monica beigesetzt. Die Familie war sichtlich erleichtert: *Alles wurde besser, unvergleichlich besser, nachdem Nelly Manns letzter Selbstmordversuch ihr geglückt war – man muß leider sagen: zum Glück,* behauptete Golo Mann. Doch er irrte. Es blieb Heinrich Mann zwar erspart, bei Bruder und Schwägerin wohnen zu müssen, doch seine letzten Lebensjahre waren überschattet von Krankheit, Einsamkeit und finanziellen Problemen. Er überlebte Nelly um etwas mehr als fünf Jahre und starb am 11. März 1950 an den Folgen eines Schlaganfalls, nachdem er kurz zuvor zum ersten Präsidenten der neu gegründeten Akademie der Künste in Ost-Berlin ernannt worden war.

# »Helli, Du warst das Größte«

## Helene Weigel (1900–1971)
## und Bertolt Brecht

Berlin-Wilmersdorf im August 1923: Mit Besuch hatte Helene Weigel an diesem Abend eigentlich nicht mehr gerechnet. Aber dann klingelte es plötzlich doch an der Tür ihrer Wohnung in der Spichernstraße 16. Als sie öffnete, stand sie einem jungen Mann gegenüber, der ihr vage bekannt vorkam. Es war der Theaterautor Bertolt Brecht, wie sich Helene Weigel erinnerte: Sie war ihm im Oktober 1922 zum ersten Mal begegnet, als er am Deutschen Theater in Berlin sein Stück »Trommeln in der Nacht« auf die Bühne gebracht hatte. Daher bat sie Brecht in ihre Wohnung, wo er auch gleich mit dem Grund für seinen überraschenden Besuch herausrückte. Er suchte für seine nächste Inszenierung dringend eine gute Schauspielerin, und hatte darüber auch mit seinem Freund, dem Regisseur und Theaterautor Arnolt Bronnen, gesprochen. Und Bronnen war der Meinung gewesen, es gäbe keine bessere als sie, Helene Weigel.

Der Österreicher Arnolt Bronnen war für Helene Weigel kein Unbekannter. Zum einen wohnte er ganz in der Nähe, zum anderen hatte sie bereits mit ihm zusammengearbeitet

und 1922 in Frankfurt in seinem Stück »Vatermord« mitge-
spielt, für das der Autor mit dem renommierten Kleist-Preis
ausgezeichnet worden war. Helene Weigel, deren Karriere als
Schauspielerin gerade erst begonnen hatte und die für jedes
gute Engagement dankbar war, sagte Bert Brecht spontan zu;
sie freue sich, bei seiner nächsten Aufführung auf der Bühne
stehen zu dürfen.

Obwohl man sich so rasch einig geworden war, blieb Brecht
an diesem Abend doch etwas länger als geplant. Helene Weigel gefiel ihm ausgesprochen gut, eine aparte Erscheinung
mit tiefer dunkler Stimme, auch wenn man sie nicht gerade
als Schönheit im klassischen Sinne bezeichnen konnte. Brecht
hatte Feuer gefangen. Dabei war er seit November 1922 mit
der Schauspielerin Marianne Zoff verheiratet und Vater der
im März des Jahres geborenen Tochter Hanne. Aber bürgerliche Konventionen waren für Brecht noch nie ein Grund
gewesen, sie nicht zu brechen, zumal er spürte, dass er mit
Helene Weigel eine »Seelenverwandte« kennengelernt hatte.
Als er sie einlud, den Dezember mit ihm in Paris zu verbringen, wurden die beiden ein Liebespaar – und blieben es
bis zu seinem Tod 1956. Noch konnte die junge Schauspielerin
nicht ahnen, auf welches Abenteuer sie sich da eingelassen
hatte.

## Frühe Berufung

Die Schauspielerei war Helene Weigel nicht in die Wiege
gelegt worden, als sie am 12. Mai 1900 in Wien zur Welt kam.
Ihr jüdisches Elternhaus hatte eine durch und durch bürgerliche Prägung. Vater Siegfried Weigl (1868–1942) – das »e«
im Namen kam erst später bei Helene hinzu – bekleidete
die Stellung eines Prokuristen, während Mutter Leopoldine

(1866–1927) ein kleines Spielwarengeschäft besaß. Allerdings zeigten sich die Eltern auch offen für neue liberale Ideen. So durfte Helene Weigel ab 1915 das Wiener Realgymnasium der Reformpädagogin Eugenie Schwarzwald (1872–1940) besuchen, die mit ähnlichen Methoden wie Maria Montessori arbeitete. Die Schülerinnen sollten sich möglichst frei entfalten und ihre jeweiligen Begabungen kennenlernen, ohne dass die »weiblichen Tugenden« dabei zu kurz kamen. Als gelehrige Schülerin liebäugelte Helene zunächst mit einem Medizinstudium, bevor sie ihre Leidenschaft für das Theater entdeckte. Nach der begeisterten Teilnahme an verschiedenen Schulaufführungen wollte sie unbedingt Schauspielerin werden.

Die Eltern reagierten auf den Berufswunsch ihrer Tochter verständlicherweise entsetzt und auch Eugenie Schwarzwald, die erfahrene und einfühlsame Leiterin der Schule, fand Helenes Absichten eher unrealistisch. Das junge Mädchen war mit seinen eher herben Gesichtszügen schließlich alles andere als eine gefragte Bühnenschönheit. Trotzdem hielt es Frau Schwarzwald nicht für besonders klug, die Schülerin von ihrem Vorhaben abzubringen. Stattdessen riet sie Helene, es doch einfach einmal mit dem Vorsprechen zu versuchen und das Ergebnis abzuwarten. Damit, so glaubte sie, würde sich die Idee schon von allein erledigen.

Doch es kam anders. Schon beim ersten Versuch in Frau Schwarzwalds Direktionszimmer gelang es Helene Weigel, alle Anwesenden mit ihrer ausdrucksstarken Stimme zu überzeugen. Fraglich war jedoch, ob das junge Mädchen auch vor Profis bestehen würde. Um Klarheit zu schaffen, schlug eine Freundin von Eugenie Schwarzwald vor, Helene zur Wiener Volksbühne zu begleiten, wo sie beim Theaterdirektor persönlich vorsprechen sollte. Dem Urteil eines Fachmanns würde sich das junge Mädchen wohl oder übel beugen müssen.

Besagte Freundin der Schulleiterin war die dänische Journalistin Karin Michaëlis (1872–1950), die sich in dem Metier recht gut auskannte und auch schon zahlreiche Theaterrezensionen verfasst hatte. Nachdem Helene bei jenem Termin im Dezember 1917 selbst den Direktor von ihrem Talent überzeugt hatte, wurde Karin Michaëlis so etwas wie Helene Weigels Mentorin.

1919 verließ Helene Weigel die Schule ohne Abschluss und begann, Schauspielunterricht zu nehmen. Ihre Eltern konnten sich mit der Berufswahl der Tochter auch weiterhin nicht abfinden und versagten ihr zunächst jegliche finanzielle Unterstützung.

Doch schon bald wurden Helene Weigel, nicht zuletzt durch Vermittlung von Karin Michaëlis, die ersten kleineren Rollen angeboten, bevor sie im Mai 1919 ein dauerhaftes Engagement am Neuen Theater in Frankfurt bekam. Als sie im September des Jahres die Marie in Georg Büchners »Woyzeck« verkörperte, wurde auch die Presse auf sie aufmerksam: *Ein junges Talent, Helene Weigel, ließ aufhorchen. Sie gab die Frau mit prachtvollem Anlauf*, schrieben die »Frankfurter Nachrichten«. Und der »Generalanzeiger« lobte: *Ebenso verdient die herb naturalistische Wiedergabe der Marie durch Helene Weigel als eine Spielleistung hervorgehoben zu werden, die in ihrer ausgezeichneten Mimik und der Festhaltung des harten Sprachtons von bewusster Eigenart getragen war.*

Das Talent der jungen Schauspielerin sprach sich herum, auch wenn sie bislang noch keine größeren Rollen gespielt hatte. 1922 holte Leopold Jessner (1878–1945) Helene Weigel ans Berliner Schauspielhaus, ein Erfolg, der endlich auch ihre Eltern versöhnte, die die Tochter nun wieder großzügig unterstützten. So konnte sich Helene auch die kleine Wohnung in der Spichernstraße leisten.

In Berlin blieb sie zunächst noch unbekannt – zu groß war die Konkurrenz der anderen Schauspielerinnen, die damals im

Zentrum des deutschen Theaterlebens auf der Bühne standen. Erst als sie die Hexe in Shakespeares »Macbeth« gab, lobte ein Theaterkritiker ihre Darstellung *wenn auch sehr lärmend wie alles, was diese erschreckend explosive Schauspielerin macht.* Es folgten Engagements an Max Reinhardts Deutschem Theater, wo sie 1922 auch erstmals mit Bertolt Brecht (1898–1956) zusammentraf.

## Zwischen Brechts Ehefrau und seiner Geliebten

Bertolt oder auch Bert Brecht, geboren 1898 in Augsburg, war schon früh als »Rebell« in Erscheinung getreten. Als der nachdenkliche Gymnasiast während des Ersten Weltkriegs in einem Schulaufsatz ausdrückliche Kritik am viel gepriesenen »Heldentod« übte, hätte er seinen Mut fast mit einem Schulverweis bezahlt. Letztlich aber durfte er bleiben, konnte ein Jahr später, 1917, das Notabitur ablegen und sich an der Universität München immatrikulieren, wo er philosophische und literaturwissenschaftliche Vorlesungen besuchte. Als der junge Student kurz vor Kriegsende doch noch eingezogen wurde, blieb er als Lazarettsoldat in Augsburg und musste nicht an die Front.

Trotzdem machten die Erfahrungen des Krieges Bert Brecht nicht nur zum Pazifisten, sie schärften auch sein Bewusstsein für die politischen und gesellschaftlichen Verhältnisse, die er durchaus verbesserungswürdig fand. Mit spitzer Feder begann er damals gegen das bürgerlich-kapitalistische System anzuschreiben und traf mit seinen sozialkritischen Stücken den Nerv der Zeit. Nachdem »Trommeln in der Nacht« 1922 in München uraufgeführt worden war, erhielt er noch im gleichen Jahr den Kleist-Preis.

Als Brecht Helene Weigel 1923 in Berlin wieder begegnete,

lebte er mit seiner kleinen Familie – Ehefrau Marianne Zoff (1893–1984) und Töchterchen Hanne (1923–2009) – noch in München, war allerdings viel auf Reisen. Der gemeinsame Urlaub in Paris, zu dem er »Helli« eingeladen hatte, blieb nicht ohne Folgen: Neun Monate später, am 3. September 1924, kam der gemeinsame Sohn Stefan Sebastian, genannt »Steff«, zur Welt. Er war bereits Brechts drittes Kind, nachdem schon aus der Beziehung mit seiner Augsburger Jugendliebe Paula Banholzer (1901–1989) ein Sohn hervorgegangen war, der im Juli 1919 geborene Frank (der 1943 an der Ostfront fiel). Helene Weigel dürfte bereits von Anfang an geahnt haben, dass sie einen Mann wie Bert Brecht nicht für sich allein beanspruchen konnte.

Während Helene Weigels Schwangerschaft, die sie naturgemäß zu einer Bühnenpause zwang, führten sie und der in München lebende Bert Brecht noch eine Fernbeziehung. 1924 zog aber auch Brecht nach Berlin, allerdings in eine eigene Wohnung. Es war keine leichte Zeit für Helene Weigel und nur ganz wenige Freunde wussten überhaupt vom Vater ihres Sohnes. Faktisch war sie eine alleinerziehende Mutter, die irgendwie versuchen musste, Kind und Schauspielkarriere unter einen Hut zu bekommen. Wenn sie auf der Bühne stand, kümmerte sich ein Kindermädchen um den kleinen Steff. Zwar schaute der viel beschäftigte Vater regelmäßig vorbei, doch seine Zeit war reichlich knapp bemessen.

Schon kurz nach Stefans Geburt erfuhr Helene Weigel, dass es schon wieder eine neue Frau in Brechts Leben gab: Elisabeth Hauptmann (1897–1973), die nicht nur seine Geliebte, sondern auch die wichtigste literarische Mitarbeiterin des Dichters wurde. Dass sie neben Marianne Zoff noch eine weitere Rivalin hatte, wird Helene Weigel sicherlich tief verletzt haben. Doch sie wusste inzwischen, worauf sie sich eingelassen hatte und dass sich Brecht vermutlich nie für sie allein entscheiden würde. Er nahm für sich in Anspruch, polygam zu leben, und seine Frauen mussten das entweder akzeptieren oder ohne ihn auskommen. Helene Weigel war jedenfalls entschlossen, die Nebenbuhlerinnen stillschweigend zu akzeptieren, ohne sich dadurch in eine Opferrolle gedrängt zu fühlen oder sich Bert Brecht auf irgendeine Weise zu unterwerfen. Im Gegenteil, es ist ihr stets gelungen, ihre Eigenständigkeit zu bewahren, sich nie in völlige Abhängigkeit zu begeben. Vielleicht war gerade das das Geheimnis ihrer langjährigen Beziehung.

Zum Glück fand Helene Weigel Elisabeth Hauptmann zumindest sympathisch und war auch gerne bereit, mit ihr zusammenzuarbeiten, wenn es darum ging, Bert Brecht zur Hand zu gehen. Und das war eine ganze Menge, denn die lästigen Dinge des Alltags überließ Brecht nur zu gern seinen diversen Frauen: Bücher besorgen, Adressen wichtiger Leute herausfinden, Geburtstagsgeschenke für Frau und Tochter kaufen, nach einer Garage für sein Auto suchen und anderes mehr. Helli machte alles bereitwillig mit, obwohl sie gern mehr Zeit mit Bert Brecht allein verbracht hätte. Doch der musste seine Gunst schließlich unter drei Frauen aufteilen, wobei Marianne Zoff lange Zeit überhaupt nichts von der Existenz Helene Weigels und des kleinen Stefan wusste. Als sie schließlich davon erfuhr, gab sie Bert Brecht umgehend den Laufpass und ließ sich im November 1927 von ihm scheiden.[23]

---

[23] 1928 heiratete Marianne Zoff in zweiter Ehe den Schauspieler Theo Lingen, mit dem sie die gemeinsame Tochter Ursula hatte. Auch die 1923 geborene Hanne (Hiob), die später ebenfalls eine Bühnenkarriere machte, wuchs in der neuen Familie auf.

## Hochzeit mit Bert Brecht

Bertolt Brecht, der seit dem Ersten Weltkrieg politisch im linken Lager stand, hatte sich inzwischen intensiv mit den Schriften von Karl Marx auseinandergesetzt und war selbst zum Marxisten geworden, eine politische Einstellung, die Helene Weigel durchaus teilte. 1930 würde sie in die Kommunistische Partei Deutschlands (KPD) eintreten.

Brechts nächstes Stück wurde eine beißende Satire auf die privilegierten Vertreter der bürgerlich-kapitalistischen Gesellschaft. Die Uraufführung der »Dreigroschenoper«, die er zusammen mit dem Komponisten Kurt Weill geschrieben hatte, fand am 31. August 1928 im Theater am Schiffbauerdamm in Berlin statt. Sie wurde zu einem der größten Theatererfolge der zwanziger Jahre, machte Bert Brecht in ganz Europa bekannt und sorgte auch für eine kräftige Finanzspritze.

Im April 1929 heirateten Helene Weigel und Bert Brecht in Berlin. Damit begann auch eine Zeit intensiver beruflicher Zusammenarbeit, die Helenes Schauspielkarriere in eine ganz neue Richtung lenkte. Von nun an spielte sie jedes Jahr in einem Brecht-Stück mit, mit Ausnahme der Zeit um die Geburt von Tochter Barbara, die am 28. Oktober 1930 zur Welt kam.

An den neuen Stil musste sie sich freilich erst gewöhnen, denn Brecht hatte seine eigene Vorstellung von der Aufgabe des Theaters. Er wollte nicht unterhalten, sondern aufrütteln und zum Nachdenken über die gesellschaftlichen Missstände anregen. So endete auch die Uraufführung der Oper »Aufstieg und Fall der Stadt Mahagonny« in Leipzig 1930 mit einem riesigen Skandal. Anders als beim traditionellen Theater, bei dem sich der Zuschauer in die Illusion des Bühnengeschehens versetzen soll, wollte Brecht mit seinem »epischen Theater« das genaue Gegenteil erreichen. Statt unkritische Emotionen hervorzurufen, sah er seine Aufgabe darin, das Publikum mit gesellschaftlichen Problemen zu konfrontieren. Daher waren Kulissen und Requisiten in den Brecht-Stücken auf das Nötigste beschränkt. Auch unterbrachen die Darsteller mitunter ihr Spiel und wandten sich mit Kommentaren direkt an die Zuschauer. Diese Illusionen zerstörende Wirkung ging als Verfremdungseffekt, kurz V-Effekt genannt, in die Literaturgeschichte ein.

Helene Weigel, die bislang für ihre höchst emotionalen Darstellungen bekannt gewesen war, musste sich völlig umstellen, denn der Brecht-Stil war eigentlich das genaue Gegenteil dessen, was sie unter Schauspielkunst verstand. Doch mit Brechts Hilfe überwand sie schließlich alles Lärmende und Explosive, ihr *straffes Gegell*, wie es der bissige Kritiker Alfred Kerr formuliert hatte. Doch es sollte noch Jahre dauern, bis Helene Weigel zur bedeutendsten Interpretin der Brecht-Stücke wurde.

In privater Hinsicht scheint sich das Ehepaar arrangiert zu haben, auch wenn Helli nach wie vor unter Brechts »Nebenfrauen« zu leiden hatte. Doch das ging den »Nebenfrauen« auch nicht anders. Elisabeth Hauptmann wurde durchs Brechts Hochzeit mit Helene Weigel derart aus der Bahn geworfen, dass sie einen Selbstmordversuch unternahm, den sie jedoch überlebte. Sie trennte sich noch im gleichen Jahr von ihrem Geliebten und kehrte ins heimatliche Ingolstadt zurück, um dort einen Tabakhändler zu heiraten.

Doch Brecht fand schnell Ersatz für seine Gespielin – er verliebte sich in seine neue Mitarbeiterin Margarete Steffin (1908–1941), die bislang als Laiendarstellerin in Arbeitertheatern auf der Bühne gestanden hatte. Diese Liebesbeziehung verursachte freilich eine erste schwere Ehekrise, denn

Margarete war an Tuberkulose erkrankt, sodass Helene allen Grund hatte, um die Gesundheit ihrer Kinder zu fürchten. Sie dachte tatsächlich daran, sich von Brecht zu trennen, verwarf den Gedanken aber wieder, weil die »Seelenverwandtschaft« mit dem Dichter offenbar stärker war als die Angst vor Ansteckung mit einer lebensbedrohlichen Krankheit.

## Im dänischen Exil

Während sich Helene und Bert Brecht auf der Bühne, aber auch durch die Teilnahme an (Partei-)Versammlungen und politischen Kundgebungen bemühten, die Menschen von der Notwendigkeit eines »Linksrucks« zu überzeugen, zogen sich dunkle Wolken über Deutschland zusammen. Erster Vorbote des drohenden Unheils war die Weltwirtschaftskrise 1929, deren verheerende Auswirkungen die überzeugten Marxisten als notwendige Folge des politischen Systems interpretierten. Doch damit stießen sie auf taube Ohren, denn auch wenn sie fest an die »Erziehbarkeit« der Massen glaubten, so konnten sie die Welt doch nicht verändern. In Anbetracht der Krise wandten sich viel mehr Menschen den Rechtsradikalen zu und verhalfen im Januar 1933 Hitlers NSDAP zum schicksalhaften Wahlerfolg.

Erst spät, fast schon zu spät, erkannten der bekennende Marxist Bert Brecht und die Jüdin Helene Weigel, was die Stunde geschlagen hatte: Ihr Leben stand auf dem Spiel! Nur einen Tag nach dem Reichstagsbrand – in der Nacht vom 27. zum 28. Februar 1933 – packten sie ihre Koffer und flüchteten, wie so viele andere auch, zunächst nach Prag. Doch bald wurde ihnen klar, dass sie ihr Leben nicht auf Dauer in irgendwelchen billigen Pensionen verbringen wollten. Allein schon der Kinder wegen brauchte man eine sichere neue Heimat.

Doch wo? Sollte man vielleicht in die Schweiz gehen, wo auch die Manns und Feuchtwangers untergetaucht waren? Oder zum inzwischen verwitweten Vater Weigl nach Wien? Dabei hatten sie kaum Geld, denn Brechts gesamtes Vermögen war vom NS-Regime konfisziert worden.

Es war Helenes frühere Mentorin und Freundin Karin Michaëlis, die den tristen Zustand der Heimatlosigkeit beendete und die Brechts nach Dänemark einlud. Sie besaß auf der kleinen Insel Thurø ein größeres Anwesen, zu dem auch mehrere strohgedeckte Häuschen gehörten. Eines davon wollte sie der Familie gerne zur Verfügung stellen.

Die Brechts nahmen das großzügige Angebot freudig an, dankbar, dass ihre Flüchtlingsodyssee endlich ein (vorläufiges) Ende gefunden hatte. Im Juni 1933 kam Helene mit den Kindern auf Thurø an, Brecht selbst folgte wenig später nach, weil er zuvor noch verschiedene Angelegenheiten regeln musste. Die kleine Insel schien für die deutsche Flüchtlingsfamilie wie geschaffen, auch wenn man in dem Häuschen eng zusammenrücken musste. Das Leben war hier nicht nur viel billiger als in Österreich oder der Schweiz, man konnte auch deutsche Zeitungen kaufen und sogar deutsche Radiosender hören, um sich so über die Entwicklung in der Heimat auf dem Laufenden zu halten. Wie so viele Deutsche damals glaubten auch die Brechts, der »braune Spuk« werde vermutlich schon bald ein Ende haben.

Aber das Exil dauerte an, sodass sich die Familie entschloss, ein eigenes Haus mit großem Garten auf der Insel Fünen zu kaufen und es für ihre Zwecke umzubauen. Brecht hatte von einem niederländischen Verlag einen Vorschuss für seinen »Dreigroschenroman« erhalten, Helene bekam das Erbteil ihrer Mutter ausgezahlt und auch Vater Brecht in Augsburg steuerte eine größere Summe bei. Doch Luxus konnte auch das Eigenheim in Svendborg nicht bieten. Das größte Zimmer beanspruchte Bert Brecht selbstverständlich für sich, um hier in Ruhe arbeiten zu können. Der Rest der Familie musste sich bescheiden, vor allem Helene, wie sich Tochter Barbara später erinnerte: *Mama schlief auf dem Dachboden, der über eine Treppe erreichbar war, die man runterziehen konnte ... Papa hatte in seinem Arbeitszimmer ein Bett. Hier durfte man nur reingehen, wenn er nicht arbeitete.*

Auch wenn Brecht darüber klagte, dass man ihm Bühne und Publikum geraubt hatte, so schrieb er doch unermüdlich weiter. In den 15 Jahren, die das Exil andauern sollte, entstanden wichtige Werke, allein in Dänemark der »Dreigroschenroman«, die Erstfassung des »Galilei« und »Die Gewehre der Frau Carrar«.

Helene Weigel hingegen war seit Hitlers Machtübernahme eine arbeitslose Schauspielerin und es gab kaum Aussicht, dass sich dieser trostlose Zustand in absehbarer Zeit ändern würde. Die Hoffnung, an einem deutschen Theater in Moskau spielen zu können, hatte sich jedenfalls schnell zerschlagen. Helli, die stets so stolz auf ihre Eigenständigkeit gewesen war, litt ganz erheblich darunter, erstmals finanziell von ihrem Ehemann abhängig zu sein und auf die neue Rolle als Nur-Hausfrau reduziert zu werden. Doch sie hielt Bert Brecht klaglos den Rücken frei und sorgte dafür, dass er auch weiterhin in aller Ruhe arbeiten konnte. In den nächsten fünf Jahren war sie damit beschäftigt, die Einkäufe zu erledigen, den großen Garten in Schuss zu halten, neue Möbel zu kaufen, ihre kranken Kinder zu pflegen, Kleidung für die Familie zu nähen und vor allem dafür zu sorgen, dass jeden Tag das Essen auf den Tisch kam. Bert Brecht war in dieser Hinsicht ziemlich anspruchsvoll, denn er aß fast ausschließlich typisch bayerische Gerichte, die er aus seiner Heimat kannte. Es war gar nicht so einfach, die entsprechenden Zutaten in Dänemark zu finden. Vermutlich stand also häufiger Schweinebraten auf dem Speiseplan.

## Brechts »Nebenfrauen«

Man arrangierte sich mit dem Leben in Dänemark, auch wenn Helene Weigel in einem Brief an Erwin Piscator im Februar 1937 frustriert zugab: *Ich bin sehr geknickt. Meine idiotische Existenz hängt mir sehr zum Halse heraus. Ich war und bin auch immer noch eine brauchbare Person und der Winterschlaf dauert einfach zu lange.* Während sie gezwungenermaßen das Haus hüten musste, ging Bert Brecht häufiger auf Reisen – und das keineswegs nur aus beruflichen Gründen. Schon im Herbst 1933 fuhr er zu seiner Geliebten Margarete Steffin, die nach dem Aufenthalt in einem Schweizer Sanatorium inzwischen in Paris lebte. Von dort aus begleitete sie Brecht zu einem Besuch bei den Feuchtwangers in Südfrankreich – und anschließend sogar nach Dänemark, wo sie vorübergehend in einem Kopenhagener Hotel unterkam.

Als die Brechts an Weihnachten 1933 alle wieder vereint waren, hatte Helene nicht die geringste Ahnung, dass sich die Nebenfrau ihres Mannes jetzt wieder ganz in ihrer Nähe befand – und bald sogar im gleichen Ort leben würde wie sie selbst. Margarete Steffin verspürte nämlich wenig Lust, ihre Zeit in dem Kopenhagener Hotelzimmer zu vertrödeln. Sie wollte Bert Brecht auch in räumlicher Hinsicht nahe sein. Weil der sich aber nicht traute, Helene die heikle Sache zu beichten, bat er eine ihm bekannte dänische Schauspielerin um Vermittlung. Diese junge Dame, die Helli und Bert Brecht schon im Sommer 1933 über Karin Michaëlis kennengelernt hatten, sollte später selbst zu seiner Nebenfrau avancieren: Ruth Berlau-Lund (1906–1974).

Ruth Berlau-Lund war nicht nur eine erfolgreiche Schauspielerin am königlichen Theater, als Mitglied der dänischen Kommunistischen Partei teilte sie auch die politische Überzeugung der Brechts, was man ihr freilich nicht unbedingt ansah. Die »rote Ruth«, verheiratet mit einem wohlhabenden Mediziner, bevorzugte mondäne Kleidung, hüllte sich in kostbare Pelze und trug wertvollen Schmuck. Attraktiv und selbstbewusst wie sie war, wollte sie sich von nichts und niemandem einengen lassen und ihren eigenen Weg gehen. Gleichwohl hatte sie viele einflussreiche Freunde und war so eine begehrte Anlaufstelle für wichtige Kontakte.

Ruth Berlau-Lund erklärte sich bereit, Brecht zu helfen, indem sie Margarete »Grete« Steffin vorübergehend in ihrer Wohnung aufnahm, bis sich der Dichter im Februar 1934 endlich in der Lage fühlte, Helene mit der Wahrheit zu konfrontieren. Es ist anzunehmen, dass es damals zu einer heftigen und lautstarken Auseinandersetzung kam, denn Helli weigerte sich zunächst strikt, am gleichen Ort wie Grete Steffin zu leben, vor allem aus Sorge um die Gesundheit ihrer Kinder. Doch Brecht erklärte, dass er unbedingt eine kompetente und zuverlässige Mitarbeiterin brauchte, die stenografieren und die von ihm diktierten Texte in die Maschine tippen konnte, die die fertigen Manuskripte vervielfältigte, gegebenenfalls auch lektorierte oder zu Änderungen riet. Und so blieb Helene Weigel auch diesmal keine andere Wahl, als klein beizugeben. Sie erklärte sich sogar bereit, in einem Haus ganz in der Nähe ein Zimmer für Grete Steffin einzurichten. Abends brachte Brecht seiner Nebenfrau dann etwas von dem Essen vorbei, das seine Helli für die Familie gekocht hatte.

Für Helene Weigel war die ganze Situation mehr als bedrückend, auch wenn sie sich allmählich an die Anwesenheit von Grete Steffin gewöhnte. Als sich um 1935 dann herausstellte, dass ihr in Ruth Berlau-Lund eine neue Konkurrentin erwachsen war, reagierte sie natürlich gekränkt, war aber dennoch bereit, sich ins scheinbar Unvermeidliche zu fügen. Sie wusste inzwischen nur zu genau, dass sie Brecht nie für sich allein haben würde. Der liebte sie auf seine ganz eigene Weise und mehr konnte sie von ihm nicht verlangen.


## Wieder auf der Flucht

Noch mehr als unter den Nebenfrauen ihres Mannes litt Helene Weigel unter der erzwungenen Arbeitslosigkeit, ihrem *Winterschlaf* als Schauspielerin. Dabei bemühte sich Brecht unermüdlich, Rollen für seine Frau zu schreiben – so auch die weibliche Hauptrolle in »Die Gewehre der Frau Carrar«, jenem Stück, das den Spanischen Bürgerkrieg thematisiert. Tatsächlich konnte Helene Weigel nach fünf Jahren erzwungener Abstinenz am 16. Oktober 1937 zum ersten Mal wieder auf der Bühne stehen, als eine Gruppe deutscher Emigranten das Stück in Paris uraufführte. Die Schriftstellerin Anna Seghers, die an diesem Abend im Publikum saß, schrieb begeistert: *Da war es auf einmal wieder da, das wirkliche Deutsch ... Das Klare und Einfache, das, daheim korrumpiert und entstellt, hier in der Fremde durch die einzelne Frau zu uns sprach.* Auch Brecht war von Helene Weigels Darstellung ganz hingerissen und lobte: *Helli war besser als je. ... Ihr Spiel war das Beste und Reinste, was bisher an epischem Theater irgendwo gesehen werden konnte.* Helene Weigel spielte die Rolle noch mehrmals in Paris und Prag, doch ihre Hoffnung, die Auftritte könnten einen beruflichen Neuanfang einläuten, erfüllte sich nicht. Immerhin war sie froh und glücklich, ihrer *idiotischen Existenz* zumindest für eine Weile entkommen zu sein.

Der Ausbruch des Zweiten Weltkriegs machte die Brechts erneut zu Getriebenen. Aus Angst vor einer deutschen Besatzung Dänemarks flohen sie weiter: zunächst nach Schweden, im April 1940 schließlich ins finnische Helsinki, wo sie mit Ruth Berlau zusammentrafen. Der Schriftsteller Peter Weiss

(1916–1982), der damals selbst im skandinavischen Exil lebte, berichtete, wie angespannt und bedrückend die Stimmung im Hause Brecht damals gewesen ist: *Trotz Brechts Betriebsamkeit war eine eigentümliche Bedrückung und Lähmung in der Atmosphäre zu spüren. Es mochte dies zusammenhängen mit der Escheinung Weigels, die, abgeschnitten von ihrem Beruf, drinnen im hohen Kasten des Hauses umherschlürfte und polterte und deren Gesichtszüge, die nach einem anderen Ausdruck verlangten als dem der Verdrossenheit und Selbstaufgabe, manchmal, wenn sie sich an der Tür der Halle zeigte, von einem bitteren Zorn durchbrochen wurden.* Helene Weigel hatte angesichts der auswegslosen Lage einfach keine Energie mehr. Sie war nervlich vollkommen am Ende.

Doch auch Helsinki sollte nur eine Zwischenstation bleiben. Man hätte denken können, dass sich die überzeugten Marxisten als Exil die Sowjetunion ausgesucht hätten, doch Bert Brecht schwebte ein ganz anderes Traumland vor: die Vereinigten Staaten von Amerika, das Land der Freiheit, der »unbegrenzten Möglichkeiten« und nicht zuletzt des technischen Fortschritts.

Zunächst ging es allerdings tatsächlich weiter nach Moskau, wo den Brechts, Ruth Berlau und Grete Steffin im Mai 1941 die benötigten Ausreisepapiere für die USA ausgehändigt wurden. Die Flüchtlinge hatten einen weiten Weg vor sich, denn die einzig noch freie Route führte über Wladiwostok und den Pazifik. Am 13. Mai 1941 konnte die Gruppe endlich den Zug besteigen, der sie in zehn Tagen ans östliche Ende der Sowjetunion brachte. Nur Grete Steffin schaffte es nicht mehr, ins »gelobte Land« zu kommen. Ihre Tuberkulose-Erkrankung verschlimmerte sich während der Bahnfahrt auf dramatische Weise, sodass sie den Zug verlassen und eine Klinik aufsuchen musste. Sie starb am 4. Juni 1941 in einem Moskauer Krankenhaus.

## »Mitten in der Weimarer Republik« –
## Leben in Los Angeles

Die Brechts und Ruth Berlau erreichten hingegen wohlbehalten ihr erstes Reiseziel: Wladiwostok, die wichtigste sowjetische Hafenstadt am Pazifik. Zusammen bestiegen sie am 13. Juni einen schwedischen Dampfer, der schließlich am 21. Juli 1941 im Hafen von Los Angeles einlief. Hier ging die wochenlange Flucht endlich zu Ende. Auf dem Hafengelände wartete bereits Marta Feuchtwanger, um die Neuankömmlinge in Empfang zu nehmen und sie mit den Gegebenheiten in dem fremden Land vertraut zu machen. So gaben die Brechts ihren ursprünglichen Plan, sich in New York niederzulassen, auch gleich wieder auf, nachdem die Feuchtwangers sie auf die schlechten Berufsaussichten aufmerksam gemacht hatten.

Also Los Angeles, *mitten in der Weimarer Republik*, wie der jüdische Philosoph Ludwig Marcuse (1894–1971) mit bitterem Humor zu sagen pflegte. Tatsächlich hatte sich hier die »Crème de la Crème« der deutschen Kulturszene versammelt. Unter den zahlreichen Emigranten waren auch Fritz Kortner, Peter Lorre, Fritz Lang, Max Reinhardt, Alfred Döblin und Heinrich Mann.

1942 konnten die Brechts sogar ein eigenes Haus in Santa Monica beziehen. Finanzielle Unterstützung erhielten sie zunächst vom European Film Fund, den der Filmagent Paul Kohner und der Regisseur Ernst Lubitsch zusammen mit anderen wohlhabenden Exil-Deutschen ins Leben gerufen hatten. Die Voraussetzungen für einen gelungenen Neuanfang schienen nicht schlecht.

Anders als Bert Brecht, der sich sein Traumland Amerika völlig anders vorgestellt hatte, gelang es Helene Weigel schon nach kurzer Zeit, sich in Los Angeles einzuleben und zumindest Grundkenntnisse in der englischen Sprache zu erwerben. Doch letztlich lebte sie hier kaum anders als in Dänemark, führte den Haushalt, richtete die neue Wohnung ein, kümmerte sich um den Garten, erntete Obst und Gemüse, kochte Marmelade ein und backte Apfelstrudel. Als man sie später einmal fragte, worin denn ihr Anteil an Brechts literarischer Arbeit im Exil bestanden habe, antwortete sie nur lakonisch: *Ich hab halt gut gekocht.* Aber das war natürlich nicht der Neubeginn, von dem Helene Weigel auf der Flucht geträumt hatte. Sie wollte unbedingt wieder in ihrem Beruf arbeiten. Stattdessen befand sie sich weiter im erzwungenen *Winterschlaf.* Enttäuscht schrieb sie ihrer Freundin Karin Michaëlis im Herbst 1941: *Ich habe viel zu tun, das heißt keine wirkliche Arbeit, aber Haushalt, Leute – und Dreck wegputzen.* Hin und wieder kamen Besucher wie die Feuchtwangers oder Hanns Eisler, Brechts Mitarbeiter aus der letzten Zeit in Berlin, doch meist überwog der »graue Alltag«.

Die Hoffnung, ins Filmgeschäft einsteigen zu können, erfüllte sich weder für Bert Brecht noch für seine Helli. Helene Weigel hatte inzwischen schon die »40« überschritten und konnte mit den jungen Hollywood-Schauspielerinnen schon allein wegen ihres Alters nicht mehr konkurrieren. Ähnlich wie Bertolt Brecht war und blieb sie in den USA völlig unbekannt.

Unterdessen waren die beiden Kinder herangewachsen. Ganz gleich, wo die Familie gerade lebte – für Helene Weigel standen Steff und Barbara stets im Zentrum ihrer Aufmerksamkeit. Selbst Ruth Berlau meinte anerkennend, Helli sei *die großartigste Mutter,* die man sich denken könne. Auch Brecht liebte seine Kinder, war aber aus Sicht von Tochter Barbara eher ein *Sonntagsvater,* zwar lieb und fürsorglich, doch mit viel zu wenig Zeit für den Nachwuchs. Sohn Stefan absolvierte die Highschool und schlug zunächst die akademische Laufbahn ein, bevor er als Schriftsteller in die Fußstapfen seines Vaters trat. Er lebte auch weiter in den USA und starb 2009 in New York. Die sechs Jahre jüngere Tochter Barbara folgte hingegen dem Beispiel der Mutter und entschied sich später für den Beruf der Theaterschauspielerin und Kostümbildnerin.

## Good-bye America

Zum ersten Mal seit Anfang der zwanziger Jahre gab es in Brechts Leben keine »Nebenfrau« mehr, zumindest keine »offizielle«. Ruth Berlau, die sich heimlich Hoffnungen gemacht hatte, Brecht würde seine Helli in den USA verlassen und mit ihr zusammenziehen, war 1942 enttäuscht nach New York gegangen. Die vakante Stelle der Mitarbeiterin wurde jetzt, da die Kinder »aus dem Gröbsten raus« waren, von Helene Weigel ausgefüllt. Sie besorgte Material für neue Projekte, sammelte Presseartikel und las alles, was Brecht damals schrieb, denn er verließ sich blind auf Hellis Urteil. *Ihr Einfluss auf Papa war immens,* urteilte Tochter Barbara. Doch wirklich zufrieden war Helene mit der neuen Aufgabe nicht: *Mein bescheidener Lebenszweck schrumpft mehr und mehr zusammen,* klagte sie, *ich bring es nicht mehr fertig, mich wichtig zu nehmen.*

Dass ihnen das »Land der unbegrenzten Möglichkeiten« keine wirkliche Zukunftsperspektive bot, war den Brechts inzwischen klar geworden. Sie hatten Heimweh nach Europa und verfolgten aufmerksam den Fortgang des Krieges auf dem Kontinent, schöpften neue Hoffnung, als die Alliierten im Juni 1944 in der Normandie landeten, und jubelten, als NS-Deutschland im Mai 1945 endlich kapitulierte.

Dass sich Helene Weigel und Bertolt Brecht nur wenig später entschlossen, den Vereinigten Staaten den Rücken zu kehren, lag aber nicht nur an ihrer beruflichen Unzufriedenheit.

Der Kalte Krieg warf seine Schatten voraus. Auch wenn sich die Brechts in den USA nie politisch betätigt hatten, so waren sie doch als Enemy Alien und erst recht als deutsche Kommunisten ins Visier des FBI geraten und vom Geheimdienst beschattet worden. Der hörte ihre Telefongespräche ab, installierte Wanzen in der Wohnung, kontrollierte die Bankkonten, öffnete die Post und durchsuchte sogar den Hausmüll. Anfangs reagierten die Brechts noch mit bitterem Humor. Um den Geheimdienst zu verwirren, lasen sich Helene Weigel und Marta Feuchtwanger am Telefon aus polnischen Kochbüchern vor, obwohl sie selbst kein Wort davon verstanden. Das Lachen verging ihnen jedoch, als Brecht im Oktober 1947 eine Vorladung erhielt, um vor dem berüchtigten Komitee für »unamerikanische Umtriebe« in Washington Rede und Antwort zu stehen. Man warf Brecht vor, er wolle in den USA einen kommunistischen Staat errichten und propagiere daher die Zerstörung amerikanischen Eigentums. So abstrus diese Vorwürfe auch sein mochten, Brecht musste sie ernst nehmen. Sollte er sich der Befragung widersetzen, dann müsste er unweigerlich ins Gefängnis. Am 30. Oktober 1947 unterzog er sich einem dreistündigen Verhör, bei dem es ihm jedoch gelang, alle gegen ihn gerichteten Vorwürfe zu entkräften. Er betonte ausdrücklich, dass seine »revolutionären Stücke«, die ihm der Ausschuss zur Last gelegt hatte, nichts mit den Vereinigten Staaten zu tun hatten, sondern ausschließlich gegen Hitler gerichtet waren. Man glaubte ihm und Bertolt Brecht entging einer Anklage.

Doch nach dieser peinlichen Vernehmung war das Maß endgültig voll. Schon vorher hatten die Brechts ihren Haushalt in Santa Monica aufgelöst, das Haus verkauft, Visa und Tickets für die Ausreise nach Europa besorgt. Ihr erstes Ziel war Zürich, dann würde man weitersehen.

## Eigenes Theater in Ost-Berlin

Nur einen Tag nach dem Verhör verließ Bert Brecht die USA und flog nach Paris. Helene und Barbara reisten wenig später per Schiff nach Europa. In Zürich wollte man wieder zusammentreffen. Nur Stefan blieb auf eigenen Wunsch zurück. Helene Weigel war glücklich: *Mein Hausfrauendasein hängt mir zum Halse heraus,* hatte sie noch kurz vorher an ihren alten Freund und Schauspielerkollegen Ernst Busch (1900–1980) geschrieben. Sie hoffte, nun in Europa endlich wieder *richtig arbeiten* zu können.

Tatsächlich gelang es Brecht schon nach kurzer Zeit, in der Schweizer Theaterszene die nötigen Kontakte zu knüpfen und sich für Helene Weigel einzusetzen. Am 15. Februar 1948 verkörperte die inzwischen 47-jährige Schauspielerin in Chur die Antigone des Sophokles, auch wenn sie für diese Rolle eigentlich schon viel zu alt war. Das Stück kam beim Publikum nicht sonderlich gut an und wurde nach nur vier Aufführungen vom Spielplan abgesetzt. Doch der Anfang war gemacht, und auch die Kritikerstimmen waren überwiegend positiv. Helene Weigel fasste neuen Mut, denn nun wusste sie, *daß nichts, wenn man es nur will, verloren ist, auch nicht in diesem Beruf, daß man wieder von vorn beginnen kann, wenn man Vertrauen in das eigene Talent hat, in das, was man machen will und zu sagen hat.*

In der Schweiz wollten die Brechts jedoch nicht bleiben, hatten allerdings auch keine rechte Lust, im zerstörten Nachkriegsdeutschland zu leben, jenem Land, das Bert Brecht im Juni 1935 ausgebürgert hatte. Der Plan nach Österreich zu gehen, zerschlug sich ebenfalls, weil auch hier die Geheimdienste ein waches Auge auf die deutschen Kommunisten hatten. In dieser verfahrenen Situation kam Mitte 1948 ein Angebot aus Ost-Berlin gerade recht: Man bot Bertolt Brecht an, im Deutschen Theater eigene Stücke zu inszenieren. Auch wenn Brecht selbst zunächst noch zögerte, so war Helene Weigel sofort hellauf begeistert. Sie würden nicht nur wieder am Theater arbeiten, sondern auch beim Aufbau eines »besseren Deutschlands« mitwirken können.

Eine Teilung des Landes war nämlich schon jetzt immer wahrscheinlicher, nachdem die drei westlichen Besatzungszonen 1948 in das Programm des Marshallplans zum Wiederaufbau einbezogen worden waren. Die drohende Spaltung des Landes nahmen die Westmächte als das »kleinere Übel« billigend in Kauf. Vor dem Hintergrund des Kalten Krieges schien eine Einigung mit der Sowjetunion kaum noch möglich. Diese verfolgte ihre eigenen Interessen und baute die sowjetische Besatzungszone zielstrebig nach sozialistischen Grundsätzen aus.

Als die Brechts am 17. Oktober 1948 in Ost-Berlin eintrafen, lag die alte Hauptstadt des Deutschen Reiches in Schutt und Asche, wie Bert Brecht erschüttert feststellen musste: *Der Anblick der ungeheuerlichen Verwüstungen erfüllt mich nur mit einem Wunsch: auf meine Weise dazu beizutragen, daß die Welt endlich Frieden bekommt. Sie wird unbewohnbar ohne Frieden.* Dieser Aussage ihres Mannes wird sich Helene Weigel ohne Einschränkung angeschlossen haben.

Nachdem die Familie zunächst im Verwaltungstrakt des zerstörten Hotels Adlon untergekommen war, konnten die Brechts ein größeres Haus im Stadtteil Weißensee beziehen – und endlich mit der Theaterarbeit beginnen. Der *Winterschlaf* hatte ein Ende. Die Premiere von Brechts »Mutter Courage und ihre Kinder« mit Helene Weigel in der Titelrolle am 11. Januar 1949 im Deutschen Theater endete mit tosendem Applaus. Beflügelt von diesem großartigen Erfolg begannen Helene und Bert Brecht von einem eigenen Theater zu träumen – und stießen damit auch bei der SED-Führung auf offene Ohren. Mit Unterstützung von Wilhelm Pieck, dem ersten Staatspräsidenten der am 7. Oktober 1949 gegründeten Deutschen Demokratischen Republik (DDR), und dem späteren Kultusminister Johannes R. Becher wurde im November 1949 das Berliner Ensemble[24] aus der Taufe gehoben – das kulturelle Aushängeschild der DDR, wobei die SED für die nötige Finanzierung des Theaters sorgte. Erstklassige Regisseure und Schauspieler sollten nicht nur das Ost-Berliner Publikum unterhalten, sondern auch und vor allem beim »Aufbau des Sozialismus« mithelfen.

## Intendantin des Berliner Ensembles

Helene Weigel, Brechts »Seelenverwandte« und beste Interpretin seiner Theaterstücke, wurde jetzt auch Intendantin des Berliner Ensembles. Damit übernahm sie gewiss keine einfache Aufgabe, aber dass ihr Organisation und Management im Blut lagen, hatte sie schließlich schon seit Beginn ihrer Ehe mit Bertolt Brecht unter Beweis gestellt. Helli hatte alle Hände voll zu tun, trug Verantwortung für rund fünfzig, später sogar für mehrere hundert Mitarbeiter und kümmerte sich, wie sie selbst sagte, *um jeden Scheiß*, so wie sie es bislang für die Familie getan hatte. Der Schauspieler Erwin Geschonneck (1906–2008) meinte anerkennend: *Ohne die Weigel hätte Brecht niemals die Kraft und den Ruf gehabt, das zu werden, was er dann geworden ist.* Aber auch Brecht selbst war seiner Helli ungemein dankbar und schrieb Ende 1949: *Liebe Helli, Dank für ein gutes Jahr, von dem Du das Größte warst.*

---

[24]  1954 erhielt das Berliner Ensemble ein eigenes Haus am Schiffbauerdamm.

Doch so engagiert Helene Weigel die Position der Intendantin auch ausfüllte, sie zahlte dafür einen hohen Preis: Als Schauspielerin stand sie in dieser Zeit nur zwölf Mal auf der Bühne. Aber sie wusste, dass es einfach nicht anders ging, es gab sonst keinen Menschen, dem Brecht eine solche »Mammutaufgabe« zugetraut hätte.

Was im Bereich des Theaters so hervorragend funktionierte, übertrug sich freilich nicht auf das Privatleben des Ehepaars Brecht. Inzwischen drängten sich nämlich wieder alte und neue Nebenfrauen zwischen die beiden. Nur den wenigsten Frauen ist es gelungen, sich dauerhaft von Bert Brecht zu lösen. Ruth Berlau und Elisabeth Hauptmann gehörten nicht dazu: Erstere war schon im Januar 1948 nach Zürich gekommen und Letztere kehrte Ende des Jahres nach 20 Jahren nach Berlin zurück. Seit Oktober 1950 gab es freilich noch eine »Dritte im Bunde«, die junge Schauspielerin Käthe Reichel (1926–2012), die Brecht für das Berliner Ensemble engagiert hatte. Käthe Reichel, Brechts letzte Geliebte, genoss eine Sonderstellung am Theater und ließ das auch alle anderen spüren. Ihr Verhältnis zu Helene Weigel war schon allein deshalb belastet, weil sie sich von der *Ollen* nichts vorschreiben lassen wollte. Aber auch die Schauspielerkollegen waren über die Bevorzugung der Reichel ausgesprochen erbost. Und Ruth Berlau kam mit der jüngeren Rivalin überhaupt nicht klar. Sie unternahm einen Selbstmordversuch und wurde vorübergehend in die geschlossene Abteilung der Berliner Charité eingeliefert.

Zwischen Bert Brecht und Helene Weigel herrschte nun Eiszeit. Im Frühjahr 1953 beschloss Helli, das gemeinsame Haus in Weißensee zu verlassen und sich eine eigene Wohnung zu nehmen. Sie erwog sogar, sich scheiden zu lassen, schließlich waren die Kinder inzwischen aus dem Haus und sie verdiente ihr eigenes Geld.

Doch zur Scheidung kam es dann doch nicht. Die »Seelen-verwandten« versöhnten sich wieder, und als Brecht in die Chausseestraße zog, nahm sich Helli eine Wohnung in der Etage darüber. Das Arbeitsverhältnis blieb von den privaten Differenzen ohnehin weitgehend unbelastet. Dabei war es mit dem Theaterbetrieb im real existierenden Sozialismus nicht immer ganz leicht. Brechts Vorstellungen deckten sich nicht unbedingt mit denen der sozialistischen Kunstdoktrin. Die Parteiführung stellte ihm daher einen »politischen Berater« zur Seite, der die unbedingte Linientreue des Berliner Ensembles gewährleisten sollte. Trotz mancher Differenzen mit der Staatsführung standen aber sowohl Bertolt Brecht als auch Helene Weigel hinter dem politischen System der DDR, das sie für ein Bollwerk gegen den Faschismus hielten. Vor allem Helli erwies sich als glühende Sozialistin, und wie sie sich als Intendantin *um allen Scheiß* zu kümmern pflegte, so machte sie auch der Partei fortwährend Verbesserungsvorschläge zum Wohl des vermeintlichen Arbeiter- und Bauernstaates, ange-fangen von hautschonenden Waschmitteln bis hin zu elasti-schen Herrensocken.

## Fast 15 Jahre ohne Bert Brecht

Als das Berliner Ensemble 1954 ein eigenes Haus am Schiff-bauerdamm bekam, war die Belegschaft bereits auf über 200 Mitarbeiter angewachsen. Der Intendantin Helene Weigel stand ein jährliches Budget von drei Millionen Mark zur Verfü-gung, wobei der Kartenverkauf nur ein Sechstel der Summe einbrachte. Den Löwenanteil finanzierte der Staat. Helene Weigel selbst erhielt ein Monatsgehalt von 4500 Mark, musste sich dafür aber verpflichten, *alle Mittel und Wege anzuwenden, um das Theater zu einem Theater des werktätigen Volkes zu machen und ihre Mitarbeiter zur ständigen aktiven Mitarbeit an dieser großen Aufgabe anzuhalten und zu befähigen.*

Und Helli tat ihr Bestes: Sie war verantwortlich für das Bühnenbild, die Requisiten und Kostüme, musste Gastspiele organisieren, dafür sorgen, dass alle Pässe und Visa rechtzeitig vorlagen, und vieles mehr. Doch *Muttern* war nichts zu viel und ihre unermüdliche Arbeit zahlte sich aus: Unter Helene Weigels Intendanz erreichte das Berliner Ensemble Weltniveau.

Bert Brecht jedoch begann im Herbst 1955 zu kränkeln. Niemand wusste so recht, was ihm fehlte. War es das Herz oder hatte er sich eine Virusinfektion zugezogen? Auf jeden Fall ermüdete er leicht, war ständig abgespannt und erschöpft. Auch eine gründliche Untersuchung in der Berliner Charité brachte keine klare Diagnose. In der Hoffnung, eine längere Ruhepause würde seine Gesundheit wiederherstellen, zog sich Brecht in sein Gartenhaus in Buckow am Schermützelsee zurück. Doch die erhoffte Genesung blieb aus. Bert Brecht starb am 14. August 1956 an den Folgen seiner Herzprobleme und hinterließ außer einer trauernden Witwe und den zwei gemeinsamen Kindern drei untröstliche Nebenfrauen. Auf dem Dorotheenstädtischen Friedhof fand er unter einem großen Ahornbaum seine letzte Ruhestätte.

Das Herz des Berliner Ensembles hatte aufgehört zu schlagen, doch Helene Weigel war fest entschlossen, Bert Brechts Vermächtnis am Leben zu erhalten, und das in einer politisch ausgesprochen schwierigen Situation. Nach der Niederschlagung des Ungarn-Aufstands 1956 reagierte die SED-Führung ausgesprochen nervös und verstärkte auch die Kontrollmaßnahmen im Kulturbereich. Walter Janka, Brechts Verleger beim Aufbau-Verlag in der DDR, wurde verhaftet, Mitarbeiter des Berliner Ensembles von der Stasi zur Mitarbeit gezwungen. Selbst eine linientreue Intendantin wie Helene Weigel stand unter Verdacht, politisch unzuverlässig zu sein, und wurde von den Sicherheitsorganen bespitzelt.

Ohnehin war nach Brechts Tod alles viel schwieriger. In den sechziger Jahren kehrten etliche Schauspieler, Regisseure und Dramaturgen dem Berliner Ensemble den Rücken, weil sie mit Helene Weigels Führungsstil nicht mehr einverstanden waren oder ihr vorwarfen, zu häufig in die Inszenierungen einzugreifen und Brecht »konservieren« zu wollen. Vorwürfe gab es auch immer wieder von Seiten der SED-Führung, es hieß, die Weigel durchkreuze *die Interessen der sozialistischen Kulturpolitik*. Spitzenfunktionäre überlegten, die starrköpfige Intendantin aus dem Amt zu hieven, ließen es dann jedoch bleiben, weil sie einen riesigen Skandal befürchteten, der der DDR auch im Ausland schaden würde. Und Helene Weigel selbst stellte eines unmissverständlich klar: *Ich denke nicht daran, meine Arbeit aufzugeben.*

Bis zum Schluss stand sie aufrecht wie der Kapitän auf der Brücke und steuerte das »Schiff« des Berliner Ensembles. Doch allmählich ließen auch ihre Kräfte nach und sie musste kürzer treten. Ein Lichtblick in ihrem Leben war die Familie, vor allem Tochter Barbara, die seit 1961 mit dem Schauspieler und Ensemble-Mitglied Ekkehard Schall (1930–2005) verheiratet war und Helene Weigel zur zweifachen Großmutter gemacht hatte.

Gesundheitliche Probleme zwangen Helene Weigel immer wieder zu längeren Erholungspausen. An den Sommerwochenenden zog sie sich gerne nach Buckow zurück, arbeitete ein wenig in Garten oder entspannte sich lesend im Liegestuhl. Doch immer wieder rief die Arbeit. Obwohl sie sich bereits ziemlich schwach und kraftlos fühlte, fuhr sie im Frühjahr 1971 zu einem Gastspiel nach Frankreich, wo zum 100. Jahrestag der Pariser Kommune Brechts Stück »Die Mutter« aufgeführt wurde. Was Helene Weigel nicht ahnte: Bei der letzten

Untersuchung im Januar 1971 hatten die Ärzte festgestellt, dass sie unheilbar an Krebs erkrankt war, ihr aber auf Wunsch von Tochter Barbara die erschütternde Diagnose verschwiegen.

Kurz nach ihrer Rückkehr aus Frankreich ging es Helene Weigel so schlecht, dass sie ins Krankenhaus eingeliefert wurde. Hier starb sie am 6. Mai 1971 im Alter von 70 Jahren. Anlässlich des Todes der langjährigen Intendantin organisierten die Mitarbeiter des Berliner Ensembles im Theater am Schiffbauerdamm eine große Trauerfeier. Doch selbst im Tod stand die überzeugte Sozialistin noch immer im Fadenkreuz der Stasi, deren Mitarbeiter emsig die Kennzeichen der vor dem Theater parkenden Autos notierten und die Trauergäste fotografierten. Ruhe kehrte erst ein, nachdem Helene Weigel neben Bertolt Brecht auf dem Dorotheenstädtischen Friedhof in Berlin beigesetzt worden war.

# »Ohne meine Frau wäre ich verloren«

## Annemarie Čech (1910–2004) und Heinrich Böll

Die erste Begegnung mit ihrem späteren Ehemann dürfte auf die junge Annemarie Čech noch keinen besonders großen Eindruck gemacht haben. Sie fand wohl Anfang der 1930er-Jahre im Elternhaus ihrer Freundin Mechthild Böll statt, mit der sie zusammen studierte. Die Bölls lebten seit 1923 im eigenen Haus im beschaulichen Bayenthal, einem damals noch recht ruhigen Stadtteil im Kölner Süden. Annemarie, die ihre eigenen Eltern schon früh verloren hatte, fühlte sich hier ausgesprochen wohl und wurde von Familie Böll mit offenen Armen aufgenommen. Noch viele Jahre später erinnerte sie sich: *Das Haus Böll war ein sehr »offenes«, trotz der wirtschaftlich schwierigen Lage und der Kränklichkeit der Mutter, die wegen ihrer Großherzigkeit, ihres oft bitteren Witzes, ihres Verständnisses für die jungen Leute von allen verehrt wurde. Auch vom Vater Viktor Böll muß gesagt werden, daß er den sicher oft turbulenten Betrieb mit Großzügigkeit duldete.* Vater Viktor besaß einen gut gehenden Schreinereibetrieb, der seiner Familie ein sorgenfreies Leben ermöglichte. Mutter Maria, seine zweite Frau, kümmerte sich liebevoll um den Nachwuchs. Der 1917

283

geborene Sohn Heinrich, das achte Kind der Familie, besuchte das Gymnasium und stromerte nachmittags mit seinen Freunden durch die nähere Umgebung. Dass Annemarie und der sieben Jahre jüngere Heinrich Böll später einmal heiraten würden, konnte zu diesem Zeitpunkt noch niemand ahnen.

## Vom böhmischen Pilsen ins rheinische Köln

Anders als die im Rheinland verwurzelten Bölls kam Annemarie Čech ursprünglich aus dem böhmischen Pilsen, das zum Zeitpunkt ihrer Geburt noch zum Habsburgerreich gehört hatte. Hier hatte sie am 23. Juni 1910 das Licht der Welt erblickt und verbrachte zusammen mit ihren Brüdern Paul und Eduard die ersten, unbeschwerten Jahre ihrer Kindheit. Doch kaum hatte Annemarie ihren fünften Geburtstag gefeiert, da starb ihre Mutter Stephanie, geborene Hagen, aus nicht näher bekannten Gründen im Alter von nur 32 Jahren. Der plötzlich verwitwete Vater Eduard Čech, Oberkommissar der k. u. k. österreichischen Staatsbahnen, konnte diesen Schicksalsschlag offenbar nicht verwinden und erlag nur wenige Monate später 49-jährig einem Herzinfarkt. Zum schlimmen Verlust beider Eltern kam für die Geschwister erschwerend hinzu, dass sie nicht länger zusammenbleiben durften. Während Eduard, der Jüngste der drei, von der tschechischen Großmutter väterlicherseits Čech aufgenommen wurde, kamen Annemarie und Paul bei den rheinischen Großeltern in Köln-Nippes unter. Viel ist über diese Zeit nicht bekannt. Aber als Justizhauptkassenrendant, Rechnungsprüfer also, verfügte Paul Hagen über ein solides Einkommen, sodass er beiden Enkelkindern eine gute Ausbildung finanzieren konnte. Annemarie war offenbar eine fleißige Schülerin. An der renommierten katholischen Ursulinenschule legte sie

1930 das Abitur ab und begann noch im gleichen Jahr mit dem Studium der Germanistik und Anglistik an der Universität Köln. Hier freundete sie sich rasch mit ihrer Kommilitonin Mechthild Böll an und fand Anschluss an deren große Familie, bei der sie in den nächsten Jahren ein- und ausging.

Noch immer waren die Folgen der Weltwirtschaftskrise zu spüren. Nachdem Annemarie Čech 1933 das »kleine Staatsexamen« bestanden hatte, das sie zum Unterricht an Mittelschulen berechtigte, fand sie keine feste Anstellung und musste sich mit verschiedenen »Jobs« irgendwie durchschlagen. Leider hat sie nie darüber gesprochen, wie sie diese Jahre und vor allem die Zeit des Nationalsozialismus erlebt hat. Wie überall in Deutschland wehten jetzt auch in Köln die Hakenkreuzfahnen. Konrad Adenauer, seit 1917 Oberbürgermeister der Stadt, wurde von den Nationalsozialisten aus dem Amt gejagt, andere Parteien wurden verboten, die Gewerkschaften zerschlagen, durch die »Gleichschaltung« sollten alle Kräfte des Volkes in das NS-System eingegliedert werden. Wer sich zu widersetzen versuchte, dem drohte die Verhaftung.

War auch Annemarie Čech, wie die rheinisch-katholische Familie Böll, von Anfang an eine entschiedene Gegnerin des Nationalsozialismus? Hat sie Politik womöglich überhaupt nicht interessiert oder verfuhr sie einfach nach dem Motto »Augen zu und durch«? Es scheint tatsächlich Letzteres sei der Fall gewesen, aber dennoch müssen diese Fragen unbeantwortet bleiben. Auf jeden Fall zog sie es vor, NS-Deutschland vorübergehend den Rücken zu kehren, aus welchen Gründen auch immer.

## Aushilfslehrerin in England

Nach dem Examen arbeitete Annemarie Čech einige Zeit für den Akademischen Auslandsdienst der Universität Köln, der ihr einen kurzen Aufenthalt in einem englischen Ferienlager vermittelte – für die vormalige Studentin der Anglistik eine willkommene Chance, ihre Sprachkenntnisse im Land jenseits des Ärmelkanals zu perfektionieren. Der eher zwanglose Umgang mit den jungen Engländerinnen scheint ihr so viel Freude gemacht zu haben, dass Annemarie Čech gerne längere Zeit auf der Insel leben wollte. Zurück in Deutschland bemühte sie sich 1935 auf eigene Faust um eine Anstellung: *Ich habe einfach an englische Schulen geschrieben, an Klosterschulen*, erzählte sie später. *Die Vermittlung ging über meine alte Schule.* Die Ursulinen scheinen ihrer früheren Schülerin tatsächlich ein ausgezeichnetes Leumundszeugnis ausgestellt zu haben. Hinzu kam natürlich, dass es im anglikanisch geprägten England nur wenige katholische Lehrerinnen gab, sodass man gerne auf Lehrkräfte aus dem Ausland zurückgriff. Annemarie Čech erhielt jedenfalls schon bald eine Anstellung in Upton bei Liverpool, wobei der Begriff »Anstellung« natürlich nicht ganz richtig ist. Gehalt gab es keines, lediglich freie Kost und Logis. Damit sie sich hin und wieder eine Kleinigkeit kaufen konnte, schickte ihr die Kölner Großmutter 20 Reichsmark im Monat, die Annemarie dankbar annahm. Überhaupt war das Leben in der englischen Klosterschule recht spartanisch. Die junge Hilfslehrerin hatte kein eigenes Zimmer, sondern nur ein Bett im großen Schlafsaal, in dem auch die Schülerinnen übernachteten. Und die Mahlzeiten nahm sie gemeinsam mit den Mädchen im Speisesaal ein.

Annemaries Lehrtätigkeit bestand im Unterricht zehn- bis zwölfjähriger Schülerinnen, vornehmlich im Fach Mathematik. Hier spürte sie zum ersten Mal, dass sie für den Lehrberuf eigentlich kaum geeignet war. Um sich gegenüber den munteren Mädchen durchsetzen zu können, fehlten ihr die nötige Strenge und Autorität und das nicht nur, weil sie noch recht jung war. Trotzdem gefiel ihr das Leben in Upton, sie verbesserte ihr Englisch von Tag zu Tag und hatte bald keine Schwierigkeiten mehr, sich mit ihren neuen englischen Freundinnen zu verständigen. Der Abschied nach nur einem Jahr fiel Annemarie Čech ausgesprochen schwer: *Ich wäre gerne dort geblieben*, gestand sie, *habe das auch versucht, aber da ich hier nicht meine Großmutter hatte, für die ich Verantwortung empfand, bin ich wieder zurückgekehrt.*

Offenbar war die alte Dame inzwischen verwitwet, Enkel Paul natürlich ebenfalls längst aus dem Haus und Annemarie sah es daher als ihre Pflicht an, sich um die Großmutter zu kümmern, der sie so viel zu verdanken hatte.

Eine Anstellung in Köln fand Annemarie Čech aber noch immer nicht. Stattdessen wurde ihr eine befristete Stelle in Nordhausen im Harz angeboten. In einer Heil- und Erziehungsanstalt für behinderte Kinder sollte sie die Kleinen betreuen, ihnen vorlesen und nach Möglichkeit Lesen und Schreiben beibringen. Annemarie Čech hat nur wenige Monate in Nordhausen gearbeitet und sich offiziell nie zu ihren Erfahrungen dort geäußert. Doch was muss sie empfunden haben, als 1939 per geheimem Führererlass das 1933 beschlossene »Gesetz zur Verhütung erbkranken Nachwuchses« als sogenannte »Euthanasie« tatsächlich durchgesetzt wurde und dies möglicherweise auch für ihre körperlich und geistig behinderten Schützlinge den sicheren Tod bedeutete?

## »Grüße an Fräulein Čech«

Ende 1936 kehrte Annemarie Čech nach Köln zurück. Inzwischen hatte sich die Personalsituation deutlich gebessert und zumindest Volksschullehrerinnen wurden jetzt wieder dringend gesucht. Bei einem Beratungsgespräch für die Arbeit an dieser Schulform traf Annemarie ihre alte Freundin Mechthild Böll wieder und erfuhr, wie es deren Familie in der Zwischenzeit ergangen war. Die wirtschaftliche Lage der Familie hatte sich seit der Weltwirtschaftskrise kaum gebessert. Man hatte das Haus in Bayenthal inzwischen aufgeben müssen und war in eine Mietwohnung im benachbarten Bezirk Raderthal gezogen, die jedoch der großen Familie genügend Platz bot. Heinrich (1917–1985) besuchte nach wie vor das Gymnasium und sollte 1937 sein Abitur ablegen.

Gemeinsam mit Mechthild Böll ließ sich Annemarie zur Volksschullehrerin umschulen und konnte schon bald ihre erste Stelle an der Städtischen Mittleren Mädchenschule Rotgerberbach antreten, wo sie Deutsch, Englisch und Sport unterrichtete. Einzelheiten über diese problematische Zeit sind nicht bekannt. Es scheint jedoch, als habe sich Annemarie Čech den Anforderungen des NS-Systems angepasst und sich zumindest nach außen hin konform verhalten. Später hat sie den Eindruck zu vermitteln versucht, der Unterricht im »Dritten Reich« sei eigentlich recht unproblematisch gewesen. Augen zu und durch? Doch welche Alternative hätte sie gehabt?

Während der Schulalltag für die junge Lehrerin allmählich zur Routine wurde, hatte Heinrich Böll trotz erster schriftstellerischer Versuche noch keine klaren Vorstellungen von seiner beruflichen Zukunft. Nach einer abgebrochenen Buchhändlerlehre wurde er zum Reichsarbeitsdienst beordert und begann im Sommersemester 1939 mit dem Studium der Germanistik und Klassischen Philologie an der Universität Köln. Doch nur wenige Monate später brach der Zweite Weltkrieg aus und der 21-jährige Student wurde zur Wehrmacht eingezogen. Aufgrund gesundheitlicher Einschränkungen, möglicherweise wegen eines angeborenen Herzfehlers, war er jedoch nur bedingt einsetzbar und musste (noch) nicht an die Front. Seine Aufgabe bestand überwiegend darin, militärische Objekte in der näheren Umgebung zu bewachen. So konnte er also recht oft seine Eltern in Köln besuchen. Hier traf er auch Annemarie wieder und vermutlich begann sie allmählich, den inzwischen erwachsen gewordenen Heinrich mit anderen Augen zu betrachten. Auch ihm ging es nicht anders. In den Feldpostbriefen an seine Familie ließ er regelmäßig »Grüße an Fräulein Čech« ausrichten und bald entwickelte sich zudem ein reger persönlicher Briefwechsel zwischen Heinrich und Annemarie, in dem sie sich gegenseitig von ihren Erlebnissen berichteten. Noch waren sie per »Sie«, doch es dauerte nicht lange, bis beide zum vertraulichen »Du« übergingen. An Brief- und Gesprächsthemen mangelte es ihnen nicht. Beide lasen leidenschaftlich gern und liebten die angloamerikanische Literatur, die in Deutschland vor Kriegsausbruch noch frei verkäuflich gewesen war. Doch so recht konnte das zarte Pflänzchen der jungen Liebe nicht gedeihen. Inzwischen wurde Heinrich Böll nämlich ständig versetzt und diente an weiter entfernten Standorten, sodass sie sich kaum noch sahen. Das änderte sich erst, als Böll Anfang 1941 an der Ruhr erkrankte und nach einem längeren Lazarettaufenthalt zum Dienst nach Köln-Müngersdorf abkommandiert wurde. Wann immer er Ausgang hatte, setzte sich Annemarie in die Straßenbahn, um den Freund zu besuchen. Sie unternahmen lange Spaziergänge, bei denen sie über »Gott und die Welt« redeten und sich so immer näher kamen. In dieser Zeit wurde beiden klar, dass ihre *Beziehung eine dauernde sein würde*.

## Überleben in Köln und Ahrweiler

Am 6. März 1942 heirateten Annemarie Čech und Heinrich Böll im Kölner Rathaus und feierten ihre Hochzeit im engsten Familienkreis. Doch die gemeinsame Zukunft musste weiter warten, denn nur wenig später wurde Böll nach Frankreich beordert. Die junge Ehefrau blieb deshalb auch weiterhin in der Wohnung, die sie gemeinsam mit einer Freundin gemietet hatte. Der Krieg beherrschte nun das gesamte Alltagsleben. Annemarie musste nicht nur um das Leben ihres Ehemanns bangen, sondern auch um ihr eigenes. Im Mai 1940 hatte Köln einen ersten Luftangriff erlebt, dem bis Ende 1941 rund hundert weitere folgten. Noch hielt sich die Zahl der Todesopfer in Grenzen, doch die Menschen lebten in ständiger Angst vor dem nächsten Bombenhagel. In der Nacht zum 31. Mai 1942 wurde Köln zum Ziel des ersten sogenannten 1000-Bomber-Angriffs auf eine deutsche Großstadt. In nur 90 Minuten gingen fast 1500 Tonnen Brand- und Sprengbomben auf die Stadt nieder, wo sie vor allem im Bereich der Innenstadt schwerste Schäden anrichteten. Annemarie Böll verlor – wie viele andere – in dieser Nacht ihre Wohnung, denn das Haus, in dem sie lebte, brannte völlig aus. Dennoch war sie froh, mit dem Leben davongekommen zu sein und mit ihren wenigen geretteten Habseligkeiten bei den Schwiegereltern Unterschlupf zu finden, die ganz in der Nähe am Karolingerring wohnten. Über die Todesängste, die sie in dieser Nacht und den vielen weiteren Kriegsnächten ausgestanden haben muss, hat Annemarie Böll allerdings auch später kein einziges Wort verloren.

Es dauerte nicht lange, bis sie in Köln-Sülz wieder ihre eige-

nen kleinen vier Wände beziehen konnte, doch die Kriegsauswirkungen wurden zunehmend dramatischer. Im April 1943
erreichte sie die traurige Nachricht, dass ihr Bruder Paul, der
in Russland gekämpft hatte, den »Opfertod« gestorben war.
Die schweren Bombenangriffe erfolgten nun in immer kleineren Abständen und hinterließen stetig mehr Tote, Verletzte
und Obdachlose. Wie verzweifelt die Lage war, beschreibt ein
inoffizieller Bericht des SS-Sicherheitsdienstes sachlich-präzise: *Die Notwendigkeit, infolge des Ausfalls der öffentlichen
Verkehrsmittel über Schutthalden und durch Staubwolken zu
den Arbeitsstätten zu gehen, die Unmöglichkeit, sich richtig zu
waschen oder zu Hause zu kochen, weil Wasser, Gas und Strom
fehlen …, die Schwierigkeiten, Lebensmittel einzukaufen, weil
die meisten Geschäfte zerstört sind, die dauernden Explosionen
von Zeitzündern bzw. Blindgängern oder Sprengungen einsturzgefährdeter Gebäudeteile bzw. von selbst einstürzenden
Mauern, die verspätete Zustellung von Post, der Ausfall von
Zeitungen, die Unmöglichkeit, Rundfunk zu hören …, all dies
seien Zustände, von denen man im übrigen Reich keine
Ahnung habe.*

1943 wurde auch das Haus, in dem Familie Böll wohnte, bei
einem Bombenangriff völlig zerstört. Angesichts der dramatischen Situation entschloss man sich, die Stadt sicherheitshalber zu verlassen und sich im etwa 55 Kilometer südlich von
Köln gelegenen Örtchen Ahrweiler in Sicherheit zu bringen. In
einem kleinen Gasthof fand die komplette Familie Unterkunft,
auch Annemarie Böll, die zusammen mit ihrer Freundin und
Schwägerin Mechthild ein kleines Mansardenzimmer bezog.
Dabei arbeiteten die beiden jungen Frauen nach wie vor als
Lehrerinnen und mussten Tag für Tag mit dem Zug nach Köln
fahren, was unter den besten Bedingungen 1½ Stunden dauerte, meistens aber noch länger. Es gab zwar Überlegungen,
die Kölner Schulen wegen der zahlreichen Bombenangriffe

auszulagern, doch das ließ sich organisatorisch nicht bewerkstelligen.

In Ahrweiler gab es auch ein kurzes Wiedersehen mit Heinrich Böll, der inzwischen an die Ostfront versetzt worden war. Nach einem Lazarettaufenthalt wegen einer Verletzung durch Granatsplitter durfte er zu einem kurzen Genesungsurlaub »nach Hause« kommen, wo er Annemarie, Eltern und Geschwister endlich wieder in die Arme schließen konnte. Erst viel später, als Heinrich schon längst wieder im Fronteinsatz war, würde Annemarie Böll bewusst werden, dass sie ein Kind erwartete – vielleicht ein kleines Zeichen der Hoffnung in dieser schrecklichen Zeit.

Der Krieg ging unvermindert weiter. Ende September 1944 erfuhr Annemarie Böll, dass sämtliche Schulen im Linksrheinischen per Erlass des Gauleiters geschlossen werden sollten. Selbst ein halbwegs regulärer Unterricht war inzwischen nicht mehr möglich, nicht nur wegen des permanenten Fliegeralarms und der Zerstörung von Klassenräumen. Es gab auch immer weniger Kinder, die sich durch die Schuttwüste auf den meist lebensgefährlichen Weg in die Schule machten. Letzteres blieb nun auch Annemarie Böll erspart, aber sicher war sie in Ahrweiler keineswegs. Die Front rückte immer näher, wieder und wieder griffen Jagdbomber im Tiefflug das kleine Örtchen an und beschossen die Menschen, die sich auf der Straße befanden. Für Annemaries Schwiegermutter Maria Böll war die ganze Aufregung womöglich zu viel, sie starb am 3. November 1944 an Herzversagen im Alter von 77 Jahren.

Da auch Ahrweiler seit geraumer Zeit Kampfgebiet war, entschlossen sich die Bölls, eine neue Bleibe zu suchen – eine kluge Entscheidung, die wahrscheinlich das Leben der Familie gerettet hat: Nur kurz nach ihrer Abreise aus Ahrweiler wurde die kleine Pension, in der sie bislang gelebt hatten, bei einem Bombenangriff in Schutt und Asche gelegt.

## Neubeginn

Zu diesem Zeitpunkt waren die Bölls bereits im Dorf Marienfeld bei Much im Siegkreis angekommen, wo Annemaries Schwager Alois für alle eine Notunterkunft aufgetan hatte: eine Baracke, die durch Spanplatten notdürftig in mehrere »Zimmerchen« aufgeteilt werden konnte.

Annemarie Böll, die trotz aller widrigen Umstände bislang großes Durchhaltevermögen gezeigt hatte, war nun am Ende ihrer Kräfte und erlitt einen Nervenzusammenbruch. Sie musste dringend zur Ruhe kommen und das sah auch die Familie so. Zum Glück konnte Alois Böll ein kleines Zimmer bei einem Bauern organisieren, wo die Schwangere allmählich wieder zu Kräften fand. Die Freude war groß, als Heinrich Böll im März 1945 plötzlich in Marienfeld auftauchte, ein letztes Mal für mehrere Monate, denn Anfang April kam er in britische, später amerikanische Kriegsgefangenschaft und wurde in Attichy (Frankreich) inhaftiert. Erst im September wurde er wieder entlassen.

Im Mai 1945 war der schreckliche Krieg endlich vorbei, doch noch war an eine Rückkehr ins völlig zerstörte Köln nicht zu denken. Am 21. Juli brachte Annemarie Böll in Marienfeld ihr erstes Kind zur Welt, einen Sohn, der auf den Namen Christoph getauft wurde. Doch der Kleine hatte keine Überlebenschance. Wegen schweren Brechdurchfalls wurde er kurz nach seiner Geburt in das nahegelegene Siegburger Krankenhaus eingeliefert, wo er im Oktober 1945 starb. Annemarie und Heinrich Böll setzten ihren kleinen Sohn auf dem Friedhof in Marienfeld bei.

Doch das Leben musste irgendwie weitergehen und so beschlossen die Bölls, nach mehr als zwei Jahren einen Neubeginn in Köln zu wagen. Auf das Ausmaß der Zerstörung waren sie allerdings nicht vorbereitet: *Als wir Köln wiedersahen, weinten wir*, gestand Heinrich Böll. Die Innenstadt war völlig verwüstet, die Kirche Groß St. Martin, für Jahrhunderte eines der Wahrzeichen der Stadt, war nur noch eine Ruine mit halbem Turm. Einzig der Dom ragte scheinbar unbeschädigt aus der Trümmerwüste hervor. Ganze Straßenzüge waren vernichtet, die markanten Gebäude der Stadt entweder völlig zerstört oder nur noch Ruinen. Der Winter 1945/46 war bitterkalt, es fehlte an allem, besonders an Lebensmitteln und Brennmaterial. Dennoch regte sich bald wieder Leben in den Trümmern. Manche hausten in Kellern und Bunkern, andere sammelten Steine, Balken und Bretter und errichteten sich daraus kleine Behelfsbauten oder machten eine Ruine bewohnbar, wie auch der große Familienclan der Bölls. Wieder einmal war der stark ausgeprägte Familiensinn von unschätzbarem Wert. Zusammen ging man durch dick und dünn. Der umtriebige Alois Böll hatte nämlich ein Haus im südlichen Kölner Stadtteil Bayenthal ausfindig gemacht, das zwar beschädigt, aber durchaus noch eingeschränkt bewohnbar war. Mit dem Eigentümer des Gebäudes, einer Kölner Bank, vereinbarte Alois Böll, dass seine Familie hier einziehen und mietfrei wohnen konnte. Als Gegenleistung – schließlich war Alois Böll, wie auch sein Vater, ein geschickter Schreinermeister – versprach er, als Erstes das Dach zu renovieren und anschließend das ganze Haus wieder instandzusetzen. Schon bald konnten Annemarie und Heinrich Böll im ersten Stock ein kleines Zimmer mit Küche beziehen, eine winzige Wohnung, die für die nächsten Jahre ihr Zuhause sein sollte.

## Rückkehr in den Schuldienst

Einfach war der Neuanfang nicht. Strom gab es nur wenige Stunden am Tag, fließendes Wasser überhaupt nicht. Wasser musste noch längere Zeit aus einer Pumpe in der näheren Umgebung geholt werden. Meist war es Aufgabe der Frauen, sich mit Eimern in die Schlange einzureihen und das lebenswichtige Nass nach Hause zu tragen.

Hinzu kam die drangvolle Enge im Haus in der Schillerstraße, in dem schließlich der gesamte Familienclan der Bölls zusammenlebte: Vater Viktor, seine Kinder und Kindeskinder. Doch all das schien Annemarie nichts auszumachen: *Enge bedeutet auch Schutz und Hilfe*, pflegte sie zu sagen. Letztlich war man froh, dass man endlich wieder neuen Lebensmut schöpfen konnte.

Aber es musste natürlich auch Geld in die Kasse kommen. Heinrich Böll half daher in der Schreinerei seines Bruders Alois aus, wo es verständlicherweise alle Hände voll zu tun gab, denn der Wiederaufbau der Stadt war inzwischen in vollem Gange. Abends jedoch setzte sich Heinrich Böll an den Küchentisch und schrieb seine ersten Kurzgeschichten, vorerst freilich nur für die Schublade. Und doch sah er seine berufliche Zukunft bereits jetzt als Schriftsteller, und Annemarie scheint ihn in diesem Vorhaben bestärkt zu haben. Ob er so jemals eine Familie würde ernähren können, stand jedoch in den Sternen. Bislang sah es nicht so aus. Dabei war inzwischen das zweite Kind unterwegs. Am 19. Februar 1947 erblickte Sohn Raimund (1947–1982) das Licht der Welt und brachte noch mehr Leben ins Haus an der Schillerstraße. Weil die finanzielle Lage der kleinen Familie nach wie vor prekär war, entschloss sich Annemarie Böll wenig später, in den Schuldienst zurückzukehren. Man hatte ihr eine Stelle als Englischlehrerin an einer Realschule in Aussicht gestellt – vorausgesetzt sie konnte nachweisen, dass sie in politischer Hinsicht unbelastet war. Zuvor musste also auch sie den berühmtberüchtigten Fragebogen ausfüllen, Teil des »Entnazifizierungsverfahrens« der Alliierten in den drei westlichen Besatzungszonen. Ziel war es herauszufinden, wer sich in der NS-Zeit in welchem Maße schuldig gemacht hatte. Deshalb hatten alle Einwohner über 18 Jahren schriftlich Auskunft zu geben und 131 Fragen zu ihrer Person, ihrer Vergangenheit, hauptsächlich aber zu einer möglichen Mitgliedschaft in NS-Organisationen zu beantworten. Anschließend wurden die Befragten in fünf Kategorien eingeteilt: Hauptschuldige, Belastete, Minderbelastete, Mitläufer und Entlastete. Annemarie Böll scheint diese Hürde problemlos überwunden zu haben, denn schon im September 1947 konnte sie mit dem Unterrichten beginnen. Und wieder erwies sich der starke Familiensinn als überaus praktisch, denn es war immer jemand da, der sich um den kleinen Raimund kümmerte. Außerdem hatte Annemarie eine ehemalige Schülerin eingestellt, die sie ein wenig im Haushalt entlasten sollte. Doch auf Dauer wurde es in der kleinen Wohnung einfach zu eng. Einziger Arbeitsplatz war nach wie vor der Küchentisch, an dem Annemarie nachmittags Klassenarbeiten und Hausaufgaben korrigierte. Am Abend, wenn das Söhnchen schlief, setzte sich dann Heinrich Böll an den Tisch, um seine Kriegserlebnisse literarisch zu verarbeiten. Tatsächlich konnte er 1947 einen ersten kleinen Erfolg vorweisen: Der »Rheinische Merkur« druckte seine Geschichte »Aus der Vorzeit« ab, auch wenn der Text über die Verhöhnung eines Soldaten auf dem Kasernenhof redaktionell stark überarbeitet worden war.

## Zeiten der Not

Ganz langsam ging es wieder bergauf, wenngleich das Haus in der Schillerstraße noch immer ein einziges Provisorium war, das nach und nach instandgesetzt werden musste. Zu seiner großen Erleichterung bekam Heinrich Böll 1948 ein eigenes Mansardenzimmer, wo er halbwegs in Ruhe arbeiten konnte. Und wieder war Nachwuchs unterwegs. Annemarie nahm die erneute Schwangerschaft zum Anlass, den Schuldienst endgültig zu quittieren. Dass sie nicht zur Lehrerin geboren war, hatte sie ja bereits vor dem Krieg festgestellt und noch immer machte es ihr Probleme, die nötige Disziplin durchzusetzen. Autorität und Druck auszuüben, waren ihrem freundlichen und sanften Wesen völlig fremd: *Ich war fehl am Platz in der Schule*, gab sie selbst zu. Als Abfindung erhielt sie kurz nach der Währungsreform vom 20. Juni 1948 einen Betrag von 2400 DM – genügend Geld, um die Familie nach der Geburt von Sohn René am 1. August für einige Zeit über die Runden zu bringen.

Eine wirkliche finanzielle Perspektive hatten die Bölls freilich nicht. Nach dem Abdruck des Textes im »Rheinischen Merkur« hatte Böll geglaubt, dies sei nur der Anfang gewesen. Doch er hatte sich geirrt. Alles, was er an verschiedene Redaktionen schickte, kam postwendend zurück. Der Grund lag auf der Hand: Jetzt, in der ersten Phase des Wiederaufbaus, wollte man von der Kriegszeit nichts hören und lesen. Doch gerade das waren Themen, an denen Böll sich abarbeitete.

Das Geld von Annemaries Abfindung war irgendwann aufgebraucht, und selbst wenn die große Familie den künftigen Schriftsteller unterstützte, so fehlte es doch bald an allen Ecken und Enden. In seiner Verzweiflung beschloss Heinrich Böll, Nachhilfestunden zu geben, nicht nur im Fach Deutsch, was ja naheliegend war, sondern auch in Mathematik, das schon zu Schulzeiten sein Lieblingsfach gewesen war. Doch wirklich befriedigend war die Situation trotzdem nicht. Für Annemarie war es besonders schwer, nicht nur wegen des finanziellen Engpasses. Ihr »Hein«, der ohnehin gesundheitlich angeschlagen aus dem Krieg zurückgekehrt war, wurde immer mutloser, neigte zu Depressionen und war mitunter drauf und dran, den ganzen »Brassel« hinzuschmeißen. In dieser Zeit hing Bölls schriftstellerische Zukunft einzig und allein von ihr ab. Hätte sie ein »Machtwort« gesprochen, energisch auf die leere Haushaltskasse und die hungrigen Mäuler verwiesen, die es Tag für Tag zu stopfen galt, so hätte sich Heinrich Böll höchstwahrscheinlich dazu durchgerungen, einen »Brotberuf« zu ergreifen, mit dem er seine Familie ernähren konnte. Aber Annemarie Böll hat offenbar nichts dergleichen getan, im Gegenteil. Immer wieder ermutigte sie ihren »Hein« zum Durchhalten – und nicht nur das. Sie stand ihm auch gleichsam als »Lektorin« zur Seite, verbesserte eventuelle Rechtschreibfehler, besprach die Texte mit ihm und machte auch Anmerkungen zum Schreibstil, den sie oft zu überladen fand. Böll hat ihre berechtigte Kritik auch bereitwillig angenommen. In dieser schwierigen Zeit stand Annemarie ihrem Mann bedingungslos zur Seite, wie er Ende 1948 auch einem Freund mitteilte: *Meine Frau bestärkt mich weiter im Ausharren ... Meine Frau hat allerlei zu tun, mich täglich vor völliger Verzweiflung zu bewahren. Ich habe an nichts mehr Lust. Die ganze Literatur hängt mir kilometerweit zum Halse heraus.* Ohne seine Ehefrau hätte es vermutlich keinen berühmten Schriftsteller und Nobelpreisträger Heinrich Böll gegeben.

## »Unmöglich, dass es so weitergeht«

Ende 1948 war die finanzielle Situation der Familie so desolat, dass Annemarie hin und her überlegte, wie sie selbst zur Sanierung der Haushaltskasse beitragen könnte. Eine Rückkehr in den verhassten Schuldienst kam vorerst jedenfalls nicht infrage. Da kam ihr ein Gedanke, den sie möglicherweise schon längere Zeit mit sich herumgetragen hatte. Ihre Englischkenntnisse waren doch ganz passabel, warum sollte sie nicht als Übersetzerin arbeiten? Gerade die amerikanische Literatur lag in der Nachkriegszeit im Trend, Autoren wie William Faulkner, Ernest Hemingway oder Thomas Wolfe waren ausgesprochen beliebt. Nur: Wer würde einem »Nobody« wie Annemarie Böll eine solche Übersetzungsarbeit anbieten? Es war »Hein«, der die scheinbar rettende Idee hatte. Auch wenn er bislang noch kaum etwas veröffentlicht hatte, so war er in Verlagskreisen doch längst kein Unbekannter mehr. Was also lag näher, als sich nicht nur als Schriftsteller, sondern auch als Übersetzer ins Gespräch zu bringen? Dass seine eigenen Englischkenntnisse eher rudimentärer Natur waren, brauchte ja niemand zu erfahren. In Wirklichkeit wollte er nur als Vermittler fungieren, die eigentliche Arbeit sollte natürlich Annemarie erledigen. Noch 1948 konnte Böll den ersten Auftrag an Land ziehen, die Übersetzung eines Essays des sozialkritischen englischen Dichters Stephen Spender (1909–1995). Offenbar ist der Text jedoch nie im Druck erschienen, denn die »Literarische Revue«, für die er gedacht war, wurde nur wenig später eingestellt. Also musste Heinrich Böll die Familie auch weiter mit Nachhilfestunden durchbringen und Annemarie machte es ihm nach. Die Aussicht, als literarischer Lektor bei einem Verlag zu arbeiten, was Böll als Alternative in Erwägung zog, tendierte gegen null. Überhaupt waren Arbeitsplätze Mangelware in den ersten Jahren der Adenauer-Ära. 1950 näherte sich die Zahl der Arbeitslosen der Zwei-Millionen-Marke, einer Quote von unglaublichen 11 Prozent. In den meisten Familien war das Geld knapp, die überwiegende Mehrheit aller Haushalte musste mit weniger als 500 DM im Monat auskommen. Sparsamkeit und Bescheidenheit waren angesagt – beides ging Annemarie und Heinrich Böll gleichsam in Fleisch und Blut über. Das hat sich auch später nicht geändert, als Heinrich Bölls Romane zu Bestsellern wurden und der Familie einen soliden Wohlstand bescherten.

Dabei wäre eine kräftige Finanzspritze gerade jetzt notwendig gewesen, denn die Familie wuchs weiter: 1950 wurde Vincent geboren, der Letzte der Böll-Söhne. Annemarie war inzwischen 40 Jahre alt. Im Rückblick empfand sie dieses Jahr als einen *absoluten Tiefpunkt*: drei kleine Kinder und keine Aussicht auf Besserung der finanziellen Lage. Dabei gab es wenigstens einen kleinen Lichtblick: Inzwischen hatte der Opladener Verlag Friedrich Middelhauve zwei Bücher von Böll veröffentlicht: »Der Zug war pünktlich« (1949), eine Erzählung, und »Wanderer kommst du nach Spa...« (1950), einen kleinen Band mit Kurzgeschichten. Der erhoffte Durchbruch war das freilich nicht, denn die Verkaufszahlen sahen eher deprimierend aus: Im ersten Halbjahr 1950 ging Bölls Roman lediglich 145 Mal über die Ladentheke. Von der Schriftstellerei konnte die fünfköpfige Familie also nicht leben, von den Nachhilfestunden eher schlecht als recht und auch aus den Übersetzungen war bislang noch nichts Reelles geworden. Annemarie Böll hatte ursprünglich vorgeschwebt, »Alice's Adventures in Wonderland« ins Deutsche zu übertragen, musste dann jedoch feststellen, dass bereits eine Übersetzung auf dem Markt war. Die Zukunftsängste wurden langsam erdrückend und selbst die geduldige Annemarie war inzwischen wirklich verzweifelt. *Es ist völlig unmöglich, dass es so weitergeht*, erkannte Böll selbstkritisch, *meine Frau ist zu Ende, ich bin zu Ende – so weit, dass mir alle Romane und Kurzgeschichten gleichgültig scheinen gegen eine einzige Träne meiner Frau: Das ist es.*

Es gab nur einen Ausweg aus der Misere: Beide mussten einer bezahlten Tätigkeit nachgehen. Während sich Annemarie schweren Herzens dazu entschloss, an der Schule zumindest Vertretungsunterricht zu übernehmen, trat Heinrich Böll im Juli 1950 eine Aushilfsstelle im Statistischen Amt der Stadt Köln an, wo er mit der Grundstücks-, Gebäude- und Wohnungszählung betraut wurde. Dafür bekam er monatlich 300 DM, zusammen mit Annemaries Einkünften reichte das Geld knapp zum Überleben.

## Eine treue Begleiterin

Dann aber geschah doch noch das Unerwartete: Im April 1951 wurde Heinrich Böll zu einem Treffen der Gruppe 47 nach Bad Dürkheim eingeladen. Dabei handelte es sich um eine Zusammenkunft verschiedener deutscher Schriftsteller, eine Plattform zur Erneuerung der deutschen Literatur, die bis heute mit Namen wie Ingeborg Bachmann, Hans Magnus Enzensberger oder Günter Grass verbunden ist. Den Teilnehmern des Treffens las Böll seine satirische Erzählung »Die schwarzen Schafe« vor und erhielt dafür den Literaturpreis der Gruppe, der immerhin mit 1000 DM dotiert war. Damit war ihm der Durchbruch gelungen, denn noch viel wichtiger als das Geld war die Tatsache, dass er nun zum »gefragten Mann« wurde: Zeitschriften und Rundfunkanstalten baten um Interviews, mehrere Verlage wollten ihn unter Vertrag nehmen, darunter das Kölner Haus Kiepenheuer & Witsch, mit dem Heinrich Böll im April 1952 einen Generalvertrag abschloss. Seine Romane »Und sagte kein einziges Wort« und

»Haus ohne Hüter« standen wenig später auf den Bestseller-listen.

Annemarie Böll konnte aufatmen. So wie es aussah, gehörten die Geldsorgen endgültig der Vergangenheit an und es war endlich möglich, für die Zukunft zu planen. Dazu gehörte auch ein Wohnungswechsel, um den Platz zu haben, den die Familie benötigte, und die Ruhe, die Heinrich Böll zum Schreiben brauchte. Das Geld reichte – dank eines Kredits – sogar aus, um ein Grundstück in Köln-Müngersdorf zu erwerben und dort zu bauen: ein frei stehendes Haus in ruhiger Wohnlage am westlichen Stadtrand. Doch auch den Bölls blieb die Erfahrung nicht erspart, dass es sich beim »Häuslebauen« mitunter um eine nervenaufreibende Angelegenheit handelt, die mehr Kraft kostet, als man sich zuvor vorgestellt hat. Als das Haus 1954 endlich bezugsfertig war, waren sowohl Annemarie als auch ihr »Hein« völlig am Ende und brauchten dringend eine erholsame »Auszeit«. Da kam das Angebot des österreichischen Filmemachers Georg Fleischmann (1912 – ?) gerade recht: Er hatte vor, eine Filmreportage über Irland zu drehen und schlug Heinrich Böll vor, ihn zu begleiten. Auch Annemarie sollte mit auf die »grüne Insel« kommen und zusammen mit Fleischmanns irischer Ehefrau in deren Häuschen in Moira wohnen, während die Männer auf Tour waren. Irland hat Annemarie und Heinrich Böll sofort in seinen Bann gezogen und wurde in den folgenden Jahren ihr bevorzugtes Urlaubsziel. 1958 kauften sie sich sogar ein eigenes Cottage im Norden von Achill Island, wo später auch Bölls »Irische Tagebücher« entstanden.

Annemarie Böll begleitete ihren Mann aber nicht nur auf Urlaubsreisen, sie war auch bei seinen beruflichen Verpflichtungen mit von der Partie. 1961 übersiedelte die gesamte Familie für drei Monate nach Rom, wo Böll als Stipendiat der Akademie Villa Massimo kostenlos wohnen und in Ruhe arbeiten konnte. Annemarie und die Kinder lebten derweil in einer benachbarten Pension. Auch auf mehrere Reisen in die Sowjetunion kam sie bereitwillig mit, wenngleich sie sich zu Einzelheiten leider nie geäußert hat. Das überließ sie gerne ihrem prominenten Ehemann.

## Arbeit als Übersetzerin

Heinrich Bölls Erfolg hatte Annemarie nicht verändert. Sie war und blieb, was sie schon immer gewesen war: die Frau an seiner Seite. Und das im besten Sinne des Wortes. Als unverzichtbare Mitarbeiterin des berühmten Schriftstellers übernahm sie seit den 1950er-Jahren einen Teil seiner Korrespondenz, beantwortete Anfragen von Schülern nach Interpretationshilfen, las Bölls Manuskripte, verbesserte die Rechtschreibung und machte Änderungsvorschläge. Und endlich konnte sie auch das tun, was sie schon seit Jahren tun wollte: literarische Texte aus dem Englischen ins Deutsche übertragen. Nach wie vor allerdings fungierte der Name »Heinrich Böll« als Türöffner, weil der auch als Übersetzer für Qualität zu bürgen schien. Er hat allerdings niemals bestritten, dass es in Wirklichkeit seine Frau war, die den Großteil der Arbeit erledigte, während er die Texte lediglich »überarbeitete«. Schließlich wurde es bei den Verlagen üblich, als Übersetzer Annemarie und Heinrich Böll anzugeben.

Der erste gemeinsame Auftrag war die Übersetzung des Buches »Tod einer Stadt« der Schriftstellerin Kay Cicellis, das 1956 bei Kiepenheuer & Witsch erschien. Insgesamt hat Annemarie Böll etwa 70 Titel ins Deutsche übertragen, wobei »Als Hitler das rosa Kaninchen stahl« von Judith Kerr, das 1973 herauskam, zu ihren erfolgreichsten Arbeiten zählte.

Allerdings musste Annemarie Böll auch herbe Kritik einstecken. Nicht alle fanden ihre Übertragungen ins Deutsche wirklich gelungen. Als 1966 ihre Übersetzung des Romans »Der Spanner« von Brendan Behan auf den Markt kam, sprach der renommierte Kritiker Günther Blöcker von einem *traurigen Beispiel liebloser Routinearbeit* und fand die Übersetzung zahlreicher Passagen eher *flüchtig*. Man merkte eben doch, dass Annemarie Böll im Englischen nicht wirklich »zu Hause« war. So findet man in Annemarie Bölls Arbeiten immer wieder sogenannte »false friends«, aufgrund von vermeintlichen Ähnlichkeiten falsch übertragene englische Begriffe, wenn beispielsweise die Regieanweisung »universal laughter« mit »universales Gelächter« (statt »allgemeines Gelächter«) übersetzt wurde. Und es hätte auch sicherlich elegantere Formulierungen für das Reinigen einer Milchkanne gegeben, als selbige »abzubrühen«. Das Gleiche trifft auf ein »kostbares Buch auf Saffianleder« zu, wobei doch tatsächlich ein in Saffianleder gebundenes Buch gemeint war. Manches ging eben haarscharf daneben. Doch hätten wohl auch die jeweiligen Lektoren genauer hinschauen müssen und sich nicht blind auf den berühmten Namen »Böll« verlassen dürfen. Doppelte Ironie der Geschichte war allerdings, dass es Heinrich Böll war, der zum Ehrenmitglied des Verbandes deutscher Übersetzer ernannt wurde.

## Der Fels in der Brandung

Inzwischen standen schon wieder Veränderungen an. In Köln-Müngersdorf nämlich fehlte Heinrich Böll die nötige Ruhe, die er so dringend zum Schreiben benötigte. Der ständige Rasenmäher-Lärm in der Nachbarschaft ging ihm maßlos auf die Nerven. Aber auch der stetig zunehmende Straßenverkehr ließ den Lärmpegel steigen. 1966 machten sich die

Bölls auf die Suche nach einem kleinen Wochenendhaus. Schon bald fanden sie das gewünschte Objekt in Langenbroich bei Kreuzau in der Eifel, etwa eine Autostunde von Köln entfernt. Annemarie Böll kümmerte sich um die nötigen Renovierungsarbeiten, sorgte für den Einbau moderner Sanitäranlagen und ließ zusätzlich eine Veranda anbauen. Die Bölls ahnten nicht, dass dieses Haus in den nächsten Jahren nicht nur als »Oase der Ruhe« dienen sollte, sondern vorübergehend auch als Fluchtort eines von der Pressemeute gehetzten Heinrich Böll.

Die Söhne gingen allmählich ihre eigenen Wege. Der 1947 geborene Raimund hatte nach der Schule eine Lehre bei der Kölner Dombauhütte begonnen und als Bildhauer bereits erste eigene Arbeiten angefertigt. Der Lehrzeit folgte ein Studium an der Kölner Werkkunstschule mit dem Schwerpunkt Metallbildhauerei. Später besaß er dann ein eigenes Atelier in Köln.[25] Auch der ein Jahr jüngere René hatte sich für die künstlerische Laufbahn entschieden und studierte Malerei und Druckgrafik. Weil er den berühmten Namen Böll eher als Belastung empfand, zog er es eine Zeit lang vor, unter dem Pseudonym »Muta« zu arbeiten. Vincent, der Jüngste, ging zu diesem Zeitpunkt noch zur Schule. Nach dem Abitur begann er das Studium der Architektur an der Technischen Hochschule Aachen.

Finanzielle Not kannten die Bölls schon seit Jahren nicht mehr, dafür hatten sie inzwischen andere Sorgen. 1967 erlitt Heinrich Böll einen völligen Zusammenbruch, der ihn monatelang ans Krankenbett fesselte. Die Ärzte stellten eine Hepatitis fest und diagnostizierten gleichzeitig einen schweren Diabetes, der den Schriftsteller zwang, seine komplette Ernährung umzustellen. Natürlich war es Annemarie Böll, die jetzt einen

---

[25] Raimund Böll starb 1982 an Lymphdrüsenkrebs.

genauen Diätplan aufstellte und begann die Broteinheiten zu zählen.

Und nicht nur das: Die schwere Erkrankung stürzte Böll in eine tiefe Depression und niemandem außer Annemarie gelang es in dieser Zeit, ihn immer wieder aufzufangen und aufzuheitern. Voller Dankbarkeit meinte er damals: *Ohne meine Frau wäre ich verloren.* Sie war und blieb sein Fels in der Brandung.

## Hetzkampagne gegen Heinrich Böll

Dann aber geschah etwas, das das Leben der Bölls regelrecht aus den Angeln hob. Anlass war eine Stellungnahme Heinrich Bölls zum deutschen Terrorismus, der am Ende der 1960er-Jahre seinen Anfang nahm und schließlich immer weitere Kreise zog.

Nach den Studentenunruhen, die im Mai 1968 mit den Protesten gegen die geplanten Notstandsgesetze ihren Höhepunkt erreichten, war es auf den deutschen Straßen bald wieder ruhiger geworden. Doch während die meisten Studenten in die Hörsäle zurückkehrten, war eine fanatische Minderheit fest entschlossen, dem Staat bewaffneten Widerstand entgegenzusetzen. Den Kern dieser Gruppe bildeten Andreas Baader, Ulrike Meinhof und Gudrun Ensslin. Ziel der »Baader-Meinhof-Gruppe«, die sich später selbst »Rote Armee Fraktion« nannte, war der gewaltsame Umsturz des Staates. Als vermeintlich probate Mittel dienten ihnen Terroranschläge, zunächst »nur« angezündete Warenhäuser, später Morde an mehreren Menschen, die sie als Vertreter des »tyrannischen Staates« verunglimpften.

Im Januar 1972 veröffentlichte Heinrich Böll im Magazin »Der Spiegel« einen Beitrag, der zu schärfsten öffentlichen

Kontroversen führte: »Will Ulrike Gnade oder freies Geleit?«
(Das war allerdings nicht Bölls Titel, sondern der der Spiegel-
Redaktion.) In seinem Essay setzte sich Böll auf der einen
Seite kritisch mit den Motiven und Methoden der Terroristen
auseinander, kritisierte aber ebenso die Sensationsbericht-
erstattung der Boulevardpresse, die seiner Meinung nach nur
dazu angetan war, weiter Öl ins Feuer zu gießen. Nach eigenen
Angaben wollte Böll mit seinem Essay zur Entspannung der
Lage beitragen und die »Baader-Meinhof-Gruppe« letztlich
zum Aufgeben bewegen.

Das freilich wurde von besagten Medien und weiten Teilen
der konservativen Bevölkerung gründlich missverstanden. Sie
warfen Heinrich Böll vor, »geistiger Sympathisant« der Terroristen zu sein. Was nun folgte, war eine unglaubliche Hetz- und
Schmähkampagne gegen den Schriftsteller. In der Kölner
Hülchrather Straße, wohin die Bölls 1969 gezogen waren, landeten zahllose Drohbriefe mit Beschimpfungen, während die
Boulevardpresse Heinrich Böll massiv angriff. Die ganze Familie geriet unter Verdacht, und selbst in ihrem Wochenend-
domizil in der Eifel kamen sie nicht zur Ruhe. Plötzlich standen Polizeibeamte vor der Tür, die das Haus in Langenbroich
durchsuchen wollten, weil offenbar irgendjemand behauptet
hatte, die Bölls versteckten hier Terroristen. Leider hat sich
Annemarie Böll nie dazu geäußert, wie sie diese Schmutz- und
Diffamierungskampagne erlebt und ertragen hat. Hatte sie
Angst um ihre Familie? Verfuhr sie wieder nach dem Motto
»Augen zu und durch«? Auch das wissen wir nicht. Nur Heinrich Böll ist mit seiner Wut an die Öffentlichkeit gegangen.

Auf einer Pressekonferenz am 23. November 1972 klagte er:
*Entschuldigt hat sich bei mir, vor allen Dingen bei meiner
Frau, niemand. Ich lebe mit meiner Frau jetzt 30 Jahre zusammen, wir haben fast den ganzen Faschismus miteinander mit-
erlebt und gewisse Töne bei dieser Polemik haben mich daran*

*erinnert, mich, meine Frau, meine Freunde.* »Rehabilitiert« wurde Heinrich Böll am 10. Dezember 1972, als ihm in Stockholm der Nobelpreis für Literatur überreicht wurde. 1974 veröffentlichte er dann das Buch »Die verlorene Ehre der Katharina Blum«, mit dem er das Erlebte literarisch verarbeitete.

## Lebensabend in Langenbroich

Bölls letzte Lebensjahre waren von schweren gesundheitlichen Krisen überschattet. Als Annemarie und Heinrich Böll 1979 zu einem Familientreffen nach Quito flogen, wo ihr Sohn Vincent mit seiner ecuadorianischen Ehefrau Teresa damals lebte, erlitt Böll einen weiteren Kollaps. Der Arzt hatte dem Kettenraucher, der unter einer schweren Arterienverkalkung litt, dringend von der Reise abgeraten und ihn gewarnt, bei einer Höhenlage von 2800 Metern könne es zur Mangeldurchblutung kommen. Das war dann auch tatsächlich der Fall. Nach seiner Rückkehr nach Deutschland musste sich Böll mehreren gefährlichen Gefäßoperationen unterziehen. Das Rauchen hat er trotzdem nicht aufgegeben und es hat auch nicht den Anschein, als habe Annemarie ihn in dieser Hinsicht bedrängt – wohl wissend, dass sie letzten Endes ja doch nichts ausrichten konnte.

Nach außen trat Annemarie immer mehr hinter ihren Mann zurück, ihre eigene Vita verschmolz mehr und mehr mit der Heinrich Bölls. Das zeigte sich besonders, als beide 1980 berühmte Gäste bei sich aufnahmen: Das sowjetische Schriftstellerpaar Lew Kopelew und Raissa Orlowa, die sie bei früheren Begegnungen in der Sowjetunion kennengelernt hatten und die nun ein befristetes Ausreisevisum erhalten hatten. Sie kamen für längere Zeit bei den Bölls unter. In dem Buch »Die Türen öffnen sich langsam«, in dem Raissa Orlowa über ihren

Aufenthalt in Deutschland berichtet, erwähnt sie Annemarie Böll kein einziges Mal. Dabei war sie es doch, die sich um die Gäste kümmerte und versuchte, ihnen die Zeit in Deutschland so angenehm wie möglich zu gestalten. Aber bescheiden, wie sie war, hat sie auch darüber nie ein Wort verloren.

Derweil gab es andere Probleme zu bewältigen: Ein weiterer Umzug wurde fällig. In der Hülchrather Straße, nur wenige Gehminuten vom Rhein entfernt, hatten sich Annemarie und Heinrich Böll stets sehr wohl gefühlt. Aber jetzt wurde es für den Schriftsteller allmählich zu mühsam, die Treppen zu bewältigen. Die zahllosen Zigaretten forderten ihren Tribut. Das Wochenendhaus in Langenbroich kam als dauerhafter Wohnsitz nicht infrage, denn hier gab es inzwischen kein Lebensmittelgeschäft mehr, keine Bäckerei, ja noch nicht einmal einen Zeitungskiosk oder eine Kneipe. Und so entschlossen sich die Bölls, in Bornheim-Merten im »Vorgebirge« zwischen Köln und Bonn eine neue Bleibe zu suchen. Den Umzug musste Annemarie Böll, inzwischen auch schon über 70-jährig, vorwiegend allein organisieren, doch ein Wort der Klage wäre ihr nie über die Lippen gekommen.

Bölls Gesundheitszustand blieb auch weiterhin problematisch. Trotzdem mischte er sich nach wie vor politisch ein, wie 1983 in Mutlangen, wo er gemeinsam mit Annemarie an einer symbolischen Belagerung des US-Militärdepots teilnahm, um mit vielen Gleichgesinnten gegen die Stationierung neuer Mittelstreckenraketen zu demonstrieren.

Zwei Jahre später, am 16. Juli 1985, ist Heinrich Böll im Alter von 67 Jahren in seinem Haus in Langenbroich gestorben und wurde wenige Tage später auf dem Friedhof von Bornheim-Merten beigesetzt.

Annemarie Böll, inzwischen 75 Jahre alt, musste nun ihren Weg allein weitergehen. Vierzig Jahre lang war sie mit ihrem »Hein« verheiratet gewesen und hatte ihm treu zur Seite gestanden. Das tat sie auch weiterhin, wenn sie sich jetzt um sein Vermächtnis kümmerte. Bis Ende der 1980er-Jahre war sie damit beschäftigt, die zahllosen Briefe, die Böll aus dem Krieg geschrieben hatte, zu sichten und aufzuarbeiten, bevor sie sich einem anderen Projekt zuwandte. 1989 schufen Familie, Freunde sowie die von Annemarie 1987 mitbegründete Heinrich-Böll-Stiftung unter anderem den »Verein Heinrich-Böll-Haus Langenbroich e.V.«. Sinn und Zweck war es, das Haus des Literaturnobelpreisträgers künftig in dessen Sinne zu nutzen. Nach dem Umbau des Gebäudes durch den als Architekt tätigen Sohn Vincent Böll entstand ein Refugium für politisch verfolgte Künstlerinnen und Künstler, die hier für eine gewisse Zeit die nötige Ruhe zum Arbeiten finden sollten. Im Juli 1991 konnte das Heinrich-Böll-Haus seiner Bestimmung übergeben werden und Annemarie Böll wurde zur Vorsitzenden des Vereins ernannt. Weil sie sich in Bornheim-Merten inzwischen nicht mehr so recht wohlfühlte, entschloss sich die 81-Jährige, den Rest ihres Lebens ebenfalls in Langenbroich zu verbringen, wo ihr ein separater Trakt des Hauses zur Verfügung stand. Dazu gehörte auch das ehemalige Arbeitszimmer ihres Mannes, dessen Cordjacke selbst Jahre nach dessen Tod noch immer über der Stuhllehne vor seinem Schreibtisch hing.

Annemarie Böll überlebte ihren »Hein« um fast 20 Jahre, von denen die letzten jedoch von den Beschwerden des Alters geprägt waren. Am 15. November 2004 ist sie im Alter von 94 Jahren in Langenbroich gestorben. Man hätte gerne mehr über diese bemerkenswerte Frau erfahren, aber das hat sie selbst nicht gewollt. Sie verstand sich eben nicht als Person der Zeitgeschichte, für die sich die Öffentlichkeit interessieren sollte. Annemarie Böll hat es verstanden, ihre Privatsphäre weitgehend zu schützen, und das muss man selbstverständlich respektieren.

# Weiterführende Literatur

(eine Auswahl)

*Christiane Vulpius (1765–1816) und Johann Wolfgang von Goethe*

Damm, Sigrid: Christiane und Goethe. Eine Recherche, Frankfurt am Mai 1998

Gräf, Hans Gerhard (Hg.): Goethes Briefwechsel mit seiner Frau, 2 Bde., Frankfurt am Main 1916

Kleßmann, Eckart: Christiane – Goethes Geliebte und Gefährtin, Frankfurt am Main 1995


*Bettine Brentano (1785–1859) und Achim von Arnim*

Arnim, Bettine von: Clemens Brentanos Frühlingskranz, aus Jugendbriefen ihm geflochten, Frankfurt am Main 1985

Betz, Otto/Straub, Veronika (Hg.): Bettine von Arnim. Briefe der Freundschaft und Liebe, 2 Bde., Frankfurt am Main 1986

Diers, Michaela: Bettine von Arnim, München 2010

Drewitz, Ingeborg: Bettine von Arnim. Romantik, Revolution, Utopie, Düsseldorf 1984

Vordtriede, Werner (Hg.): Achim und Bettine in ihren Briefen, Frankfurt am Main 1996

*»Mathilde« (1815–1883) und Heinrich Heine*

Hauschild, Jan-Christoph/Werner Michael: Heinrich Heine, München 2002

Hauschild, Jan-Christoph/Werner Michael: »Der Zweck des Lebens ist das Leben selbst.« Heinrich Heine. Eine Biographie, Berlin 1999

Victor, Walther: Mathilde. Ein Leben um Heinrich Heine, Leipzig 1984

Ziegler, Edda: Heinrich Heine. Der Dichter und die Frauen, Düsseldorf 2005

*Clara Westhoff (1878–1954) und Rainer Maria Rilke*

Alpers, Else: Clara Rilke-Westhoff und Rainer Maria Rilke, Fischerhude 1987

Hindelang, Eduard (Hg.): Die Bildhauerin Clara Rilke-Westhoff, Ausstellungskatalog Sigmaringen 1988

Wendt, Gunna: Clara und Paula. Das Leben der Clara Rilke-Westhoff und Paula Modersohn-Becker, Hamburg 2002

*Alma Mahler (1879–1964) und Franz Werfel*

Hilmes, Oliver: Witwe im Wahn, München 2004

Jungk, Peter Stephan: Franz Werfel. Eine Lebensgeschichte, Frankfurt am Main 2001

Mahler-Werfel, Alma: Mein Leben, Frankfurt am Main 1963

Monson, Karen: Alma Mahler-Werfel. Die unbezähmbare Muse, München 1985

Rode-Breymann, Susanne: Alma Mahler-Werfel. Muse – Gattin – Witwe, München 2014

Seele, Astrid: Alma Mahler-Werfel, Reinbek bei Hamburg 2001

*Katia Pringsheim (1883–1980) und Thomas Mann*

Jens, Inge und Walter: Frau Thomas Mann. Das Leben der Katharina Pringsheim, Reinbek bei Hamburg 2003

Jüngling, Kirsten/Roßbeck, Brigitte: Katia Mann. Die Frau des Zauberers, Berlin 2003

Krüll, Marianne: Im Netz der Zauberer. Eine andere Geschichte der Familie Mann, Frankfurt am Main 1994

Mann, Katia: Meine ungeschriebenen Memoiren, Frankfurt am Main 1974

Möller, Hildegard: Die Frauen der Familie Mann, München 2004


*Felice Bauer (1887–1960) und Franz Kafka*

Heller, Erich/Born, Jürgen (Hg.): Franz Kafka – Briefe an Felice und andere Korrespondenz aus der Verlobungszeit, Frankfurt am Main 2009

Murray, Nicolas: Kafka und die Frauen, Düsseldorf 2007

Stach, Reiner: Kafka. Die frühen Jahre, Frankfurt am Main 2014

Ders.: Kafka. Jahre der Entscheidung, Frankfurt am Main 2004

Ders.: Kafka. Jahre der Erkenntnis, Frankfurt am Main 2010


*Marta Löffler (1891–1987) und Lion Feuchtwanger*

Feuchtwanger, Marta: Nur eine Frau, München 1983

Flügge, Manfred: Die vier Leben der Marta Feuchtwanger. Biographie, Berlin 2010

Hensler, Andreas: Lion Feuchtwanger. Münchner, Emigrant, Weltbürger, Salzburg 2014

Jaretzky, Reinhold: Lion Feuchtwanger, Reinbek bei Hamburg 1984


*Veza Taubner-Calderon (1897–1963) und Elias Canetti*

Arnold, Ernst Ludwig (Hg.): Veza Canetti, München 2002

Hanuscheck, Sven: Elias Canetti. Biographie, München 2005

Lauer, Karin/Wachinger, Christian (Hg.): Veza & Elias Canetti – Briefe an Georges, München 2006


*Nelly Kröger (1898–1944) und Heinrich Mann*

Flügge, Manfred: Heinrich Mann, Reinbek bei Hamburg 2006

Jüngling, Kirsten: »Ich bin doch nicht nur schlecht.« Nelly Mann. Die Biografie, Berlin 2008

Seyppel, Joachim: Abschied von Europa. Die Geschichte von Heinrich und Nelly Mann, Berlin/Weimar 1979


*Helene Weigel (1900–1971) und Bertolt Brecht*

Hecht, Werner: Helene Weigel. Eine große Frau des 20. Jahrhunderts, Frankfurt am Main 2000

Kebir, Sabine: Abstieg in den Ruhm. Helene Weigel. Eine Biographie, Berlin 2000

Stern, Carola: Männer lieben anders. Helene Weigel und Bertolt Brecht, Berlin 2000


*Annemarie Čech (1910–2004) und Heinrich Böll*

Kühn, Dieter: Porträtstudien schwarz auf weiß, Frankfurt am Main 2006

Schröter, Klaus: Heinrich Böll in Selbstzeugnissen und Bilddokumenten, Reinbek bei Hamburg 1982

Vormweg, Heinrich: Der andere Deutsche. Heinrich Böll, Köln 2002

# Ungewöhnliche Frauen und ihre dunkelsten Geheimnisse

Armin Strohmeyr

**Geheimnisvolle Frauen**

Rebellinnen, Mätressen,
Hochstaplerinnen, 12 Porträts

Piper Taschenbuch, 320 Seiten
€ 9,99 [D], € 10,30 [A]*
ISBN 978-3-492-30605-8

Kaiserin Sisi war für eine ganze Epoche Vorbild und Rätsel zugleich, Thérèse Humbert brachte als Hochstaplerin mit leerem Tresor den französischen Staat an den Abgrund und Greta Garbo verkörpert bis heute die Femme fatale. Obwohl sie Schläue und Unangepasstheit demonstrierten, hatte jede dieser beeindruckenden Frauen ein schicksalhaftes Geheimnis. In zwölf spannenden Biografien werden beeindruckende Lebenswege nachgezeichnet, wenig bekannte Tragödien enthüllt und große Schicksale beschrieben.

**PIPER**

Leseproben, E-Books und mehr unter www.piper.de

# Erstmals in einem Band: Die sechs Schwestern des Preußenkönigs

*Cover- und Preisänderungen vorbehalten

Karin Feuerstein-Praßer

**Friedrich der Große und seine Schwestern**

Piper Taschenbuch, 256 Seiten
€ 9,99 [D], € 10,30 [A]*
ISBN 978-3-492-30441-2

Neben Friedrich dem Großen, dem protegierten Thronerben, hatten es die sechs Schwestern nicht immer leicht. Erstmals sind ihre Biografien in einem Band vereint: Wilhelmine (Markgräfin von Brandenburg-Bayreuth), Friederike (Markgräfin von Brandenburg-Ansbach), Charlotte (Herzogin von Braunschweig-Wolfenbüttel), Sophie (Markgräfin von Brandenburg-Schwedt), Ulrike (Königin von Schweden) und Amalie (Äbtissin von Quedlinburg).

**PIPER**

Leseproben, E-Books und mehr unter www.piper.de